CONNECTEZ-Vous avec Jésus et sa Parole

Incluyant :

52 leçons pour l'année entière et des ressources pour l'enseignement de chaque leçon pour les adolescents de 12-17 ans et jeunes de 18-23 ans.

LIVRE 6

Permissions:
L'autorisation est accordée pour copier ou / et photocopier les leçons. Ces droits ne sont autorisés que pour l'utilisation dans les églises locales et non à des fins commerciales.

Cliquez - Connectez-Vous Avec Jésus et Sa Parole
Leçons d' éducation chrétienne pour les jeunes et les jeunes adultes
Livre #6

Le Titre original est en Espagnol: Clic
Conéctate Con Cristo y su Palabra #6

Éditeur: Patricia Picavea

Droit d'auteur © 2020

Traduit par: Dezama Jeudi

Cette edition est publiée par les Ministères de la Formation de Disciples - Région Mésoamérique Eglise du Nazaréen
Rev. Monte Cyr

www.MedfdiRessources.MesoamericaRegion.org

discipleship@mesoamericaregion.org

ISBN: 978-1-63580-183-5

Publié aux Guatemala

Table des Matières

Présentation — 5

Aides pour l'enseignement et l'enseignant — 6

Première unité • Une bibliothèque spéciale

Leçon 1:	Un livre actuel	8
Leçon 2:	Je Lis, J'étudie, Je vis	10
Leçon 3:	Je te le promets!	13
Leçon 4:	Ton «disque dur»	16
Leçon 5:	Mon arme	19

Deuxième unité • La famille

Leçon 6:	Merci grand-père	22
Leçon 7:	Honorer la maman	25
Leçon 8:	Voici mon fils!	28
Leçon 9:	Extrême fidélité!	30
Leçon 10:	Rejoint ma famille?	33
Leçon 11:	Quel père!	36

Troisième Unité • Approchons-nous de Dieu

Leçon 12:	Le GPS pour moi	38
Leçon 13:	Temps avec Dieu	41
Leçon 14:	Mon refuge	44
Leçon 15:	Sans manger?	46
Leçon 16:	Créé pour louer	49
Leçon 17:	Vraie adoration	52
Leçon 18:	Adoration familiale	54

Quatrième Unité • Service

Leçon 19:	«Nous servons tous»	57
Leçon 20:	Comment servir?	60
Leçon 21:	Intérieur et extérieur	63
Leçon 22:	Serviteur ou maître?	66
Leçon 23:	Une option?	69
Leçon 24:	Nous sommes des témoins	71

Cinquième Unité • En quoi croyons-nous?

Leçon 25:	Nouveau peuple	73
Leçon 26:	Cœur missionnaire	75
Leçon 27:	Suis-je une brebis?	78
Leçon 28:	Pas du monde	81
Leçon 29:	Vivre et grandir	83
Leçon 30:	Que sommes-nous?	86
Leçon 31:	Des nouveaux défis	89

Sixième unité • Amitié

Leçon 32:	Ton ami fidèle	92
Leçon 33:	Patience!	95
Leçon 34:	Oups conflits!	97
Leçon 35:	À la conquête!	99
Leçon 36:	Pardonner?	102
Leçon 37:	Mon meilleur ami!	105
Leçon 38:	Sans limites	107

Septième unité • Construire mon identité

Leçon 39:	Je suis un étranger	110
Leçon 40:	Qu'est-ce que je vois ou lis?	113
Leçon 41:	Faire la différence	116
Leçon 42:	Contre-culture chrétienne	119
Leçon 43:	Corruption?	122
Leçon 44:	Mot-clé	124
Leçon 45:	Pouvez-vous me lire?	126
Leçon 46:	Sois différent	128
Leçon 47:	Mon identité	131

Huitième unité • Dates spéciales

Leçon 48:	Cadeau inoubliable	133
Leçon 49:	Adieu	136
Leçon 50:	Surprise attendue	138
Leçon 51:	Message d'amour	141
Leçon 52:	Reconfiguration	144

Présentation

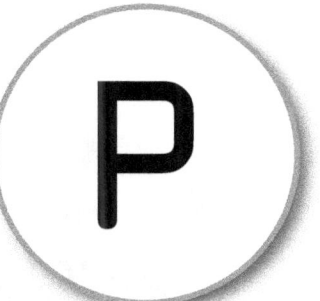

C'est très important de reconnaître que le ministère de l'enseignement pour les adolescents et les jeunes est un travail très sérieux; plus si nous comprenons que c'est à ce stade qu'ils prendront des décisions qui affecteront le reste de leur vie. Beaucoup de gens autour de nous ont pris la décision de quelle profession ils allaient étudier et pratiquer, avec qui ils allaient se marier, dans quelle église ils allaient se rassembler et où ils allaient servir, à ce stade. Considérez combien de membres de nos églises ont pris leurs décisions spirituelles les plus importantes à l'adolescence ou dans la jeunesse.

Le fait que vous ou votre église ayez acquis Cliquez pour enseigner, cela montre l'importance qu'ils accordent à la formation de la vie chrétienne des adolescents et des jeunes.

Toutes les leçons de ce livre sont basées sur les Saintes Écritures, préparées et écrites par une équipe internationale de pasteurs et de jeunes leaders. Nous espérons que vous en tant qu'enseignant et vos élèves jouissent de cette merveilleuse expérience qu'est l'enseignement et l'apprentissage.

Cliquez 6 comprend huit unités couvrant 52 leçons au total, à utiliser tout au long de l'année. Chaque unité n'a pas le même nombre de leçons, car elle varie selon l'objectif et le thème de chacune d'elles.

Nous comprenons que chaque âge a ses caractéristiques, Cliquez a donc été conçu pour enseigner plus efficacement aux adolescents de 12 à 17 ans et aux jeunes de 18 à 23 ans. Les leçons bibliques sont les mêmes pour les deux groupes, mais la dynamique d'introduction et les activités de l'étudiant sont différentes. Vous pouvez les adapter en fonction des besoins et des installations de votre église locale ou du lieu où ils se rencontrent.

Dans chaque leçon, vous trouverez les sections suivantes:

- L'objectif de la leçon. Ce qui devrait être atteint ou atteint d'ici la fin.
- La section «Connecter», qui est l'introduction au sujet. Voici la dynamique d'introduction pour chaque âge.
- La section «Telecharger» Est le développement de la leçon.
- La section «Révisez / Application» est l'endroit où vous trouverez l'activité pratique. Dans ce livre, vous avez les réponses à chaque activité. Nous sommes conscients que grâce à cette activité, vous serez en mesure de donner votre avis et de fixer le principe fondamental dans l'esprit et le cœur de vos élèves.
- Enfin, au début de chaque leçon, vous trouverez une boîte avec un avertissement. Ca vous aidera à suivre la section Défi a présenté la leçon précédente.

Nous souhaitons qu'à travers ce matériel, vous puissiez guider vos élèves vers une croissance continue, commencez dès maintenant.

Patricia Picavea

Rédactrice en chef, Publications Ministérielles

Aides A
pour l'enseignement et l'enseignant

La sensibilisation intelligente des jeunes est essentielle à la croissance et au développement de l'église. La plus grande partie de certains dirigeants évangéliques coïncideront avec cette déclaration. D'un autre côté, être professeur à l'École Dominicale est un privilège que Dieu nous donne et en même temps il constitue une grande responsabilité.

Le privilège d'enseigner vient d'avoir été enseigné en premier et du commandement de Jésus d'enseigner aux autres (Matthieu 28:20). Si nous comprenons bien la dynamique de l'enseignement, nous n'aurons pas peur de la responsabilité, mais nous jouirons du privilège et nous nous entraînerons constamment à former le Christ dans les autres.

Nous vous encourageons à étudier attentivement chaque leçon à l'avance. De cette façon, vous maîtriserez mieux chaque sujet et ce sera sans aucun doute un temps de croissance spirituelle.

Préparation de la leçon

1. Priez le Seigneur en lui demandant sagesse et discernement pour comprendre les passages bibliques de l'étude et les appliquer d'abord à votre vie. N'oubliez pas de prier pour que vos élèves soient réceptifs à l'enseignement de la Parole de Dieu.

2. Préparez un endroit sans distraction pour étudier la leçon, où vous avez une table ou un bureau. C'est important d'avoir des fournitures telles que: feuilles de papier, stylos, crayons, gommes à effacer, etc.

3. Au mieux de vos capacités, en plus du livre Cliquez, ayez en main un dictionnaire de langue espagnole, un dictionnaire biblique et quelques bons commentaires bibliques.

4. Lisez la leçon du Cliquez autant de fois que cela soit nécessaire au début de la semaine. Cela vous aidera à préparer le matériel dont vous pourriez avoir besoin pour la classe, à être vigilant sur les nouvelles et autres informations que vous pourriez inclure dans la leçon que vous préparez.

5. Cherchez dans la Bible et lisez chaque passage indiqué.

6. Lisez l'objectif de la leçon pour savoir où diriger vos élèves.

7. Écrivez le nom de la leçon sur une feuille, quels sont les points qui seront développés, puis écrivez le titre du premier point et développez votre propre résumé pendant que vous étudiez la leçon. Écrivez et mettez en évidence les citations bibliques à lire pendant le cours.

8. Notez la signification des mots inconnus afin que vous puissiez mieux comprendre la leçon et expliquer les gens qui finiront par vous questionner.

Présentation de la leçon

1. Arrivez tôt à votre lieu de classe. Il est important que lorsque la première personne arrive, vous y êtes déjà.
2. Modifiez la position des chaises (demi-cercle, cercle, groupes, etc.). Cela rendra le groupe plus à l'aise pour participer et ne ressentira pas que tout est très routinier.
3. Avant de commencer la leçon, accueillez vos élèves. Cela vous permettra de créer un environnement d'étude agréable. Intéressez-vous aux gens et priez pour ceux qui ont des besoins.
4. Commencez le cours par une prière, en demandant au Seigneur de leur permettre de comprendre sa Parole et d'être prêt à lui obéir.
5. Écrivez au tableau: le titre de la leçon et le texte à mémoriser. Lisez le texte à mémoriser plusieurs fois avec vos élèves. Une fois la leçon commencée, écrivez les principaux points de la leçon à une extrémité du tableau. Cela vous permettra de garder à l'esprit la séquence de points que vous enseignerez.
6. Rendez la dynamique aussi attrayante que possible.
7. Mettez de l'ordre dans le développement du sujet. Écrivez le titre du point 1 et commencez à l'expliquer. Utilisez le tableau noir comme ressource pédagogique pour noter les mots clés, les réponses aux questions sur la feuille de travail, etc. Lorsque vous avez terminé le point 1, écrivez le titre du point 2, etc.
8. Prenez quelques minutes pour discuter de la façon dont nous appliquerons les vérités bibliques à notre vie quotidienne.
9. Invitez-les à assister à la prochaine réunion. Encouragez-les à inviter d'autres personnes à la classe. Terminez le cours par une prière.

Autres suggestions

1. Objectifs et prix: vous pouvez offrir un prix simple aux étudiants qui: que tous ensemble, ils apprennent à mémoriser tous les textes et les répètent à la classe; qu'ils remplissent toutes les feuilles de travail et soient ponctuels.
2. Certificat: Si vous voulez que les étudiants fidèles ou qui n'ont pas été absents plus d'une ou deux classes dans l'unité d'étude, vous pouvez leur donner un certificat avec le nom de l'unité correspondante. Cela peut donner l'idée que vous progressez dans votre apprentissage et peut motiver les autres à y assister fidèlement.
3. Profitez de la classe et laissez vos élèves le faire aussi. Faites confiance au Seigneur et priez pour qu'il fasse que chaque parole atteigne le cœur de vos élèves.

Un Livre Actuel

Leçon 1
Ana Zoila Díaz • Panama

Objectif: Réaffirmer la valeur de la Bible comme seul manuel de la vie chrétienne en tout temps chez les jeunes.

Pour mémoriser: «*Pour toujours, ô Éternel! Ta parole subsiste dans les cieux.*» Psaume 119:89 (LSG)

> **Avertissement**
> Commencez en interrogeant au sujet de ce qu'ils ont fait durant la semaine. Vous pouvez commencer en leur donnant l'exemple de comment vous avez mis la Parole de Dieu en pratique.
> Accepter

Connecter

Dynamique d'introduction (12 à 17 ans).
- Matériaux: Journaux
- Instructions: Divisez la classe en groupes et donnez à chacun de ces journaux. Écrivez ensuite les mots suivants au tableau: mode, technologie, politique, violence, économie et diversion. Après quoi, demandez-leur d'illustrer ces mots par des articles de presse qui apparaissent dans les journaux qui leur sont livrés. À la fin de la dynamique, discutez avec les élèves de la façon dont ces éléments ont évolué ou changé par rapport à cinq ans de cela.

Dynamique d'introduction (18 à 23 ans).
- Matériaux: Feuilles et crayons.
- Instructions: Divisez vos élèves en groupes et attribuez à chacun les sujets suivants: changements de mode; changements dans le calcul; et les changements dans la communication. Faites remarquer qu'ils devraient expliquer le développement de chacun de ces sujets au cours des 8 ou 10 dernières années.

Ensuite, faites une comparaison entre toute la validité du message biblique avec le passage du temps et les thèmes que vous avez développés précédemment. Quelle est l'actualité de la Bible aujourd'hui.

Télécharger

La Bible est le livre le plus connu; Et aussi, c'est le livre qui a été traduit dans presque toutes les langues. C'est le même qui a été publié à travers le monde, aussi, il faut mentionner que ce merveilleux livre a été écrit par plus de 40 écrivains pendant une période de 1500 ans; Cependant, sa cohérence, la véracité et l'importance restent à ce jour.

La Bible contient une mine d'informations sur le monde naturel, qui a été confirmée par des recherches et des observations scientifiques. De nombreux événements historiques enregistrés dans la Bible ont été confirmés par des sources extra-bibliques. La recherche historique montre souvent de grandes similitudes entre les informations bibliques et extra-bibliques des mêmes événements. Dans de nombreux cas, il a été reconnu que la Bible est historiquement plus exacte.

Cependant, nous devons garder à l'esprit que la Bible n'est pas un livre d'histoire, un texte de psychologie ou une publication scientifique. La Bible est bien plus que tout cela: c'est la description que Dieu nous donne de qui il est, de ce qu'il veut et de ses plans pour l'humanité. C'est là que réside sa permanence et son actualité.

Le changement passe d'une situation ou d'un état à un autre. Le monde change constamment. Ainsi, il y a des changements dans la société, dans les concepts, dans la science et dans tout ce qui entoure la vie de l'être humain, qui en lui-même est en constante évolution. Voyons ci-dessous quelques changements que la société connaît actuellement:

1. Des changements climatiques et dans l'univers

«Et immédiatement après la tribulation de ces jours, le soleil sera obscurci, et la lune ne donnera pas sa lumière, et les étoiles tomberont du ciel, et les puissances des cieux seront ébranlées» (Matthieu 24:29). Actuellement, nous observons que le climat change constamment: les saisons et les périodes de pluie ne sont plus les mêmes qu'il y a longtemps. Dans l'univers, la formation d'étoiles et même de nouvelles planètes est constante. Mais nous pouvons aussi avoir confiance que les changements sont contrôlés par Dieu: «Car Il voit jusqu'aux extrémités de la terre, Il aperçoit tout sous les cieux» (Job 28:24); et la Bible dit aussi: «Pouvez-vous faire en sorte que les étoiles se regroupent en constellations et apparaissent chaque nuit? ...» (Job 38: 32a TLA); parmi beaucoup d'autres versets qui nous montrent que Dieu a le contrôle de ces situations. Ainsi, même si tout autour de nous change constamment, nous pouvons avoir confiance que Dieu ne change pas: «Je suis le Seigneur, je n'ai pas changé. Et vous, les descendants de Jacob, n'avez pas été anéantis.» (Malachie 3:6 DHP); et en conséquence sa Parole ne change pas non plus.

2. Changements au sein de l'humanité

L'homme subit actuellement de nombreux changements dans sa perception éthique, morale et même spirituelle. Il est de plus en plus courant de voir des personnes ayant des écarts moraux. Ainsi, 1 Jean 2:17 nous montre clairement que les désirs de l'humanité changent: «Mais le mal de ce monde, et de tout ce qu'il offre, est sur le point de prendre fin. Au lieu de cela, celui qui fait ce que Dieu commande vit pour toujours». (TLA); mais elle affirme aussi que celui qui fait la volonté de Dieu a pour récompense la permanence éternelle. Nous voyons à nouveau que Dieu, malgré le changement de l'humanité, promet que ses promesses ne changeront pas.

Face à un changement constant de notre vie et de notre environnement, Dieu manifeste la permanence de Sa Parole pour nous donner de la force et confiance en Lui. Étudions attentivement ce qui a été dit.

Persévérance de la Parole

Dans 1 Pierre 1:25, il nous est montré que la Parole de Dieu demeure pour toujours: «... mais la Parole du Seigneur demeure pour toujours et cette Parole est la bonne nouvelle que le Seigneur Jésus-Christ vous a enseignée» (TLA). Ce verset dit donc que la Bible est un livre d'application constante: «Mais la parole du Seigneur demeure éternellement. Et c'est la parole qui vous a été annoncée par l'évangile» (RVR 60) La Bible contient beaucoup d'informations pertinentes et précises; cependant, le message le plus important dans la Bible est la rédemption qui est perpétuellement applicable à toute l'humanité. Lorsque l'être humain cherche dans la Bible ce qu'il est, la Parole de Dieu, il ne se trompera jamais. Les cultures changent, les lois changent, les générations vont et viennent; mais la Parole de Dieu est aussi pertinente aujourd'hui qu'elle l'était lorsqu'elle a été écrite. Bien qu'il faille mentionner que toutes les Écritures ne s'appliquent pas nécessairement explicitement à nous aujourd'hui; Mais nous devons garder à l'esprit que toutes les Écritures contiennent des vérités que nous pouvons et devons appliquer à notre vie aujourd'hui. Dans Matthieu 24:35, il est dit: «Le ciel et la terre passeront, mais mes paroles ne passeront pas»; ce qui confirme que bien que le monde soit en constante évolution et touche à sa fin, la Parole de Dieu avec ses promesses sera vivante pour toujours et, par conséquent, nous pouvons le faire confiance, car c'est la parole certaine: «Cela est très certain, et tout le monde doit le croire» (1 Timothée 4: 9 LS).

La Bible continue de nous parler encore aujourd'hui

La simple mention de la Bible nous fait penser à quelque chose de très ancien, et à des thèmes et des histoires d'une autre époque. Et c'est le plus grand danger, c'est de le lire comme un livre du passé. Si tel était le cas, tout au plus la Bible serait un livre intéressant et instructif; mais cela ne se produirait pas à partir de là pour la personne qui l'a lu. Cependant, nous pouvons affirmer en toute sécurité et en toute confiance que la Bible est bien plus que cela, car c'est un livre toujours à jour, comme la Parole qu'elle contient. Dans la Bible, Dieu continue de parler aux gens aujourd'hui et ici. Ni les voyages dans l'espace ni les ordinateurs électroniques ne rendent la Bible obsolète, car son message est éternel.

La Bible doit faire, et beaucoup à faire, avec tout ce qui se passe chez chaque personne et dans le monde entier. Bien qu'il s'agisse d'un livre que l'on pourrait appelé religieux, ce n'est pas pourquoi il est étranger à toute réalité, car nous y trouvons une variété de sujets et de conseils qui nous guident tout au long de notre vie. Peut-être que peu de livres sont aussi réalistes que la Bible.

Née de la réalité des différents temps où elle a été écrite et incarnée, la Bible doit être lue, ou plutôt relue dans la réalité de notre temps et de chaque temps. Relisez avec des yeux toujours nouveaux, pour ne pas lui faire dire ce que nous voulons qu'elle dise; mais pour qu'elle nous dise ce qu'elle veut nous répéter.

Révisez / Application:

Laissez-leur le temps d'écrire ce que ces concepts signifient pour eux (ici, nous mettons pour vous une réponse qui est soulignée, selon la leçon):

- Changement: (Le changement est une transformation d'une situation ou d'un état à un autre. Le monde change constamment. Ainsi, il y a des changements dans la société, dans les concepts, dans la science et dans tout ce qui entoure la vie de l'être humain, qui en lui-même est en constante évolution.)
- Persévérance: (La persévérance c'est ce qui dure dans le temps et ne change ni ne disparaît. La Bible est la description de Dieu de qui il est, de ce qu'il veut et de ses plans pour l'humanité. C'est là que réside sa persévérance et son actualité.)
- Demandez-leur ensuite de lier les deux concepts à ce que disent les Écritures, comme vous l'avez vu dans la leçon. _____

Défi: Prend quelques minutes de prière personnelle pour demander à Dieu de t'aider à actualiser sa Parole dans ta vie. Prend le temps de t'excuser si tu pensais que c'était un livre dépassé. Enfin, prie pour que cette Parole soit mise en pratique dans ta vie.

Je Lis, J'étudie, Je Vis

Leçon 2

Denis Espinoza • Nicaragua

Objectif: Que le jeune voit la Bible comme la seule règle de foi et de pratique.

Pour mémoriser: *«Toute Écriture est inspirée de Dieu, et utile pour enseigner, pour convaincre, pour corriger, pour instruire dans la justice.»* 2 Timothée 3:16

Avertissement: Commencez votre classe en les questionnant au sujet de ce qu'ils ont faits durant la semaine. Vous pouvez commencer en les donnant l'exemple de la manière dont vous aviez pratiqué la Bible!

Connecter | Télécharger

Dynamique d'introduction (12 à 17 ans).
- Matériaux: Livres, journaux, petite étagère, stylos, papier, dictionnaire espagnol.
- Instructions: Selon le nombre d'élèves, organisez-les en petits groupes de trois. Demandez-leur de nommer un secrétaire pour en prendre note. Demandez-leur de répondre aux questions suivantes:

1. Qu'est-ce qu'une bibliothèque?
2. À quoi ça sert?
3. Avez-vous déjà visité une bibliothèque? Quelle utilité leur ont-ils donnée? Ça vous a plu? Comptez les expériences que vous avez vécues lorsque vous avez visité la bibliothèque.

Accordez-leur suffisamment de temps pour répondre. Une fois qu'ils ont répondu, demandez aux secrétaires de groupe de présenter leur travail en plénière. Écrivez la définition de bibliothèque au tableau: «Institution dont le but est d'acquérir, de conserver, d'étudier et d'afficher des livres et des documents. Lieu où vous avez un nombre considérable de livres commandés pour lecture» et comparez-le avec les définitions données par les groupes. Demandez aux secrétaires de vous aider à mettre les livres et les magazines sur l'étagère. Encouragez les élèves à considérer la Bible comme une bibliothèque.

Dynamique d'introduction (18 à 23 ans).
- Matériaux: Deux cartes, marqueurs.
- Instructions: Ayez les cartes à portée de main, placez-en une à droite et une à gauche de la classe. À droite, écrivez «Façons de montrer l'amour et l'intérêt pour la Bible; dans celle de gauche, écrivez «Des formes qui indiquent un manque d'amour et d'intérêt pour la Bible». Sur chaque carte notez les contributions de vos élèves.

Connecter | Télécharger

Le peuple de Dieu, dans l'Ancien et le Nouveau Testament, avait accès aux écrits sacrés que les hommes écrivaient sous l'inspiration du Saint-Esprit. Ceux-ci ont été soigneusement sélectionnés deux, et compilé formant ainsi une seule copie.

Au début, lorsque la première partie a été formée, elle n'était pas appelée la Bible, ils étaient simplement connus comme la loi, les prophètes et les psaumes. Ces écrits sacrés gouvernaient la vie du peuple de Dieu sur les plans politique, économique, social et religieux. Pendant plus de deux mille ans, ces écrits ont été considérés comme sacrés et spéciaux. Ils ont intégré ce que nous connaissons aujourd'hui sous le nom de l'Ancien Testament. Comme nous le savons tous, cela s'est produit avant la première venue de notre Seigneur Jésus-Christ.

Plus tard, au fil des années et des siècles, d'autres écrits ont émergé, après l'œuvre rédemptrice du Christ et son ascension. Nous faisons référence au temps des apôtres et de la première église lorsque les Évangiles, les lettres, le livre des Actes et l'Apocalypse ont commencé à circuler.

L'église chrétienne a reçu les livres de l'Ancien Testament avec foi et les a tenus en haute estime. Il les a acceptés comme «Parole de Dieu», «Parole Sainte». «Parole divinement inspirée». Il a également commencé à produire ses propres écrits et à les voir comme un mot catégorique inspiré par Dieu. Cependant, au début, il n'existait pas de recueil exhaustif de ses écrits. L'histoire de l'église chrétienne rapporte que c'est Marcion, un gnostique, qui a fait le premier recueil d'écrits. Cela ne comprenait que les écrits pauliniens dont il supprimait tout ce qui avait à voir avec le judaïsme.

Les fils et les filles de Dieu ont devant nous la Sainte Bible, la Parole de Dieu, nous pouvons accéder à différentes traductions ou versions si nous le voulons. C'est une grande bénédiction de venir profiter du beau contenu de la Bible. Demandez: Comment pouvons-nous montrer notre amour et notre intérêt pour la Sainte Bible et profiter de ses précieux enseignements?

1. Lecture biblique quotidienne

Le Seigneur Jésus est venu à la synagogue de Nazareth «et s'est levé pour lire» (Luc 4:16). «Les Juifs restaient généralement assis lorsqu'ils enseignaient ou commentaient les Saintes Écritures ou les traditions des anciens; mais quand ils lisaient, que ce soit la loi ou les prophètes, ils se levaient invariablement; il n'était même pas légal pour eux de s'appuyer sur quelque chose pendant qu'ils lisaient». (Commentaire sur la Sainte Bible. Volume III Nouveau Testament. Adam Clarke. MNP, USA: 1974, p.116).

Jésus a été donné de lire le livre du prophète Isaïe, et il a lu la prophétie qui avait à voir avec lui et son ministère (Luc 4: 18-19).

Le Seigneur Jésus, dans ses discussions avec ses adversaires les pharisiens et d'autres dirigeants, a supposé qu'ils devaient avoir lu et connu les Saintes Écritures. Il leur a demandé:

N'avez-vous pas lu ce que David a fait? (Matthieu 12: 3); Ou n'avez-vous pas lu dans la loi? (Matthieu 12: 5); N'avez-vous pas lu celui qui les a fait au début…? (Matthieu 19: 4); N'avez-vous jamais lu? (Matthieu 21:16); N'avez-vous jamais lu dans les Écritures? (Matthieu 21:42); N'avez-vous pas lu ce qui vous a été dit? (Matthieu 22:31); N'avez-vous pas lu dans le livre de Moïse? (Marc 12:26); Qu'est-ce qui est écrit dans la loi? Comment lisez-vous? (Luc 10: 26).

L'apôtre Paul a conseillé au jeune pasteur Timothée de se consacrer à la lecture. Il lui dit: «Pendant que je m'en vais, fais de la lecture, de l'exhortation et de l'enseignement» (1 Timothée 4:13); tandis que Jean le voyant, écrivain de l'Apocalypse, exhortait ainsi ses lecteurs: «Béni soit celui qui lit et ceux qui entendent les paroles de cette prophétie» (Apocalypse 1: 3). Nous voyons donc que la lecture assidue des écritures est d'une importance vitale pour le peuple de Dieu. Tout le monde devrait lire la Bible. C'est la Parole de Dieu. Il contient la solution de la vie. Récit du meilleur ami que l'homme ait jamais eu; l'homme le plus noble, le plus gentil et le plus vrai qui ait jamais mis le pied sur cette terre» (Manuel biblique. Henry H. Halley. Moody, p. 714).

La lecture de la Sainte Bible doit être caractérisée comme étant:

Lecture fervente

La ferveur est: «Dévotion, intensité du sentiment religieux. Enthousiasme, ardeur, efficacité avec laquelle quelque chose est fait. Admiration, adoration envers quelque chose ou quelqu'un» (Spanish Consulting Dictionary. Calpe, S.A, Madrid: 1998, p.161).

Le lecteur chrétien qui lit la Sainte Bible devrait être joyeux et encouragé car il ne lit pas n'importe quel livre sur Dieu. Dans le style des croyants de l'époque d'Esdras et de Néhémie, ils doivent donner un sens à ce qu'ils lisent (Néhémie 8: 8).

Lecture rentable

Le lecteur sincère de la Sainte Bible profite de ses enseignements, car ils sont un guide dans tous les aspects de la vie (2 Timothée 3: 16-17).

La lecture qui soutient

La Parole de Dieu est une nourriture qui soutient et nourrit la vie spirituelle de l'être humain. L'âme affamée de Dieu et de faire le bien et sera rassasié (Matthieu 4: 4).

Dieu utilise sa Parole puissante pour nous soutenir tous les jours (Psaume 119: 28,116; Hébreux 1: 2-3).

2. Étude approfondie de la Bible

En plus de la bonne habitude de lire les Écritures, nous devons les étudier. Cela implique plus d'efforts et de travail, mais cela vaut la peine car nous les connaîtrons beaucoup mieux de cette façon.

L'étude responsable de la Parole implique un investissement de temps, la mémorisation de ses beaux textes et histoires, utilisation d'outils facilitant l'assimilation de son contenu et l'application d'une méthode d'étude appropriée.

Le but de l'étude biblique, en plus d'assimiler le contenu, est de le comprendre. Les directives suivantes peuvent aider à atteindre cet objectif:

Que dit réellement le passage? Le passage contient-il un enseignement spécifique sur Dieu, l'homme, le monde, l'église ...? Contient-il un exemple à suivre, un avertissement ou une promesse? Une action est-elle nécessaire, à la lumière du passage?

3. Application de la Bible à la vie quotidienne

Nous savons bien que la Bible est le message de Dieu à l'humanité et que son impact sur la vie des gens se traduit par des vies transformées. Ses effets sont durables. Ensuite, nous verrons certains d'entre eux.

Transforme notre style de vie: Celui qui suit les enseignements de la Parole se donnera au Christ. Le Seigneur, opère donc ce changement glorieux dans le cœur afin que la vie ne soit plus jamais la même (2 Corinthiens 5:17). Une fois en Christ, nous continuons à grandir et à nous développer. Dans cette croissance et ce développement, la Bible joue un rôle important.

Cela nous aide à être meilleurs:

a). Meilleurs fils et filles de Dieu: en tant que tels, nous allons honorer et plaire au Seigneur avec un témoignage public, saint et pur (Philippiens 2:15).

b). Meilleures familles: Tous les membres de la famille travailleront pour maintenir l'unité du noyau familial (Éphésiens 5: 1,4).

c). De meilleurs citoyens: Nous respecterons et obéirons aux autorités légitimement constituées dans nos pays (Romains 13: 1,7).

Révisez/Application: Orientez vos élèves à lire le texte biblique et à remplir les espaces vides:

1. Hébreux 4:12 La Parole de Dieu est (vivante et efficace.)
2. 2 Thessaloniciens 3: 1 Priez pour que la parole du Seigneur se (répande et soit glorifiée.)
3. Psaume 119:105. La Parole de Dieu est (lampe et lumière.)
4. Jean 6:63. Les paroles du Seigneur sont (esprit et vie.)
5. 2 Timothée 3:16. La parole de Dieu est utile pour (enseigner, pour convaincre, pour corriger, pour instruire dans la justice.)
6. Psaume 119:9. Le jeune homme purifiera son chemin en (gardant sa parole.)

Défi: Organise-toi avec un groupe de jeunes de ton âge, discute de l'importance et du besoin de partager la Parole de Dieu avec des jeunes qui ne connaissent pas le Seigneur. Obtiens de nouveaux testaments, visite ces jeunes, invite-les à venir à l'église et donne à chacun une copie du livre sacré.

Je promets!

Leçon 3
Natalia Pesado • E.U.A.

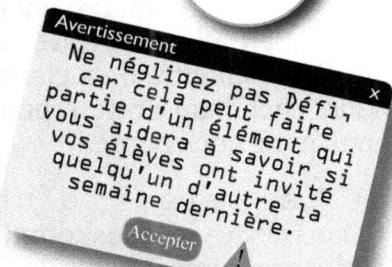

Objectif: Que le jeune connaisse les promesses de Dieu et leur réalisation dans au temps marqué.

Pour mémoriser: «*Retenons fermement la profession de notre espérance, car celui qui a fait la promesse est fidèle.*» Hébreux 10:23

Connecter

Dynamique d'introduction (12 à 17 ans).
- Matériaux: Écrivez les promesses suivantes sur des rectangles de papier (Matthieu 11:28; Jean 14:1a; 14:16; Romains 8:28; Psaumes 23:1; 91:1; 91:7; etc.) Formulez un texte pour deux personnes. Ensuite, coupez-les pour les rendre incomplets (exemple: «ceux qui aiment Dieu» - «toutes choses concourent au bien de»). Bibles.
- Instructions: Placez les morceaux de papier avec une partie des promesses mélangées et inversées sur une table ou sur le sol. Demandez-leur de prendre un morceau de papier et de regarder parmi leurs camarades de classe pour remplir la promesse qui y est écrite. Une fois terminé, lisez-le et parlez de ce qu'il y dit. Quand tout le monde a fini, demandez-leur de commenter ce qu'ils ont obtenu. Si les jeunes ne connaissent pas de grand-chose à la Bible, vous pouvez mettre la citation pour qu'ils le recherchent.

Dynamique d'introduction (18 à 23 ans).
- Matériaux: Du tableau noir et craie, ou grand papier et crayon.
- Instructions: Écrivez l'expression : Au tableau, écrivez en grosses lettres la phrase «Une promesse» et demandez à vos élèves de décrire ce que le mot signifie pour eux (vous pouvez écrire les concepts au tableau qu'ils décrivent); après quelques minutes, écrivez sur le côté le titre «Une promesse brisée» et faites le même exercice que décrit ci-dessus. En terminant, encouragez vos élèves à réfléchir à la beauté des promesses qui ne manquent jamais.

Télécharger

Au cours de sa vie, une personne reçoit de nombreuses promesses, par exemple: promesses de mariage, d'emploi, de logement, de résultats éducatifs ou économiques, cadeaux, visites, bourses, etc. Certains sont remplis et d'autres non. Aujourd'hui, nous verrons la vraie valeur d'une promesse.

1. La signification d'une promesse

Dans le dictionnaire, le mot «promesse» est décrit comme «l'expression de la volonté de se donner ou de faire quelque chose pour lui ou pour elle», ou encore «l'acte et l'expression avec lesquels une personne assure qu'elle va faire une chose «(www.freedictionary.com). Une promesse peut également être comprise comme «un accord entre deux parties par laquelle l'une d'elle accepte de faire quelque chose avant la réalisation d'une condition ou l'expiration d'un terme» (www.definition.de). Dans la leçon d'aujourd'hui, nous étudierons les promesses les plus spéciales que nous puissions recevoir.

Quand nous regardons autour de nous, nous pouvons voir que les promesses abondent dans notre vie sociale.

Les étudiants ont également un contrat mutuel (même si nous n'avons pas signé de document officiel) avec nos professeurs: par exemple, ils nous enseigneront les matières, et si nous faisons nos devoirs et démontrons aux examens que nous avons appris le contenu, nous espérons qu'ils nous donneront une bonne note et enfin un diplôme d'éducation complète.

Les promesses que nous avions reçu de Dieu sont également un accord dans lequel si nous sommes obéissants et lui faire confiance, il va accomplir sa part de (1 Jean 2:25; Actes 2:33,39). Dans ces merveilleux versets, nous pouvons lire très clairement et spécifiquement que Dieu a promis la vie éternelle à ceux qui croient en Jésus et qu'il a également promis l'aide du Saint-Esprit. La signification particulière des promesses de Dieu est qu'elles sont une expression de son amour éternel pour nous, qu'elles démontrent sa claire intention de nous sauver, et que c'est lui qui initie ses promesses envers nous, cherchant notre réponse positive. Nous pouvons être sûrs que Dieu aspire à être d'accord avec nous pour nous bénir.

2. La valeur d'une promesse

Dans notre vie, nous sommes et serons entourés de nombreuses promesses que nous faisons et recevons. Malheureusement, nous devons mentionner que de nombreuses promesses ne sont pas tenues fidèlement: certains étudiants ne font pas l'effort nécessaire dans leur apprentissage; ou il y a des enseignants qui ne reconnaissent pas l'effort de l'élève, parfois, les banques ne rendent pas l'argent aux gens qui l'ont gardé là; parfois, les patrons licencient des personnes de leur emploi ou les propriétaires expulsent les locataires; malheureusement, les parades nuptiales ou les mariages échouent parfois à cause de l'infidélité. Nous ne pouvons pas nier qu'une promesse non tenue ou «brisée» peut apporter beaucoup de tristesse, de déception et de douleur au cœur de la personne qui s'attendait à voir cette promesse tenue. Ces expériences douloureuses peuvent déjà faire partie de la vie d'un jeune, malgré son jeune âge.

Nous voyons que la valeur d'une promesse est étroitement liée à la véracité de la parole de la personne qui fait la promesse. Si une personne ment ou échoue généralement, la valeur de sa promesse sera inexistante. Au contraire, lorsqu'une personne tient toujours ce qu'elle promet, les promesses qu'elle fait sont très précieuses, car bien qu'elles ne soient pas encore tenues, les preuves passées donnent une assurance totale pour l'avenir que la personne tiendra sa parole. Dans notre cas, en tant qu'enfants de Dieu, nous pouvons voir que les promesses de Dieu ont une si grande valeur qu'elles sont incalculables, car aucune promesse de Dieu n'a échoué. Contrairement à notre confiance dans les êtres humains qui peuvent échouer, notre confiance dans les promesses de Dieu ne fait aucun doute. Dans Hébreux 11: 1, nous pouvons lire que «faire confiance à Dieu, c'est être absolument sûr qu'on va recevoir ce qu'on attend. C'est être convaincu que quelque chose existe, même quand on ne le voit pas» (TLA). Regardons également les passages dans Hébreux 10:23 et 2 Corinthiens 1:20. Nous notons que l'auteur d'Hébreux mentionne que nous pouvons faire confiance aux promesses de Dieu parce qu'il est fidèle et n'a jamais failli à sa parole. De même, dans sa lettre aux chrétiens de la ville de Corinthe, l'apôtre Paul leur enseigne la meilleure façon de valoriser les promesses de Dieu, et cette façon est de les recevoir en disant «Oui» et «Amen» (c'est dire «Qu'il en soit ainsi»), confiant que les promesses de Dieu sont totalement fiables; et que nous pouvons nous reposer en elles.

En conclusion, la valeur d'une promesse réside dans la personne qui la dit et dans la grande paix et la confiance qu'elle apporte à celui qui le reçoit.

3. La réalisation d'une promesse

Une promesse atteint sa valeur par la personne qui l'exprime, et cette valeur est également complémentaire à la réalisation de cette promesse. Lorsqu'une promesse est finalement tenue, les deux parties qui ont accepté sont entièrement satisfaites d'avoir reçu ce qu'elles voulaient. La réalisation d'une promesse nécessite un engagement et l'effort de la personne pour réaliser ce qui a été promis; par conséquent, pour qu'une personne puisse tenir sa promesse, elle doit pouvoir s'en souvenir et prendre les mesures nécessaires, parfois pendant longtemps.

Souvent, tenir une promesse n'est pas facile. On pourrait dire que plus une promesse a de la valeur, il faudra probablement plus d'efforts pour la réaliser, et ce sont donc les promesses les plus spéciales.

Dans notre cas en tant qu'enfants de Dieu, nous pouvons voir que les promesses que Dieu nous a faites sont uniques et inestimables car leur valeur est spirituelle. L'accomplissement des promesses divines est au temps de Dieu: ce temps n'est connu que par Lui jusqu'à ce qu'Il le révèle, et son temps est parfait, car il est déterminé par la parfaite sagesse de Dieu.

En tant qu'êtres humains, il est très courant que nous ayons tendance à souffrir d'impatience, c'est-à-dire que nous souffrons d'un sentiment d'urgence et / ou de désespoir à propos du moment où les choses devraient se produire.

Un sentiment de désespoir, qui peut nous submerger dans certaines situations difficiles de la vie, doit être soumis à Dieu avant ses promesses, et nous devons résister à la tendance au désespoir ou penser que les promesses de Dieu doivent être remplies lorsque «je». Je pense que ce serait mieux. De la même manière, il est vital de résister à la tentation de penser que si ce que je veux ne se produit pas «déjà» ou «maintenant», cela ne se produira jamais. Au contraire, nous devons toujours faire confiance et être absolument sûrs que Dieu sait quand le meilleur moment est pour chaque situation et sa résolution.

Nous voyons que «la question du temps» est très relative; c'est-à-dire qu'il se peut que quelque chose qui nous semble idéale «le temps idéal», pour Dieu ce n'est pas, au contraire Il nous répondra:» «Ce n'est pas encore le temps parfait. » Cela s'applique également à d'autres aspects de notre jeune vie, notamment les fréquentations, avoir des enfants, devenir indépendant des parents, décider de travailler ou d'étudier, etc.

Enfin, nous voyons que pour voir l'accomplissement des promesses inaccomplies de Dieu, nous devons avoir de la patience et de la foi: avoir confiance qu'il est fidèle et fera ce qu'il a dit (Hébreux 6:12). Nous pouvons avoir confiance que les promesses de Dieu seront fidèlement remplies au moment parfait.

Révisez/Application: Donnez-leur le temps d'écrire ce que chaque promesse signifie pour leur vie.

CITATION BIBLIQUE AVEC PROMESSE	SIGNIFICATION DE PROMESSE
Jérémie 29:11	Dieu a un bon plan pour ma vie et mon avenir.
Aggée 2: 4-5	Jéhovah m'accompagne dans les moments difficiles.
Psaumes 25: 9; 32: 8	Dieu peut indiquer mon domaine d'études professionnelles.
I Corinthiens 10:13	Dieu peut m'aider à surmonter les tentations.
Philippiens 4: 6-7	Dieu peut me donner la paix dans les moments de plus grande anxiété.
Jacques 1: 5	Dieu veut m'aider à prendre de très bonnes décisions.

Défi: As-tu pensé aux promesses de Dieu avant la leçon d'aujourd'hui? As-tu des promesses préférées? Je t'encourage à demander à Dieu de te faire une promesse pour toi-même ou pour un moment précis de ta vie. Ces promesses spéciales sont très utiles lorsque nous les partageons avec d'autres. Dans cette semaine, pense et choisis une promesse pour ta vie.

Ton «Disque Dur»

Leçon 4
Ana Zoila Díaz • Panama

Objectif: Promouvoir la mémorisation et l'application de la Bible.

Pour mémoriser: *«Mon fils, n'oublie pas mes enseignements, Et que ton cœur garde mes préceptes»* Proverbes 3:1

Avertissement

Commencez, tout en questionnant s'ils ont choisit leur promesse.

Accepter

Connecter | Télécharger

Dynamique d'introduction (12 à 17 ans).
- Matériaux: Des affiches avec les mots suivants: esprit, livre, télévision, magazines, cœur et esprit.
- Instructions: Retirez chaque affiche et demandez si chaque mot fait référence à une unité externe ou à une unité interne. Lorsqu'ils sont d'accord ou après un certain temps, présentez les réponses comme suit:

  Esprit: mémoire RAM. Unité interne.

  Livre: Unité extérieure.

  Télévision: Unité extérieure.

  Magazines: Unité externe.

  Cerveau: Disque dur. Unité interne.

  Esprit: Unité interne

Dynamique d'introduction (18 à 23 ans).
- Matériaux: Des affiches individuelles présentant tous les mots de deux ou plusieurs versets bibliques peu mémorisés ou peu connus.
- Instructions: Présentez les citations et demandez aux élèves de mémoriser ces versets. Dites-leur ensuite d'essayer d'organiser les mots du ou des versets dans l'ordre dans lequel ils sont mémorisés.

Connecter | Télécharger

Nous pouvons également nous comparer en quelque sorte avec les mémoires d'un ordinateur, car nous pouvons stocker dans notre mémoire des données qui, lorsque nous en avons besoin, elles sont là.

1. Comme la RAM, l'esprit peut être un endroit où les informations sont stockées pour un certain temps; Mais lorsque nous nous déconnectons de l'information, elle est perdue et nous oublions tout ce que nous y recevons, comme le disait une phrase populaire: «L'information entre par une oreille et sort par l'autre».

2. Les unités ou appareils externes peuvent être les différentes sources d'informations qui apparaissent dans nos vies: les livres, ce que nous entendons et même ce que nous voyons. Souvent, pour se souvenir de ce que ces sources disent, nous devons y recourir; mais ils ne sont pas toujours à portée de main.

3. Le disque dur ressemble à notre cerveau: si vous y enregistrez ou archivez quelque chose, vous disposez de la sécurité qui sera à votre portée lorsque vous en aurez besoin. Par conséquent, c'est interne. De cette façon, il est protégé de tout ce qui est extérieur pour éviter que quelque chose ne l'endommage.

1. Qu'est-ce que tu conserves dans ton «disque dur»?

Il y a une allégorie entre un ordinateur et l'être humain, et c'est la suivante:

La mémoire de l'ordinateur (RAM) est un emplacement de stockage temporaire pour les fichiers que vous utilisez. La plupart des informations stockées dans la RAM sont effacées lorsque l'ordinateur est éteint. Par conséquent, votre ordinateur a besoin de formes de stockage permanentes pour enregistrer et récupérer des programmes et des fichiers de données que vous souhaitez utiliser quotidiennement. Des dispositifs de stockage (également appelés lecteurs) ont été développés pour répondre à ce besoin. Les types d'appareils les plus courants sont les suivants:

- Lecteurs externes: mémoire USB, CD, DVD, etc.
- Lecteurs internes: Disque dur.

Le disque dur est le système de stockage le plus important de votre ordinateur. Il stocke les fichiers des programmes et les fichiers que vous créez avec ces programmes.

Notre cerveau est un «disque dur», une mémoire interne comme celle d'un ordinateur. En ce sens, la mémoire est l'une des conditions nécessaires pour que l'apprentissage ait lieu, ce qui se produit, précisément, lorsque le contenu de la mémoire change. Ainsi, une fois une stimulation, une donnée, une explication, etc. reçu, notre mémoire passe d'un état de non-donnée à un autre de possession. On peut dire que l'apprentissage consiste à garder quelque chose en mémoire pour s'en souvenir en cas de besoin. La mémoire et l'apprentissage sont donc étroitement liés. La mémoire est le test de l'apprentissage.

La mémorisation est une activité intellectuelle par laquelle nous fixons et conservons dans nos esprits les connaissances que nous devons apprendre et ensuite nous en souvenir lorsque cela est nécessaire. Cependant, nous devons mentionner qu'il y a une différence entre le mémorisme et la mémorisation. Le mémorisme, c'est apprendre par cœur, sans comprendre; ainsi qu'un perroquet qui se répète, mais n'analyse pas. La mémorisation, c'est apprendre par cœur, mais comprendre ou comprendre ce qui a été appris.

Selon la Bible, l'information est dans le cœur sous forme métaphorique et là nous devons garder la Parole de Dieu. Il est plein d'exhortations à implanter sa vérité dans nos cœurs. Le roi David a écrit qu'un jeune homme peut garder son chemin pur en gardant la Parole de Dieu dans son cœur (Psaume 37:31, 119:9-11). Et le sage Salomon a également fait allusion à cela dans Proverbes 4: 4b: «... Que ton cœur retienne mes paroles; Observe mes préceptes, et tu vivras».

Le mot retenir vient du terme hébreu qui signifie «saisir, comprendre, capturer». La mémorisation des Écritures vous donne une compréhension ferme de la Parole de Dieu et permet à la Parole de vous captiver. Le roi Salomon a également mentionné avoir écrit la Parole «sur la table de votre cœur» (Proverbes 7:3) et avoir écrit l'Écriture en nous pour qu'elle soit affirmée sur nos lèvres (Proverbes 22:18).

Dans Proverbes 3:1-2, on nous montre le conseil du roi Salomon de ne pas oublier la Parole. Oublier les choses nous fait faire beaucoup d'erreurs. Si vous oubliez le chemin pour vous rendre à un certain endroit, vous perdrez probablement du temps que vous auriez pu utiliser à d'autres fins. Ces versets nous conseillent donc de garder la loi de Dieu, sa Parole, dans nos cœurs; parce que Dieu sait que la vie coule ou coule de lui (Proverbes 4:23). Votre cœur est un lieu qui doit être gardé, protégé de tout pour garantir le bon fonctionnement de votre vie. Si vous gardez en lui des mots de haine, de rancœur, des mots négatifs, il est probable que vos actions seront tout aussi négatives. Mais si vous gardez dans votre cœur le message de Dieu pour votre vie, Dieu vous promet des jours et une paix pour votre vie. Durée des jours, car vous ne passerez pas votre temps sur des choses qui n'en profitent pas. En d'autres termes, vous ne perdrez pas votre temps sur des chemins que Dieu ne veut pas que vous empruntiez, et vous ne perdrez pas votre temps sur des décisions absurdes.

Colossiens 3:16 nous motive à faire habiter la Parole de Dieu en nous. Cela signifie que Dieu veut que sa Parole et sa direction soient présentes dans tous les domaines de notre vie. Que ce soit celui qui nous guide et nous montre la meilleure voie à suivre, même dans les plus petites choses. Josué 1:7 nous montre qu'il a été conseillé à ce leader de ne pas s'écarter de la Parole ni à sa droite ni à sa gauche. La droite symbolise les moments de bien-être dans votre vie, mais la main gauche est le temps de l'angoisse ou de l'obscurité. Si vous gardez la Parole de Dieu dans votre cerveau, cela vous aidera à faire face à toutes les situations de votre vie. Vous n'aurez pas toujours une Bible à portée de main, mais si vous gravez dans votre cerveau le message qui s'y trouve, il vous sera sûrement utile dans toutes les situations que vous vivrez.

2. Les avantages d'avoir la Parole de Dieu dans le «disque dur»

Si vous enregistrez les informations de votre ordinateur dans le disque dur et les protégez, vous garantissez que votre machine fonctionne bien et vous obtenez de bons résultats à partir des informations. De la même manière, Dieu a des promesses pour ceux qui gardent la Parole et la mettent en pratique. Demandez à vos élèves d'énumérer six avantages de garder la Parole, selon les versets d'étude mentionnés ci-dessous.

Les promesses que Dieu offre à notre vie dans ces passages sont les suivantes:

1. Proverbes 3:1-2: Car ils prolongeront les jours et les années de ta vie, Et ils augmenteront ta paix.

2. Proverbes 3:3-4: Que la bonté et la fidélité ne t'abandonnent pas; Lie-les à ton cou, écris-les sur la table de ton cœur. 3.4 Tu acquerras ainsi de la grâce et une raison saine, Aux yeux de Dieu et des hommes.

3. Josué 1:7-8: Fortifie-toi seulement et aie bon courage, en agissant fidèlement selon toute la loi que Moïse, mon serviteur, t'a prescrite; ne t'en détourne ni à droite ni à gauche, afin de réussir dans tout ce que tu entreprendras. Que ce livre de la loi ne s'éloigne point de ta bouche; médite-le jour et nuit, pour agir fidèlement selon tout ce qui y est écrit; car c'est alors que tu auras du succès dans tes entreprises, c'est alors que tu réussiras.

4. Colossiens 3:16: Nous aide à aider les autres. Si ton esprit et ton cœur ne reçoivent pas de conseils au travers de la Parole, tu n'auras pas les mots adéquats pour les besoins des autres

3. Il ne suffit pas de garder la Parole. Tu dois aussi mettre en pratique

L'idée de sauvegarder des informations dans notre «disque dur» est de les utiliser quand nous en avons besoin. Il ne sert à rien de remplir la mémoire du disque avec des informations qui ne seront pas utiles pour notre travail.

Dieu demande que toute la Parole que nous gardons dans notre cerveau (cœur) soit mise en action, en d'autres termes, que nous agissions selon elle. Dans Colossiens 3:17, on nous parle de l'acte de faire, d'agir. La Parole mise en pratique est celle qui aboutit réellement aux promesses vues précédemment. Donc, si tu ne le mets pas au travail, ce n'est pas ton «disque dur» que tu as utilisé; mais ta mémoire RAM, c'est ton esprit, et qui ne deviendra qu'une information momentanée.

Révisez / Application: Demandez-leur d'énumérer six avantages de garder la Parole selon les versets d'étude suivants (les réponses se trouvent au point 2 de la leçon):

1. Proverbes 3:1-2 (La durée des jours et la paix est c'est-à-dire plus de jours de vie pour accomplir le dessein de Dieu et qui seront des jours de paix.)

2. Proverbes 3:3-4 (Grâce et bonne opinion devant les gens et devant Dieu.)

3. Josué 1:7-8 (Prospérité dans tout ce que tu entreprendras. Dieu te parle de bons résultats dans tout ce que tu fasses.)

4. Colossiens 3:16 (Nous aide à aider les autres.)

Défi: Prend les lectures quotidiennes suivantes et essayez de mémoriser un verset de chaque lecture. Dimanche prochain, tu discutes sur la façon dont il a été utile de mémoriser ces versets pendant la semaine. Lundi: Psaume 119: 1-11; Mardi: Psaume 119: 12-22; Mercredi: Psaume 119: 27-36; Jeudi: Psaume 119: 89-94; Vendredi: Psaume 119: 97-105; Samedi: Psaume 119: 129-138; Dimanche: Psaume 119: 151-163.

Ma Maman

Leçon 5

Natalia Pesado • E.U.A.

Objectif: Que le jeune sache que le salut est le casque qui protège sa tête, et la Parole de Dieu l'épée que l'Esprit Saint les donne.

Pour mémoriser: «*Prenez aussi le casque du salut, et l'épée de l'Esprit, qui est la parole de Dieu.*» Ephésiens 6:17

Avertissement: Commencez en les demandant s'ils fesaient la lecture et s'ils mémorisaient les passages bibliques. Accepter

Connecter

Dynamique d'introduction (12 à 17 ans).
- Matériaux: Des photos d'un soldat prêt pour la bataille (Elles peuvent être prises sur Internet ou dans un livre de bibliothèque).
- Instructions: Montrez aux élèves les photos que vous avez obtenues et demandez-leur de partager ce qu'ils remarquent différemment du soldat par rapport à ce qu'ils verraient chez toute autre personne marchant en civil. Aujourd'hui, nous étudierons ce qui nous protège en tant qu'enfants de Dieu.

Dynamique d'introduction (18 à 23 ans).
- Matériaux: Tableau noir et craie, ou grand papier et crayon.
- Instructions: Demandez-leur de décrire comment un ennemi attaque un soldat pendant une guerre (par exemple, armes de poing, chars, bombes, etc.). Demandez-leur de partager les façons dont l'ennemi attaque les enfants de Dieu (doutes, tentations, épreuves douloureuses, etc.). Écrivez vos réponses au tableau. Demandez-leur ensuite de dire comment ils peuvent se défendre contre ces attaques.

Télécharger

Lorsqu'un soldat se prépare à partir au combat, il doit s'assurer qu'il sera aussi intelligent que possible afin de survivre à la situation difficile à laquelle il sera confronté. En général, les soldats se préparent physiquement (pour pouvoir courir et s'échapper, pour endurer des blessures ou pour marcher sur un terrain difficile), ils se préparent émotionnellement (pour pouvoir contrôler les émotions de peur et d'angoisse), et enfin, ils se préparent aussi avec des armes qui peut les aider à engager l'ennemi. Dans la leçon d'aujourd'hui, nous étudierons un armement innovant et infaillible.

Dans le passage de Luc 4:1-14, nous voyons que l'auteur nous raconte, avec des détails incroyables, l'expérience de la tentation de Jésus. En lisant l'histoire, nous pouvons comprendre la tension qui était dans l'environnement et la dure bataille entre Jésus et le diable.

1. La force dans la Parole de Dieu

Dès la création, Dieu laisse un mandat clair sur l'institution du mariage (Genèse 2:24). Cette unité indissoluble était le dessein original de Dieu. Dieu n'avait pas à l'esprit que les couples se séparent, il voulait qu'ils persévèrent ensemble. L'union sexuelle a fait de ce couple un lien si important qu'ils n'étaient plus deux mais une seule chair, une raison suffisante pour commencer une vie ensemble, au point de quitter le père et la mère. Le mariage au temps de Jésus et même plus tôt, plus qu'une question sentimentale était une alliance d'honneur. Généralement, les hommes épousaient des femmes de familles ou de proches connus, le père qui se considérait responsable avait le devoir de trouver à sa fille un mari convenable. Le mariage n'était pas une célébration publique comme aujourd'hui, il n'y avait pas de signatures papier, seulement la parole d'honneur. Il était entendu que cette union serait respectée à vie.

En tant que jeunes sur le chemin de la vie, nous ne pouvons ignorer ou nier qu'il y a beaucoup de choses qui peuvent nous détruire (alcool, drogues, tabac, relations sexuelles hors mariage, maladies sexuellement transmissible, chagrin, accident de voiture ou arme à feu, participation à des gangs, problèmes d'éducation et / ou de travail, etc.). Les situations décrites ci-dessus peut non seulement provoquer des maladies physiques ou la mort, mais peut également affecter considérablement notre santé spirituelle et émotionnelle, provoquant la dépression, l'anxiété ou les attaques de panique, l'insécurité ou la perte d'estime de soi, pensées suicidaires ou corporelles, etc.

Pour ces raisons, il est également important de savoir que Dieu, notre Créateur, nous a fourni une arme exceptionnellement efficace pour combattre ces maux qui nous attaquent. Cette merveilleuse arme est la Bible, la même Parole de Dieu. Nous devons reconnaître que depuis le début de l'histoire, Dieu a utilisé sa parole pour créer l'univers entier (celui que nous connaissons et même la partie de l'univers que nous ne connaissons pas, de retour dans les galaxies). Dans Genèse 1, nous pouvons lire l'histoire incroyable de la création et comment Dieu a utilisé la parole pour créer ce que nous voyons; c'est-à-dire que sa parole est si puissante qu'elle peut faire des choses créées à partir du rien (vv.3,11).

Nous voyons ce même pouvoir mis en évidence dans Luc 4: 4 où nous lisons que la Parole a donné de la force à Jésus pour supporter la tentation que l'ennemi lui présentait. L'ennemi savait astucieusement que Jésus avait au près de quarante jours sans manger et qu'en conséquence il aurait très faim, il ressentirait une faiblesse physique et mentale. En ces temps difficiles de lutte, Jésus s'est souvenu et a cité la Parole de Dieu qui était dans son esprit (v.4); et en ce moment, cette même Parole que Jésus a mentionnée, l'a aidé à se renforcer et à ne pas faire ce que le diable a suggéré, mais de suivre la volonté de Dieu de continuer à chercher sa présence.

Nous voyons donc que la Parole de Dieu a la capacité de nous donner de la force au temps de la faiblesse; et cette arme sera à notre disposition lorsque nous ferons face à des circonstances qui épuisent nos forces. Nous pouvons être absolument sûrs que lire la Bible et la mémoriser nous donnera la capacité de continuer à faire la volonté de Dieu. Dans notre combat de guerre, nous ne pouvons pas gagner si nous n'avons pas l'arme prête.

2. Le guide dans la Parole de Dieu

À d'autres moments difficiles de notre vie, nous pouvons être confrontés à la nécessité de prendre des décisions très décisives. En tant que jeunes, nous devons comprendre que, bien que «l'avenir» semble très loin du présent, en réalité, chaque décision que nous prenons maintenant est, à partir d'aujourd'hui, la détermination de diverses situations de l'avenir que nous vivrons, que ce soit un avenir proche ou lointain. Une façon de comprendre cette idée est de penser aux graines qui sont le début de tout fruit. Si tu manges une pomme, tu verras que tu as des graines noires dans la main que tu ne peux pas manger et que nous jetons généralement les ordures; ils ne semblent certainement pas être d'une grande utilité. Cependant, si ces petites graines tombent dans un bon morceau de terre et reçoivent du compost et de l'eau de pluie, dans un certain temps une tige commencera à germer, alors cette tige deviendra plus forte et deviendra plus haute et plus épaisse, elle donnera plus de feuilles et d'elle Des branches avec plus de feuilles sortiront. Tu sais, finalement, cette graine finira par se transformer en un grand arbre qui portera des centaines et des centaines de nouvelles pommes. Nous pouvons comparer notre vie à un jardin, les idées que vous laissez tomber dans le sol de votre cœur et de ton esprit peuvent sembler être de simples graines, mais elles deviendront finalement de grandes décisions comme un arbre qui sera difficile à ignorer ou à supprimer.

L'ennemi connaît très bien ce processus (décrit ci-dessus) et c'est pourquoi il attaque également notre centre de décision (notre esprit) pour obtenir ses mauvais résultats de nous faire tomber dans des situations douloureuses et compliquées. En tant que jeunes, nous avons une arme spécialisée pour nous aider à affronter cette stratégie de notre ennemi. La Parole de Dieu est une merveilleuse arme pour nous aider à prendre les meilleures décisions; Nous pouvons être sûrs que la Bible peut nous aider dans chacune des situations auxquelles nous sommes confrontés et qu'elle sera toujours le meilleur guide que nous puissions trouver.

La Bible peut t'aider à décider comment tu dois penser et agir à propos des drogues, de l'alcool et du tabac; La Bible peut également te guider sur la façon de procéder dans tes relations avec tes amis et sur les rencontres. Cela peut t'aider à profiter d'une cour et d'un mariage plus heureux que tu ne peux l'imaginer. De la même manière, la Parole de Dieu peut t'aider à savoir comment tu peux te comporter vis-à-vis de la violence, mais aussi en ce qui concerne tes études, ta carrière professionnelle et / ou ton développement professionnel. La Parole nous aide également à lutter contre les situations de dépression, d'anxiété, de colère excessive, de problèmes familiaux et relationnels. Lisons la Bible tous les jours et marquons surtout ces versets qui nous donnent des conseils pour nos vies!

3. La vérité dans la Parole de Dieu

L'ennemi voulait confondre Jésus en lui racontant certains passages de la Bible qui permettaient apparemment à Jésus de faire ce que le diable lui avait demandé de faire (Luc 4: 9-11). C'était une situation extrêmement compliquée et difficile. Combien cela a dû être difficile pour Jésus, dans ces moments de faiblesse du jeûne prolongé, de pouvoir discerner ces paroles. Merveilleusement, nous voyons comment une fois de plus la Parole de Dieu, mémorisée par Jésus, l'a aidé à donner la réponse finale et énergique.

Dans notre propre vie de jeunes, nous devons nous rappeler que bien des fois l'ennemi utilisera également des mensonges pour nous attaquer dans cette bataille à laquelle nous sommes confrontés. Certains mensonges que le diable utilise à plusieurs reprises sont les suivants: «ne t'inquiètes pas, personne ne le remarquera si tu le fais», «tu es le propriétaire de ton corps, tu peux décider quoi en faire», «tu ne fais de mal à personne», «personne ne t'aime, tu n'as aucun espoir d'être heureux», ou le plus courant, «il ne se passera rien». Demandez: As-tu déjà senti que l'ennemi a utilisé l'un de ces mensonges pour te renverser? Tu n'as à partager la réponse avec personne, mais il est utile de faire cette auto-évaluation pour savoir où nous devons nous renforcer. Alors, comment les soldats doivent analyser où l'ennemi peut les attaquer pour se préparer à pratiquer leurs tactiques et à régler leurs armes; nous devons donc nous préparer à être prêts lorsque ce genre de mensonges vient nous embrouiller.

La vérité de la Parole de Dieu est comme une puissante lampe de poche qui illumine clairement afin que nous puissions distinguer et rejeter les mensonges de l'ennemi. La Parole de Dieu est ce qui nous permet de sortir victorieux de la bataille à laquelle nous sommes confrontés, tout comme Jésus l'a fait.

Révisez / Application:

Demandez-leur de chercher dans leurs Bibles des versets qui peuvent les aider avec force, conseils ou leur rappeler une vérité. Ils peuvent demander de l'aide à leurs camarades de classe ou à vous.

SITUATION D'ATTAQUE	L'ARMEMENT BIBLIQUE
Doutes sur mon avenir: appel, profession ou partenaire / parade nuptiale et famille	Jérémie 29:11
Conflit avec mes parents	Exode 20:12, Proverbes 23:22, Éphésiens 6:1-3
Doutes sur ce qu'il faut étudier à l'université	Psaumes 25:9; 32:8
Situations de vices	Psaume 40, Éphésiens 4:22-24, Proverbes 23:29-35
Sentiments d'anxiété, de peur ou de nervosité	Philippiens 4:6-7, Psaume 27, Hébreux 13:5-6
Sentiments de dépression	Psaumes 16 et 130, Ephésiens 3:14-21

Défi: Je t'encourage à te réfugier, comme jamais auparavant, dans la parole de Dieu; elle est ton meilleure arme et si tu la lis, l'étudies et la mémorises, tu peux être sûr que l'ennemi ne pourra pas te vaincre. De nombreux adultes, qui étaient auparavant des jeunes de ton âge, peuvent te raconter comment Dieu les a aidés dans leur jeunesse à travers Sa Parole. Cette semaine, trouve quelqu'un qui veut partager avec toi leurs témoignages sur la façon dont la Bible a été leur arme pour surmonter une situation difficile.

Merci, Grand-Père!

Leçon 6

Natalia Heavy • E.U.A.

Objectif: Estimer bibliquement le rôle du grand-père au sein de la famille et sa relation avec les petits-enfants.

Pour mémoriser: «... *Et il [Israël] a dit: Approchez-les maintenant de moi, et je les bénirai.*» Genèse 48:9b

Avertissement

Commencez le dialogue en partageant au sujet du défi de la semaine antérieure.

Accepter

Connecter / Télécharger

Dynamique d'introduction (12 à 17 ans).
- Matériaux: Des photos de personnes âgées (elles peuvent être des dessins faits à la main, des coupures de magazines ou des photos d'Internet).
- Instructions: Demandez à vos élèves d'exprimer leurs idées lorsqu'ils voient les photos que vous leur présentez. Demandez-leur comment ils s'imaginent dans la vieillesse et ce qu'ils aimeraient faire à ce moment de leur vie. Aidez-les ensuite à réfléchir à la façon dont Dieu a conçu cette étape de la vie pour leurs enfants.

Dynamique d'introduction (18 à 23 ans).
- Matériaux: Tableau noir et craie, ou grand papier et crayon.
- Instructions: Au tableau, tracez une ligne verticale qui la divise en deux côtés égaux. D'un côté, écrivez le titre «Les inconvénients de la vieillesse»; et de l'autre, «Les avantages de la vieillesse». Demandez-leur ensuite de réfléchir aux caractéristiques positives et négatives de la vieillesse. S'ils ont du mal à exprimer leurs idées, suggérez-leur de penser à un grand parent ou à une personne plus âgée dans l'église.

Connecter / Télécharger

Ces dernières années, les enfants et les jeunes sont réjouis de recevoir une grande attention et appréciation de la société, y compris dans les domaines de la politique, de la psychologie et de la médecine. Ce renouvellement comprend le développement des droits des enfants et la spécialisation des soins de santé pour eux. Cependant, ce changement a également provoqué une certaine dévaluation des personnes âgées dans notre société, par rapport aux temps anciens, où la vieillesse était considérée avec un respect et une admiration particuliers. Dans la leçon d'aujourd'hui, nous réfléchirons à la perspective de Dieu sur les personnes âgées (Genèse 28:13, 32:9, 48:8-10,15-16).

Le troisième âge est la période de la vie dans laquelle l'être humain a déjà vécu l'enfance et l'âge adulte, et est au stade final de sa vie. Selon différents psychologues, la vieillesse peut commencer vers 65 ans. À ce stade de la maturité adulte, de nombreuses personnes âgées cessent de travailler dans le laïc et ne se sentent pas actives dans la société; D'autres peuvent souffrir de problèmes de santé, de difficultés financières, de séparation de la famille et donc de tristesse. Dans les passages que nous étudierons aujourd'hui, nous verrons que la Bible nous enseigne clairement le rôle important que les adultes matures ont dans la vie familiale et sociale. Et aussi nous verrons notre rôle comme faisant partie de la vie des personnes âgées que nous avons autour de nous.

1. La nature des grands-parents

Dans le passage de la Genèse 48: 8-10, nous sommes entrés dans une scène très spéciale: c'est la partie de l'histoire dans laquelle Jacob venait de retrouver, après de nombreuses années, son fils Joseph et les enfants que Joseph avait eu dans Egypte: Ephraïm et Manassé. Avec le temps, Jacob était devenu grand-père.

Nous voyons au verset 10 de ce chapitre que «... les yeux d'Israël (un autre nom pour Jacob) étaient tellement aggravés par la vieillesse qu'ils ne pouvaient pas voir. Alors il les a fait se rapprocher de lui, et il les a embrassés et les a étreints». Il est indéniable que la nature de la vieillesse comporte certaines difficultés. Tout d'abord, nous voyons que la vieillesse modifie les capacités physiques d'une personne. Dans le cas de Jacob, c'est que sa vue a disparu. Dans d'autres, la santé et la force physique diminuent et provoquent diverses difficultés. Il y a des personnes âgées qui souffrent de problèmes de marche, de douleurs dans leur corps, de problèmes de sommeil ou de nettoyage, de maladies internes, etc. De même, la vieillesse peut affecter la façon dont une personne se sent. N'ayant pas un corps solide comme celui des jeunes, une personne âgée peut ressentir de la tristesse, de la peur et de l'insécurité lorsqu'elle doit dépendre des autres pour de nombreuses activités qu'elle avait l'habitude de faire seule. Dans la vieillesse, faute de force du corps, la personne atteint généralement un stade de retraite du travail profane, ce qui entraîne une diminution des entrées d'argent. Dans cette situation, la personne peut ressentir de la tristesse lorsqu'elle a des besoins financiers, de la peur lorsqu'elle pense à l'avenir, de l'insécurité lorsqu'elle doit dépendre des autres pour assumer ses responsabilités et, enfin, de la culpabilité lorsqu'elle se sent «comme un fardeau» pour les plus jeunes.

Dans un autre aspect, nous constatons également que les personnes âgées ont souvent le désir de partager leur temps et leur affection avec leur famille et leurs amis. Nous voyons donc que Jacob aimait beaucoup ses petits-enfants et les embrassait et les serrait dans ses bras. Être connecté émotionnellement et affectivement est un besoin impératif pour une personne de la troisième âge.

En connaissant les changements mentionnés ci-dessus, nous pourrons mieux comprendre les grands-parents que Dieu a placés dans nos vies et éviter de tomber dans l'erreur de les critiquer, de les maltraiter ou d'être inconsidérés avec eux. Au contraire, tout comme nous voyons que la famille de Jacob l'a aidé, nous aussi devons soutenir nos grands-parents dans leurs fardeaux et les encourager dans leurs difficultés.

2. L'honneur des grands-parents

Dans les versets 12 et 13 du même passage (Genèse 48), nous voyons une autre scène merveilleuse dans cette histoire de famille dans laquelle Joseph montre un respect particulier pour son père qui était déjà très vieux. La Bible dit que «Joseph... se prosterna par terre» et le présenta à ses fils, c'est-à-dire aux petits-enfants de Jacob. S'incliner ou s'agenouiller devant une personne est un signe de grand respect pour cette personne et une reconnaissance que cette personne a plus d'estime ou de statut que la personne agenouillée. Cette forme de présentation de la soumission est largement utilisée lorsqu'un sujet apparaît devant son roi. Dans cette scène, nous voyons que Joseph, étant le plus haut souverain d'Égypte, a montré à son père Jacob qu'il respectait, admirait et reconnaissait l'honneur que Jacob avait comme père. L'attitude de Joseph contraste avec l'attitude que les jeunes manifestent parfois envers les personnes âgées aujourd'hui.

Aujourd'hui, la société moderne a adopté une attitude générale de rapidité, de gratification immédiate et d'égocentrisme. Ce sont des façons de penser qui s'opposent radicalement à l'attitude que la Bible nous enseigne de la paix, de la maîtrise de soi et de l'amour agape. Ces attitudes sont encore plus difficiles pour un jeune lorsqu'il essaie de se rapporter à une personne âgée qui doit parfois se déplacer lentement, qui a besoin de la patience et de l'attention du jeune. En tant que jeunes chrétiens, nous devons auto-évaluer nos attitudes personnelles envers les personnes qui sont plus faibles, plus lentes et plus nécessiteuses que nous. Si nous constatons que notre attitude est une attitude d'impatience, de critique ou de maltraitance, nous devons demander à Dieu de la changer avec sa puissance surnaturelle.

Dans la Bible, nous voyons que les personnes âgées, y compris Jacob dans le chapitre susmentionné, ont une place d'honneur. Dans le dictionnaire, le mot honneur est défini comme « une démonstration d'appréciation qui est faite à une personne reconnaissant sa vertu et son mérite», «bonne opinion et renommée», et «estime et respect de sa dignité». Il est nécessaire de travailler intentionnellement pour que notre attitude envers nos grands-parents soit une véritable démonstration d'appréciation, une véritable estime et le respect d'être les parents de ceux qui nous ont donné la vie physique.

Nous devons reconnaître que cette façon d'être ne sera pas toujours facile à réaliser, mais plus nous dépendons de l'aide de Dieu et plus nous travaillons pour avoir une attitude de respect envers nos grands-parents, plus nous pouvons y parvenir! Nous pouvons commencer dès aujourd'hui à réfléchir à des moyens pratiques d'honorer les personnes âgées dans nos vies, qu'il s'agisse d'obéir à leurs souhaits, de passer du temps de qualité avec eux (y compris en leur prêtant attention), de faire ensemble une activité qu'ils choisissent, de les aider dans leur vie. besoins de nettoyage domestique, nettoyage de jardin ou avec vos besoins physiques ou économiques.

À travers ce passage, Dieu nous enseigne la place d'honneur et la valeur que les gens qui sont majeures pour une famille.

3. L'instruction des grands-parents

Jacob a pris la parole et a instruit ses petits-enfants au sujet du Seigneur et de ses œuvres (Genèse 48: 15-16). Il est émouvant de voir les enseignements de Jacob sur la fidélité et la grande puissance protectrice de Dieu; Tout comme nous pouvons voir l'honneur et l'estime que Jacob lui-même avait pour ses générations précédentes en se souvenant d'eux. Dans la dernière phrase, nous voyons que Jacob a béni ses petits-enfants en leur souhaitant un avenir prospère et heureux.

Au sein de l'histoire de ce passage biblique, nous pouvons voir que les grands-parents, en raison de la grande expérience qu'ils ont dans la vie, sont une merveilleuse source d'enseignement pour les plus jeunes. Tout au long de la vie, les situations auxquelles une personne est confrontée la font mûrir et ont une connaissance unique des choses. Dans notre société moderne, la fierté amène de nombreux jeunes à penser à tort que les personnes âgées «n'ont plus grand-chose à offrir aux autres; Cependant, il n'y a rien de plus éloigné de la réalité. La vérité est que les personnes âgées peuvent être d'une grande aide pour une personne jeune et inexpérimentée, car leurs conseils peuvent aider le jeune à se sauver d'une multitude de problèmes, à résoudre des situations difficiles et à supporter certains fardeaux avec responsabilité et acceptation.

La clé du succès dans l'expérience de la bénédiction des conseils d'une personne âgée est de recevoir une instruction avec une attitude ouverte et humble. Il est nécessaire de passer du temps avec la personne et d'écouter attentivement et attentivement les histoires et les conseils que la personne peut nous donner. Dieu est très bon et aimant envers toutes ses créatures, quel que soit leur stade de développement. De la même manière, Dieu nous appelle à aimer notre prochain comme nous-mêmes (Jacques 2: 8), et bien sûr, nos voisins sont aussi nos grands-mères et grands-mères. Ne manquons pas les grandes bénédictions que Dieu a pour nous à travers les enseignements de nos grands-parents!

Révisez / Application: Demandez-leur de décrire quelques façons à travers lesquelles ils puissent mettre en pratique les points de la leçon d'aujourd'hui.

Les Façons D'honorer	Les Façons De Recevoir Des Instructions
Ne parlez pas d'eux de manière critique à d'autres personnes.	Passer du temps avec mon grand-père tout en apprenant à faire des choses avec lui.
M'adresser à mes grands-parents avec des noms et des mots respectueux.	Écouter attentivement lorsqu'ils me donnent un conseil.
Etc.	Etc.

Défi: As-tu une personne âgée qui fait partie de ta vie? Je t'encourage à faire l'effort cette semaine pour passer un moment spécial avec ton grand-père ou ta grand-mère. S'ils ne sont plus en vie ou vivent loin de toi, invite une autre personne âgée de ta congrégation à prendre un café avec un autre partenaire ou rends-lui visite à sa maison.

Honorer La Maman

Leçon 7

Yeri Nieto • Mexique

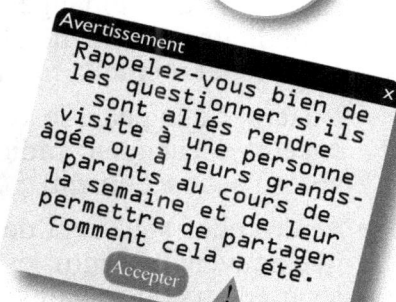

Avertissement: Rappelez-vous bien de les questionner s'ils sont allés rendre visite à une personne âgée ou à leurs grands-parents au cours de la semaine et de leur permettre de partager comment cela a été.

Objectif: Que les élèves apprécient le rôle que les mères jouent dans les familles.

Pour mémoriser: *«Il est vrai que tout châtiment semble d'abord un sujet de tristesse, et non de joie; mais il produit plus tard pour ceux qui ont été ainsi exercés un fruit paisible de justice.»* Hébreux 12:11

Connecter

Dynamique d'introduction (12 à 17 ans).
- Matériaux: Des feuilles de papier et crayons.
- Instructions: Demandez-leur d'écrire le mot qu'ils utilisent pour appeler leur mère («maman», «petite maman», «man», «chef», «patron», «Madame», «vieillard», le nom, etc.) puis faites un acrostiche avec le mot qu'ils utilisent. À la fin, rappelez-leur que dans cette vie, nous n'aurons qu'une seule mère et que si nous l'avons en vie, nous pourrions l'honorer maintenant et ne pas attendre qu'elle nous manque.

Dynamique d'introduction (18 à 23 ans).
- Matériaux: Crayons et feuilles de papier.
- Instructions: Demandez à chacun d'écrire le nom d'une mère trouvée dans la Bible (Hagar - la mère d'Ismaël; Jocabed - la mère de Moïse; Naomi - la belle-mère de Ruth; Mary - la mère de Jésus; Elizabeth - mère de Jean le Baptiste, et Eunice - mère de Timothée, etc.) et quel enseignement cela laisse à leur vie.

À la fin, rappelez-leur que dans l'histoire biblique, nous avons des exemples de femmes qui ont non seulement décidé d'être mères, mais qui ont exercé ce rôle de manière excellente.

Télécharger

En Amérique latine, depuis près d'un demi-siècle, la question de l'avortement est sur la table des discussions sur les politiques publiques. Les partis de gauche, en particulier, ont proposé que « ce sont les femmes qui doivent décider de devenir ou non mère», car seules elles ont droit à leur corps et à ce qu'elles portent.

Bien sûr, c'est antichrétien! Mais, en plus de cela, il est intéressant de voir que de nombreuses femmes, malgré le fait que dans plusieurs pays la décriminalisation de l'avortement a déjà été approuvée (au Mexique, par exemple, un argument aussi téméraire que celui qu'une femme avorte a été utilisé parce que «le produit ne profite pas à leur avenir»), ils décident toujours d'être mamans.

Et grâce à cette libre décision d'être mères, beaucoup d'entre nous sont ici.

1. Valorisons un peu plus à la maman

Avant d'ouvrir la Bible, rappelons-nous certaines choses que les femmes qui décident d'être mères traversent:
- Ce sont celles que Dieu a permis de produire le «foyer» dans lequel l'embryon se développera pour devenir un être humain.
- Elles doivent affronter des coliques, des envies, des étourdissements, des nausées et même des douleurs auxquelles ils n'étaient pas habitués. Celles-ci dureront presque dès la conception et pendant neuf mois.

- Ce sont elles qui doivent prendre soin d'elles-mêmes en tout temps, car l'exercice physique, une mauvaise alimentation et l'insomnie peuvent entraîner des maladies (pour elles et leurs bébés) et même la mort du bébé.
- Elles ne peuvent manger n'importe type d'aliment (les médecins recommandent que leur nourriture quotidienne contienne plus de légumes) ou s'automédiquer, car elles peuvent causer des problèmes au bébé, et même la mort.
- Le teint de la peau, le volume de son corps, ses cheveux et même l'odeur expulsée par les femmes enceintes changent radicalement (même beaucoup d'entre elles cessent d'être ce qu'elles étaient après l'accouchement).
- Seules elles souffrent de douleurs au travail ... Pour nous donner une idée, la plus grande douleur que peuvent ressentir les hommes et les femmes qui ne sont pas mères est les maux de dents. Mais les douleurs du travail sont trois cents fois plus importantes que cela!
- Ce sont elles qui doivent donner les premiers soins et la première nourriture à leur bébé (comme le lait maternel qui souffre lorsque le bébé doit «casser» ses mamelons pour se nourrir).

Pense à ta maman: Beaucoup d'entre nous ont une vie meilleure qu'elles. Parce qu'elles veulent nous donner ce qu'elles n'avaient pas.

2. Honore ta mère

Lorsque Dieu a donné à Moïse les 10 commandements, il en a inclus un qui a une promesse; est le premier commandement avec la promesse de vivre de nombreuses années sur terre: «Honore ton père et ta mère» (Exode 20:12).

Il est intéressant de noter qu'à cette date (1500-1400 av.J.-C.), les deux parents ont été reconnus dans la loi du peuple de Dieu. Le commandement ne dit pas: «Honore tes parents», mais déclare expressément qu'ils doivent honorer à la fois le père masculin et la mère féminine. Cela indique que l'honneur envers nos parents n'est pas simple, mais spécifique; car, comme beaucoup de gens l'ont vu, certains enfants aiment beaucoup le père (et ils le montrent quand ils le peuvent), mais pas la mère ou vice versa.

Il s'agit donc d'aimer papa et d'aimer maman; leur obéir et les honorer toujours.

Souviens-toi des données que nous avons lues au début? Ce serait bien d'honorer maman! Et encore plus quand la Bible elle-même l'exige.

Le mot traduit par «honneur» a au moins deux significations:

A. Cela signifie parler bien d'une personne

La Bible nous dit qu'il est de notre devoir de parler bien de notre mère. C'est vrai, elle a dû nous éduquer et parfois elle n'était pas la meilleure pour le faire, mais notre devoir est de parler bien d'elle. Elle n'a peut-être pas de formation universitaire ni de diplômes ostentatoires, mais ce n'est pas notre tâche de le juger, mais d'en bien parler.

B. Cela signifie lui parler courtoisement

La Bible nous indique avec ce verbe («honorer») qu'il ne suffit pas d'en parler bien, mais de lui parler avec toute l'éducation possible.

N'est-il pas courant que lorsqu'elle attire notre attention ou nous demande de faire quelque chose, nous répondions grossièrement? Faites attention! Nous attaquons la Parole de Dieu.

Ne penses-tu pas que c'est un double standard lorsque nous parlons bien avec un ami, mais nous ne le faisons pas avec l'une des personnes qui nous aime le plus?

3. Nous aurons une longue durée de vie

Carlos écoute les instructions de sa mère, mais ne fait que ce qu'il pense être le plus pratique. Marta fait ce que sa mère lui demande, mais à moitié en colère et parce que ce n'est pas ce qu'elle aime faire. Carmen fait ce que sa mère lui demande de faire, mais elle ne veut pas exprimer son désaccord chaque

fois qu'elle le peut. Raúl se plaint toujours à ses amis parce qu'à la maison seulement il fait des courses. Ces exemples et d'autres soulignent que nous n'honorons généralement pas maman.

Dans Éphésiens 6: 2-3, Dieu a fait une promesse aux enfants qui honorent leurs parents: «Que tu sois heureux et ta vie soit longue sur la terre», et cela fait écho à ce que le commandement de Dieu a mentionné à travers Moïse.

Les Israélites étaient dans le désert et allaient entrer, un jour (selon la promesse de Dieu), dans une terre riche et belle. Dieu les préparait quand ils ont pris possession de cette terre. Dans cette nouvelle terre, ils allaient faire leur propre gouvernement, avoir des lois, construire de nouvelles formes de coexistence ... par conséquent, ils devaient commencer à vivre selon la volonté de Dieu. Et quelle meilleure façon de commencer à vivre en harmonie que d'obéir à la maison!

La volonté de Dieu pour nos vies d'enfants est que nous apprenions à respecter les autorités, et nous le ferons si nous commençons à respecter, à honorer notre mère. Et nous vivrons encore de nombreuses années, car notre nom restera un bon souvenir parmi les gens qui nous ont connus.

Plusieurs fois, nous interrogeons maman avant d'obéir à ses instructions, et parfois nous pensons que les règles à la maison sont injustes, mais la Parole de Dieu nous dit que l'obéissance est juste. L'obéissance des enfants est ce que les parents veulent le plus. La mère cherche le bien-être de sa famille, s'efforce de prendre soin des membres de sa famille, en particulier des enfants. Elle est au courant des activités de ses enfants, de ses amis, de l'école, de sa santé et fournit généralement de l'affection et de l'attention à ses enfants. Son désir est le bien-être de sa famille et il cherche un moyen de le lui procurer. De nombreux enfants adultes se plaignent d'avoir été traités injustement en disant: « J'ai eu un fils préféré», «il m'a frappé pour quoi que ce soit», «ne m'a pas donné d'affection» et bien d'autres. Peut-être que l'un de nous a cette appréciation de sa relation avec sa mère et n'est pas convaincu de lui obéir en tout ...

Rassures-toi! Si nous accomplissons le commandement de Dieu, notre vie sera durable et notre nom restera dans les mémoires pendant de nombreuses générations.

Révisez/Application: Sur la base de la classe d'aujourd'hui, quels sont les deux significations à honorer?

1. _____
2. _____

Si tu es entrain de le faire, félicitations! Dieu te récompensera.

Mais si tu es entrain de faillir dans l'une des deux manières d'honorer, comment vas-tu faire pour honorer ta mère à partir d'aujourd'hui?

1. _____
2. _____

Fais un changement d'idée avec tes camarades de classe pour que tu puisses honorer ta maman.

Mémorise et écris Exode 20:12 qui nous exhorte à honorer la maman, peu importe à quoi elle ressemble.

(«Honore ton père et ta mère, afin que tes jours se prolongent dans le pays que le Seigneur ton Dieu te donne».)

Défi: Lisons Hébreux 12:11 et réfléchissons au passage. Examinons nos vies et reconnaissons les défaillances devant Dieu, car c'est à Lui que nous devons d'abord obéir.

Voici Mon Fils

Leçon 8

Vivian Juárez • Guatemala

Objectif: Que l'étudiant réaffirme ce que Dieu attend de lui dans son rôle de fils, dans la relation familiale.

Pour mémoriser: «*Enfants, obéissez à vos parents en tout, car cela plaît au Seigneur*» Colossiens 3:20

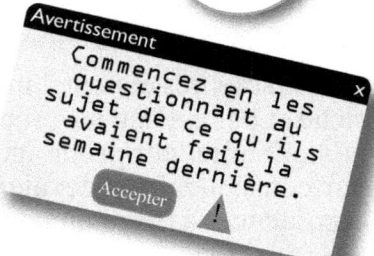

Avertissement
Commencez en les questionnant au sujet de ce qu'ils avaient fait la semaine dernière.
Accepter

Connecter | Télécharger

Dynamique d'introduction (12 à 17 ans).
- Matériaux: Des feuilles de papier blanc coupées en deux; crayons et ruban adhésif pour le mur.
- Instructions: Donnez du papier et un crayon à chaque élève. Demandez-leur ensuite d'écrire leurs réponses à la question suivante sur leurs feuilles: Qu'attend Dieu de moi concernant mon rôle d'enfant au sein de ma famille? Dites-leur qu'ils peuvent répondre selon leur opinion ou selon la Bible s'ils connaissent des versets qui en parlent. À la fin, invitez-les à partager leurs réponses avec le reste de la classe et encouragez-les également à en discuter un instant. Commencez ensuite la leçon.

Dynamique d'introduction (18 à 23 ans).
- Matériaux: Des feuilles de papier blanc coupées en deux et crayons.
- Instructions: Donnez du papier et un crayon à chaque élève. Demandez-leur ensuite d'écrire une définition du mot enfant en trois à cinq lignes. Ensuite, choisissez cinq élèves pour lire ce qu'ils ont écrit, puis vous et tous vos élèves réfléchissez pour écrire une seule définition du mot susmentionné.

  Gardez à l'esprit que les jeunes ont un concept différent de celui de leurs parents, et cela en raison de leur maturité. Pour cette raison, il est important qu'ils puissent être identifiés comme des enfants.

Connecter | Télécharger

Commencez par demander aux élèves de dire avec quels mots ils aimeraient que leurs parents se réfèrent à eux, s'ils parlaient de leur personne à un étranger. (Ici, vos élèves sont très susceptibles d'exprimer qu'ils attendent de leurs parents qu'ils utilisent des mots d'admiration, d'affection ou de reconnaissance.) Ensuite, nous vous suggérons d'utiliser ces réponses tout au long de la leçon afin qu'ils reconnaissent que pour recevoir les mots qu'ils veulent de leurs parents, il y a certaines actions qu'ils doivent prendre!

1. Aspects généraux

Le livre des Proverbes est sans aucun doute l'un des meilleurs manuels qu'une personne peut utiliser pour apprendre à être un bon enfant. Avec toute la sagesse que Salomon a reçue de Dieu, il a pu rassembler une série de conseils et d'instructions que n'importe qui pouvait suivre.

Et cela non seulement pour être un bon fils, mais aussi pour vivre chaque jour avec sagesse.

Dans Marc 1:11, vous trouverez la meilleure reconnaissance qu'un père puisse faire à son fils. Jésus avait obéi et honoré son Père en tout; et Dieu, en tant que père fier, voulait que tout le monde sache qu'il aimait son Fils et était satisfait de lui.

Peut-être la responsabilité la plus enseignée du rôle d'un enfant c'est d'être obéissant à ses parents. Ce devoir, en plus d'être un mandat de Dieu, promet d'apporter beaucoup de bénédictions au fils qui l'accomplit. Mais obéir n'est pas facile; principalement, à l'adolescence, où l'être humain cherche à définir sa propre identité et à atteindre un certain degré d'indépendance.

Il se peut que pour certains de vos élèves, cet aspect de la vie chrétienne crée de nombreux conflits pour vous. Ceci, surtout, si leurs parents ne sont pas intéressés à les connaître, à les comprendre et à leur montrer leur amour inconditionnel.

2. Le meilleur exemple

Demandez à vos élèves de définir le mot obéissance. Partagez ensuite qu'en lisant la Bible, nous pouvons trouver plusieurs versets qui nous invitent à obéir à Dieu, aux parents et aux autorités. Lorsque la Bible parle d'obéir, elle ne laisse aucune place à la réflexion de celui qui obéit, c'est-à-dire que le mandat est clair. Obéir signifie renoncer à sa propre volonté pour faire la volonté de quelqu'un d'autre. Ceci, en raison de la nature humaine, peut être une affaire compliquée, un mandat difficile à remplir; mais certainement pas impossible. Dieu

dans son amour et sa miséricorde a permis à Jésus, son Fils, de donner à l'humanité le meilleur exemple d'obéissance et d'honneur envers les parents.

Pour Jésus, obéir n'était pas une question simple (Luc 22:42). Comme tout être humain, il devait faire face au dilemme de choisir entre faire ce qu'il voulait et faire la volonté de son Père. Mais Jésus a choisi l'obéissance, et son Père n'aurait pas pu être plus fier (Philippiens 2:9). Voir l'obéissance en notre Seigneur Jésus, qui est notre modèle, peut nous aider à comprendre le concept plus clairement.

Obéir, en particulier dans des situations que nous ne comprenons pas, peut être difficile; Mais Jésus nous a montré que c'est possible. Il est notre meilleur exemple, notre modèle.

3. Plaire à Dieu par notre obéissance

Demandez à vos élèves de lister les domaines dans lesquels ils ont du mal à obéir. L'obéissance, simplement comprise comme un mandat, peut accroître le mécontentement de l'accomplir. En ce sens, considérez que vos élèves peuvent être confrontés à des situations dans leur vie familiale dans lesquelles il leur est difficile de comprendre pourquoi ils doivent obéir à leurs parents. Donc, leur apprendre à le faire, parce que c'est un ordre de Dieu et rien d'autre, peut aggraver le problème.

L'obéissance aux parents, au-delà de la responsabilité de chaque enfant, apporte une grande bénédiction; car ce n'est pas seulement de faire en sorte que les parents voient qu'ils sont respectés (bien que ce soit important), mais aussi de savoir que notre obéissance à eux plaît à Dieu (Colossiens 3:20).

Quelles que soient les conditions de vie de leurs élèves, ils seront choqués de savoir qu'avec leur obéissance ils ne se contentent pas de «rester en bonne santé» avec leurs parents; Ils construisent également une meilleure relation avec Dieu, car leur Père céleste sera toujours satisfait de son obéissance.

4. Être une bénédiction pour nos parents

Demandez à vos élèves d'écrire dans leurs livres quatre choses qu'ils peuvent faire pour rendre leurs parents fiers d'eux. Il n'y a rien de mieux au monde que de savoir que nous sommes au centre de la volonté de Dieu, que ce que nous faisons lui plaît et qu'il est satisfait de notre comportement.

En tant que chrétiens, nous sommes appelés à être légers et à refléter le Christ dans tous nos modes de vie. Ce point est très important, surtout si vos élèves vivent dans un foyer non chrétien. Dites-leur que leur témoignage d'enfants obéissants peut avoir un impact sur la vie de leurs parents.

Il n'y a pas de meilleur cadeau pour un parent que d'être fier de ce que fait son enfant. Jésus nous en a donné un exemple, parce que son Père a pris plaisir en lui (Luc 3:22). Faites savoir à vos élèves qu'en obéissant et en honorant leurs parents, ils accomplissent non seulement un mandat et plaisent au Seigneur; Ils peuvent également être une bénédiction pour vos parents.

En voyant l'obéissance de leurs enfants, les parents pourront exprimer fièrement: Voici mon fils! mais aussi d'un autre côté, si leurs parents n'étaient pas chrétiens, chacun d'eux pourrait être la lumière qui reflète le Christ chez eux et faire venir leurs parents et / ou le reste de leurs proches pour obtenir le salut.

À la fin du cours, ils peuvent prier un engagement envers Dieu où ils expriment leur désir d'être de meilleurs enfants et témoignent de leur vie chrétienne à travers leur comportement exemplaire à la maison. Nous vous suggérons de laisser du temps à vos élèves pour prier individuellement. Ensuite, terminez par une prière.

Révisez/Application: Dans Colossiens 3:20, la Bible nous demande d'obéir à nos parents en tout. Demandez-leur d'énumérer les moments ou les situations où il leur est le plus difficile d'obéir à leurs parents.

- _____
- _____
- _____
- _____

Ensuite, qu'ils notent quatre choses qu'ils puissent faire pour rendre leurs parents fiers de leur comportement.

- _____
- _____
- _____
- _____

Demandez-leur d'écrire le verset suivant de Luc 3:22. (« ... Tu es mon Fils bien-aimé; En toi je mets toute mon affection».)

Défi: Tu dois peut-être faire face à des moments où obéir ne te sera pas agréable. Dans ces moments, rappelles-toi de ce qui suit:

- Pour Jésus, obéir n'a pas été facile, mais son exemple te donnera la force d'obéir même dans des circonstances difficiles.
- L'obéissance n'est pas seulement un ordre, mais aussi un moyen de plaire à Dieu.
- Ton obéissance est une bénédiction pour tes parents et un moyen de refléter que le Christ vit en toi.

La Fidélité Extrême!

Leçon 9

María de Carmen Rendón • Mexique

Objectif: Que l'élève soit convaincu que Dieu a conçu la monogamie pour la relation matrimoniale et Jésus l'a réaffirmé.

Pour mémoriser: «*Ainsi ils ne sont plus deux, mais ils sont une seule chair. Que l'homme donc ne sépare pas ce que Dieu a joint.*» Matthieu 19:6

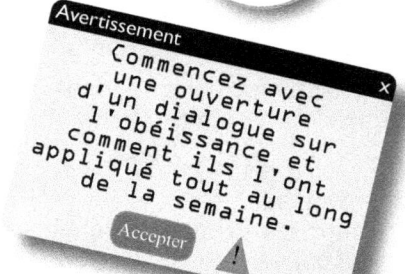

Avertissement

Commencez avec une ouverture d'un dialogue sur l'obéissance et comment ils l'ont appliqué tout au long de la semaine.

Accepter

Connecter | Télécharger

Dynamique d'introduction (12 à 17 ans).

- Instructions: Racontez le cas suivant: «Imagine qu'un/e ami/e planifie avec toi de sortir en promenade samedi dans un centre commercial. Mais ensuite, il te dit qu'il ne peut pas venir comme ils l'ont convenu, parce que ses parents ne le permettent pas. Pourtant, tu vas toujours au centre commercial avec tes parents et tu trouves ton ami avec d'autres amis».

Après avoir terminé l'histoire ci-dessus, demandez à la classe ce qui suit: Comment penses-tu que tu te sentirais? Que ferais-tu et que dirais-tu? Comment appellerais-tu cet acte de ton ami? Permettez-leur de partager leurs réponses pendant quelques minutes, puis commencez la leçon.

Dynamique d'introduction (18 à 23 ans).

- Instructions: Divisez votre classe en deux équipes. Indiquez ensuite à l'un d'eux que vous serez favorable à la monogamie; tandis que l'autre sera contre. Dites-leur également que chaque équipe doit présenter trois arguments pour appuyer sa position. Accordez quelques minutes, selon le temps dont vous disposez, pour que les membres de chaque équipe se mettent d'accord. À son tour, chaque équipe présentera ses arguments. Encouragez ensuite la discussion pendant cinq minutes, puis commencez la leçon.

Connecter | Télécharger

Dieu a créé l'humanité, homme et femme, à son image et à sa ressemblance (Genèse 1:27), et les a bénis et a fait d'eux les administrateurs de sa création (Genèse 1:28). La Bible indique que Dieu a évalué son travail créatif comme «très bon» (Genèse 1:31). Dans le chapitre 2 de la Genèse, on raconte que la création de l'homme et la décision de Dieu de faire de lui une femme célibataire qui était avec lui pour toujours.

Cependant, ce dessein de Dieu a été entaché par l'entrée du péché dans le monde, et désormais la société et la culture ont décidé de faire croire aux gens qu'il est normal d'avoir plus d'une femme ou d'un mari.

Le dictionnaire de la langue espagnole définit la monogamie comme suit: «régime familial interdit la pluralité des épouses. Cela inclut l'exclusivité sexuelle et affective».

Des recherches menées par l'UNAM (Université autonome du Mexique) concluent que l'infidélité est en hausse, car «15% des femmes et 25% des hommes ont déjà eu des relations supplémentaires avec des personnes qui, ils ne sont pas leur partenaire. Et si l'on ne compte que les infidélités émotionnelles, c'est-à-dire qu'elles n'impliquaient pas de relations sexuelles, les chiffres atteignent 35% dans le cas des femmes 45 pour les hommes» (L'infidélité est en augmentation ... révèle l'enquête de l'UNAM. Paru en Février 2012 et extrait de http://www.jornada.unam.mx/2012/02/14/society/039n1soc le 13 Janvier 2014).

Dieu sait ce qui est bon pour l'être humain et c'est pourquoi il a institué le mariage monogame, et

le Seigneur Jésus l'a confirmé (Matthieu 19:4-6).

1. Le meilleur projet pour l'humanité

L'institution du mariage monogame est née de l'esprit et du cœur de Dieu, voyant que l'homme créé par lui et avait besoin d'un compagnon pour qu'ensemble ils puissent administrer sa création (Genèse 1: 28-30).

Dans Genèse 2: 22-24, il est clairement indiqué que l'homme reconnaissait la femme comme la seule parmi toutes les créatures formées par Dieu qui était de la même substance que lui. Pour cette raison, avec elle, il formerait l'unité qui réaliserait les plans de Dieu.

La déclaration de Dieu, d'abord (Genèse 2:24), et du Seigneur Jésus, plus tard (Matthieu 19: 5-6), selon laquelle l'homme et la femme étaient une seule chair implique que le mariage est monogame. Autrement dit, l'union matrimoniale devrait être exclusive à deux personnes de sexe différent, lorsqu'il n'y avait aucune possibilité qu'une autre femme ou un autre homme fasse partie de cette union matrimoniale ou interrompe cette union.

D'un autre côté, la plupart des gens pensent que la monogamie est avant tout fidélité sexuelle. Ce n'est pas le cas, car la monogamie comprend l'observation des valeurs chrétiennes telles que l'exclusivité, la fidélité, l'engagement, le respect et l'honnêteté. Ces valeurs sont l'élément clé de la monogamie, ce qui signifie un engagement dynamique dans une relation personnelle et qui implique également le respect et la considération» (Sexologie pour les chrétiens; Smedes Lewis. Caribe, Miami: 1982, p. 189). Ces valeurs sont enseignées et renforcées au sein d'une famille où les deux, le père et la mère, les pratiquent quotidiennement l'un pour l'autre et les deux pour toute la famille.

Au contraire, les mensonges et les astuces sont à la base de l'infidélité, et ceux-ci sont appris à la fois dans la famille et par les médias qui les présentent comme quelque chose de naturel ou de normal (infidélité, malhonnêteté et manque de respect pour le lien matrimonial).

Ces anti-valeurs sont mauvaises à cause de leurs conséquences douloureuses, et parce qu'elles blessent la personne directement touchée (celle à qui elles sont infidèles) et aussi ceux qui les entourent (enfants, famille, amis). Mais surtout, ces anti-valeurs sont nuisibles, car elles brisent l'unité que Dieu attend d'exister entre l'homme et la femme.

2. Jésus a confirmé la monogamie

A. Union pour toujours?

Dans le Nouveau Testament, Jésus-Christ a interprété le désir de Dieu que l'homme et la femme dans la relation conjugale deviennent une seule chair, afin qu'aucun seul ou même mariage ne puisse le séparer sans l'endommager, sans mettre fin à son existence comme mariage et sans nuire à ses proches (Matthieu 19: 1-11).

Dans le passage que nous venons de mentionner, les pharisiens sont montrés testant Jésus. En raison de la grande hostilité qu'ils ressentaient envers lui, ils voulaient trouver une erreur théologique pour le discréditer et le faire ressembler à quelqu'un qui contredisait la loi de Moïse. Ils lui ont donc demandé si l'homme était autorisé à divorcer de sa femme pour une raison quelconque. Mais Jésus-Christ ne s'est pas querellé avec eux et s'est limité à citer le passage de Genèse 2:24 en ajoutant: «C'est pourquoi l'homme quittera son père et sa mère, et s'attachera à sa femme, et ils deviendront une seule chair». Et sur l'insistance des pharisiens À cet égard, le Seigneur a conclu: «Moïse vous a permis de divorcer de vos femmes; mais au début, cela n'était pas ainsi».

B. Un cœur dur

Dans l'Ancien Testament, nous voyons que très tôt dans l'histoire humaine, la monogamie a cessé d'être une pratique générale courante. Parmi eux, on peut citer Lamech (Genèse 4:19), un descendant de Caïn, qui a pris deux femmes pour lui. Par la suite, le péché a continué à endurcir le cœur de l'humanité. Nous voyons donc de nombreux hommes importants qui avaient plus d'une femme: Abraham (Genèse 16: 1-4); Ésaü (Genèse 26: 34-35, 28: 9); Jacob (Genèse 29: 15-28, 30: 1-13); Gédéon (juges 8:30); David (2 Samuel 3: 2-5, 12: 8, 15:16); et Salomon (1 Rois 11: 1-3).

Les hommes ont préféré suivre leurs désirs personnels plutôt que d'obéir à Dieu (Lévitique 20:10 ---- 21; Deutéronome 22:22 ---- 29), qui leur a également parlé par l'intermédiaire des prophètes pour leur faire savoir qu'il réprouve déloyauté, car cela va à l'encontre de son plan initial: la monogamie (Jérémie 3: 1; Michée 2: 9; Malachie 2: 14-16).

3. Un exemple de fidélité

Dieu nourrit les oiseaux et donne des vêtements aux fleurs, est-ce que vous n'avez pas beaucoup plus d'importance qu'eux? (Matthieu 6:26). Nous ne devons pas nous inquiéter de ces choses que Dieu a promis de fournir. L'aigreur peut nuire à notre santé physique et mentale, affecter nos relations avec les autres et diminuer notre capacité à faire confiance à Dieu.

La planification et l'anxiété ne sont pas les mêmes. Nous devons aussi faire notre part, assurer notre avenir, mais pleinement fondés sur la vérité que Dieu prend soin de nous. Il doit occuper nos cœurs et doit être celui à qui nous devons avoir notre vision, Il est le Seigneur qui a promis de prendre soin de moi. L'aigreur est une expression d'incrédulité dans la promesse que Dieu ajoutera tout ce dont Il sait déjà que nous avons besoin.

4. La monogamie est basée sur la confiance et la foi en Dieu

La monogamie est l'expression de la foi que si Dieu appelle une vie fidèle et monogame, cela va accompagner également dans l'accomplissement des vœux faits par les époux au Seigneur et à la communauté de foi. La monogamie croit que Dieu sera avec le mariage pour qu'ils grandissent ensemble; rendre notre relation de mariage de plus en plus forte et lorsqu'il est tenté par des facteurs extérieurs de considérer comme infidèle, il vous aide à être fidèle au vœu de mariage. Certes, la monogamie est un défi non seulement pour maintenir la fidélité sexuelle, mais être loyal et responsable de tout mettre en œuvre pour contribuer au développement du conjoint et un engagement à faire de l'honnêteté et de l'exclusivité des valeurs permanentes dans la relation conjugale. Et alors qu'il est temps de se marier, nous pouvons faire de ces valeurs une partie de notre vie. Dans la relation conjugale, les gens s'engagent et si nous le respectons, non seulement nous nous sentons satisfaits, mais nous nous développerons en tant que personnes et jouirons du bien-être, de l'harmonie et du bonheur.

Dans toutes les relations interpersonnelles, les gens prennent certains engagements. Et si nous les remplissons non seulement nous sommes satisfaits, mais nous grandissons en tant que personnes.

Révisez/Application: Divisez la classe en quatre groupes; et s'ils sont peu nombreux, par paires. Attribuez à chaque groupe un certain nombre de trois questions auxquelles répondre. Laissez-leur ensuite le temps de partager leurs réponses avec le reste de la classe.

Comment définirais-tu la fidélité?

Dans quelles relations cela devrait entrer en pratique?

La fidélité est-elle importante?

En quoi consiste l'exclusivité dans une relation de couple?

Comment une personne pourrait-elle montrer à une autre qu'elle a une place exclusive dans sa vie?

Comment peux-tu faire preuve de respect dans une relation de couple?

Que se passe-t-il lorsqu'il n'y a aucun respect entre le couple?

Comment définirais-tu l'engagement?

Comment tu te sentais comme si tu avais tenu un engagement?

Comment tu te sentais comme si tu avais rompu un engagement?

Que penses-tu d'une personne qui n'est pas honnête?

Comment devient-on honnête?

Quelles sont les difficultés qui existent pour être honnête?

Défi: Choisis l'une des cinq valeurs qui soutiennent la monogamie et décide de la pratiquer consciemment cette semaine. Le dimanche suivant, explique à ton groupe comment s'est déroulée la mise en œuvre de cette valeur. Crée également un journal mural qui expose les valeurs qui soutiennent la monogamie. Affiche-le ensuite dans un endroit visible de l'église afin que les fidèles puissent le voir.

Rejoint ma famille?

Leçon 10
Jessica Castro • Espagne

Objectif: Faire découvrir au jeune comment il doit se comporter pour contribuer à l'unité de la famille.

Pour mémoriser: «*Vous efforçant de conserver l'unité de l'esprit par le lien de la paix*» Ephésiens 4:3

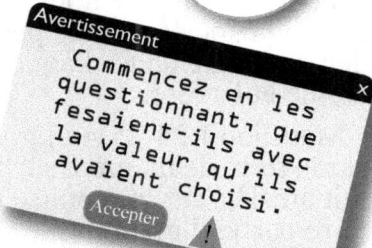

Avertissement: Commencez en les questionnant, que fesaient-ils avec la valeur qu'ils avaient choisi. Accepter

Connecter | Télécharger

Dynamique d'introduction (12 à 17 ans).
- Matériaux: Papier (cela peut être écrit ou imprimé qui n'était plus utilisé) cela sera utilisé pour fabriquer des bateaux ou des avions à partir de ce matériel.
- Instructions: Placez les feuilles de papier sur une table et demandez à chacun de rassembler autant de bateaux en papier ou de petits avions que possible en une minute. À la fin de tout, donnez un élément de reconnaissance au gagnant. Ensuite, formez des groupes de trois ou quatre membres et donnez la même indication donnée au début. N'oubliez pas de reconnaître toujours au groupe qui a gagné.

Une fois la dynamique terminée, guidez-les vers la réflexion en les posant les questions suivantes: Y avait-il une forme d'organisation? Quand avez-vous confectionné plus de bateaux ou d'avions: seuls ou quand vous étiez en groupe?

Dites-leur ensuite que, tout comme dans une famille, travailler ensemble aura de meilleurs résultats. Si les membres d'une famille recherchent leur propre bien-être et non celui des autres; ou s'ils essaient de faire ce qui leur convient, la seule chose qu'ils vont réaliser, c'est que la famille se détruise.

Dynamique d'introduction (18 à 23 ans).
- Matériaux: Plusieurs boules de fil (il peut s'agir d'un fil à coudre).
- Instructions: Formez plusieurs couples et demandez-leur de nouer leurs poignets en tordant un fil. Demandez-leur ensuite de lâcher leurs mains en cassant le fil. Ensuite, laissez-les refaire la même chose, mais avec deux tours; puis demandez-leur de nouveau de les casser et de les desserrer. Encouragez-les à répéter l'activité en ajoutant un tour de fil de plus à leurs poignets, et ainsi de suite jusqu'à ce qu'ils ne puissent pas rompre le fil.

Une fois que la dynamique ci-dessus soit terminée, demandez-leur ce qui les fait penser à ce qu'ils ont fait. Ensuite, amenez-les à réfléchir à la famille et à la façon dont cela s'applique à elle.

Connecter | Télécharger

1. L'importance de la famille

Le jeune doit toujours garder à l'esprit l'importance que Dieu accorde à la famille pour qu'il puisse l'apprécier. La société d'aujourd'hui enlève la valeur et la pertinence qu'elle a. Le temps en famille est remplacé par d'autres activités; et le jeune, voulant être au courant de la société, se laisse infecter par ces idées et les suit.

Pour clarifier cette question, demandez aux élèves des exemples d'activités qui remplacent le temps passé en famille. Ceux-ci peuvent être les suivants: être connecté à Internet; jouer sur la PlayStation; discuter sur iPhone, etc.

Mentionnez ensuite que vous verrez ce que la Bible dit de la famille. Dans cette partie de la leçon, nous vous suggérons de former des groupes pour rechercher les versets bibliques énumérés ci-dessous et expliquer ce qu'ils disent de la famille. Attribuez un verset par groupe (Genèse 1:28, 2:24; Deutéronome 6:7; Matthieu 1:24-25).

Dans Genèse 2:24, 1:28, nous voyons que Dieu établit et bénit le mariage et, en outre, ordonne que ce mariage soit fécond; c'est-à-dire que la famille soit formée. Par conséquent, le mariage, qui est le lieu de naissance de la famille, n'était pas une invention humaine, mais elle a été créée par Dieu.

Deutéronome 6:7 nous dit que Dieu connaissait la grande influence que la famille a sur l'être humain et que la société ou les peuples sont formés à partir de chacun d'eux. Par conséquent, il a instamment demandé que dans chaque maison sa loi soit répétée et apprise, car il voulait un peuple qui le reconnaît, l'aime et l'adore.

Matthieu 1:24-25 souligne que Jésus lui-même est né dans une maison déjà établie, au lieu d'apparaître sur la terre de manière surprenante. Donc, il est valable de se poser la question suivante: pourquoi l'a-t-il fait ainsi? ... Et la réponse est parce que Dieu reconnaît combien il est important pour l'être humain de faire partie d'une famille.

Nous avons rapidement vu la place que Dieu donne à la famille. Il sait que la famille est le lieu le plus important de notre formation. Cependant, lorsque le jeune entre dans la phase d'adolescence, il déprécie complètement sa famille, préférant être avec les autres et atteindre le point de manquer de respect à ses parents. Beaucoup deviennent si rebelles que les parents n'ont plus le contrôle sur eux, et cela les affecte tellement que même les parents deviennent déprimés par ce problème.

Cette attitude ne montre qu'une chose: que le jeune ne donne pas à sa famille la place qu'il mérite. Oui, c'est parce qu'il ne se soumet pas à la volonté de Dieu.

2. Se soumettre à Dieu

Quand on entre dans l'étape de la jeunesse, c'est quand on doit tenir la main de Dieu le plus ferme. Ce n'est que de cette manière qu'il sera possible de faire face à ces changements qui produisent des réactions ou des attitudes qui mettent en danger l'unité de la famille.

Si le jeune se soumet à la volonté de Dieu, il lui sera plus facile d'avoir un comportement qui aide à maintenir l'harmonie et la paix au foyer (Philippiens 2:13). Le jeune qui cherche Dieu aura son aide pour ne pas être emporté par ces désirs de rébellion et de colère qui se produisent à l'adolescence et qui n'apportent que division et procès à la maison. Et c'est que seul Dieu nous donne cette maîtrise de soi dont nous avons tant besoin (Galates 5:23; 2 Timothée 1:7).

Le jeune ne pense généralement qu'à lui-même, sans tenir compte des préoccupations de ses proches. C'est parce qu'il y a de l'égoïsme dans sa vie et c'est la preuve du manque de Dieu dans sa vie. En se consacrant à Dieu, le jeune lui permet de travailler dans sa vie à travers son Saint-Esprit, obtenant ainsi la liberté de l'égoïsme et se souciant davantage des autres.

Et comment se soumettre à Dieu? Simplement, le chercher quotidiennement dans la prière et étudier sa Parole. C'est le seul moyen de nous rapprocher de notre Seigneur. Le jeune qui étudie la Parole de Dieu acquiert plus de connaissances sur la volonté de son Seigneur et cela lui donne une plus grande responsabilité et le désir de la mettre en pratique.

L'un des grands commandements se trouve dans Matthieu 22:37. Une fois que le jeune homme a assimilé ce commandement et l'a mis en œuvre dans sa vie, tout ce que Dieu lui demande de faire sera beaucoup plus facile à réaliser. Et parmi toutes les choses que Dieu exige de nous, il y a le devoir que nous avons, en tant qu'enfants, de soumettre à nos parents.

3. Se soumettre aux parents

Éphésiens 6: 1-3 explique très bien quel est le rôle de l'enfant au sein du foyer. Et c'est ici que le jeune homme a de nombreuses difficultés, car en raison de son empressement à vouloir tout faire à sa manière et à se sentir libre, il rompt souvent cet ordre, se rebellant contre ses parents.

Dans chaque famille, il y a généralement des règles et tous les membres de chaque famille doivent les respecter afin de vivre en harmonie. En accomplissant ce commandement qui se trouve dans Éphésiens 6, vous apportez non seulement l'unité et la paix dans votre maison, mais aussi, le jeune homme apporte la bénédiction à votre vie. Le verset 3 dit: «Afin que tu sois heureux et que tu vives longtemps sur la terre». Dieu promet de bénir les enfants qui remplissent cette commande. L'obéissance est le meilleur cadeau qui puisse être donné à Dieu et aux parents. Donc, si le jeune homme veut aider sa famille à s'unir, il doit être obéissant et respecter l'autorité que Dieu a laissée sur les parents.

Une autre façon de contribuer à cette unité familiale est de prier pour elle. Il est très important de prier pour les frères et sœurs, les parents, les grands-parents, etc. Alors Jacques 5:16 enseigne que nous devons prier les uns pour les autres. Quand nous le faisons, nous laissons de côté l'égoïsme et cela plaît à Dieu. En priant pour la famille, nous montrons à Dieu que nous nous soucions d'elle, que nous l'aimons et que nous nous soucions vraiment de nous. De plus, le deuxième grand commandement trouvé dans Matthieu 22:39 dit: « ... Tu aimeras ton prochain comme toi-même». C'est pourquoi nous devons traiter nos proches avec amour, comme si c'était nous-mêmes. Aussi Matthieu 7:12 dit que nous devons faire aux autres ce que nous aimerions qu'ils nous fassent.

Si le Seigneur Jésus, étant le même Dieu, s'est soumis à ses parents terrestres, combien plus devrions-nous, simples êtres humains, faire de même!

Dans la Bible, nous trouvons également des exemples de familles qui ont été maintenues ensemble grâce à l'attitude correcte de l'un de ses membres; cependant, nous avons également trouvé des familles divisées par l'envie, l'égoïsme ou le pardon.

Dans cette partie de la leçon, demandez aux jeunes gens de chercher les Écritures suivantes et d'identifier qui a recherché l'unité dans sa famille et qui ne l'a pas fait.

Exode 2:1-9: la sœur de Moïse a fait de son mieux pour garder sa famille unie. Lorsque la princesse d'Égypte lui a ordonné d'amener une nourrice mouillée pour le garçon, elle n'a pas hésité à appeler sa mère pour s'occuper de son propre bébé.

Genèse 7:7: Les fils de Noé ne se plaignent ni ne protestent qu'ils ne restent pas là où ils sont nés. Ils ont simplement obéi à leur père Noé et ont tout quitté. Son obéissance a aidé à maintenir l'harmonie et l'unité dans la famille.

Genèse 4:1-11: Caïn n'était pas un bon exemple d'un fils qui cherchait l'unité dans sa famille; au contraire, il l'a divisé en tuant son frère.

Genèse 37:13-28: les frères de Joseph sont devenus jaloux et ont ainsi apporté tristesse et division à leur famille.

Enfin, nous ne devons pas oublier que le pardon est ce qui nous aidera le plus à vivre dans l'unité avec la famille. Quelle que soit la famille qui nous a touchés, nous ne devons en vouloir à aucun des membres de notre famille. Souvenons-nous que le Christ nous a pardonné. Le ressentiment n'apporte que de la douleur. Cherchons toujours l'unité dans notre foyer.

Révisez/Application: Prévoyez du temps pour qu'ils répondent aux questions suivantes:

1. Que nous disent Genèse 1:28 et 2:24 concernant le sujet de la famille?

2. Comment puis-je contribuer à l'unité de ma famille?

3. Que nous dit Éphésiens 6:1-3 sur la famille? (Dieu promet que si les enfants se soumettent aux parents, tout ira bien pour eux et qu'ils vivront longtemps sur la terre.)

4. Quels sont les deux grands commandements dans Matthieu 22:37-39?

5. Selon Jaques 5:16, comment pouvons-nous contribuer autrement à l'unité familiale? (Prier pour nos proches.)

Défi: Quelle a été votre attitude envers ta famille jusqu'à présent? Penses-tu que tu as fait tout ton possible pour maintenir en elle des liens d'amour et d'unité, ou tu es simplement laissé emporter par tes désirs égoïstes? Je vous encourage à rechercher davantage Dieu afin qu'avec son aide tu puisses faire partie de cette liste de personnes qui ont contribué à l'unité de leur maison avec leur attitude correcte.

Quel Père!

Leçon 11
Yeri Nieto • Mexique

Objectif: Que les jeunes apprécient le rôle que les parents jouent dans les familles.

Pour mémoriser: *«Le juste marche dans son intégrité; Heureux ses enfants après lui!»* Proverbes 20:7

Connecter

Dynamique d'introduction (12 à 17 ans).
- Matériaux: Tableau noir et marqueurs pour celui-ci.
- Instructions: Demandez-leur d'aller au tableau et d'écrire un concept du père idéal. En fin de compte, demandez (sans attendre une réponse du public, mais uniquement pour leur propre réflexion) si leurs parents remplissent ces idéaux.

Dynamique d'introduction (18 à 23 ans).
- Matériaux: Crayon et feuille de papier vierge.
- Instructions: Demandez-leur de diviser la feuille en deux et d'écrire d'un côté la relation idéale qui devrait exister entre les parents et les enfants, et de l'autre, de dresser une liste des menaces à l'harmonie familiale. En fin de compte, uniquement pour leur propre réflexion, demandez s'il y a une telle relation dans leur maison et si des menaces détruisent leur maison et donc détruisent l'église de Christ.

Télécharger

La Parole de Dieu nous dit que: «Obéissons à nos parents dans le Seigneur ...» (Éphésiens 6:1-4). Et pour nous, lecteurs de la Bible en ce siècle, il nous semble que c'est une question radicale: Obéir? Pourquoi devons-nous obéir?

Mais regardons le contexte quand Paul a écrit ceci: Les premiers chrétiens vivaient sous l'empire romain; ce qui était coutumier à Rome, c'est que le père avait un pouvoir absolu sur tous ses enfants; il avait le droit de les punir comme sa colère le lui permettait, sans que personne ne fasse quoi que ce soit pour l'empêcher. Les enfants étaient encore un objet de sa propriété. Le père pouvait vendre ses enfants comme esclaves s'il pensait qu'ils étaient trop chers ou qu'ils n'en valaient pas la peine ... ou, sous certaines conditions, il pouvait même les tuer. Le pouvoir de ce père sur ses enfants a duré toute une vie. La vie du garçon valait peu, comme le révèle une lettre datée du 1 av.J.-C., écrite par un soldat romain du nom de Hilarius, d'Alexandrie, en Égypte, à sa femme Alis: dans la lettre, il ordonna que s'il donnait naissance à un garçon Laissez-le vivre, mais s'il était une fille, débarrassez-vous d'elle.

Abandonner les enfants pour fournir leur propre nourriture était coutumier à cette époque.

1. La valeur que la Parole de Dieu nous donne

Ce que Paul fait, c'est donner de la place aux enfants dans les maisons de la communauté chrétienne nouveau-née (et confirmer ce que Jésus-Christ a fait dans Matthieu 19:14, quand il a demandé aux enfants de se rapprocher de lui). Et il se concentre sur une relation au sein des foyers où il y a un véritable amour, qui est la base de toutes les relations, mais où chacun a également un devoir social et même spirituel.

Le monde à cette époque ne valorisait pas les enfants, mais l'apôtre Paul affirme la valeur infinie de chaque enfant, ainsi qu'en alignant soigneusement les responsabilités mutuelles des parents et des enfants, ce qui renforce cette valeur.

Paul exhorte les enfants à obéir aux parents. Le verbe qui est généralement traduit par «obéir» (hupakouo) est un mot composé basé sur le mot «écouter» (akouo); par conséquent, il a l'idée «d'écouter» ou de «prêter attention à» et donc de «obéir». Une grande partie de la désobéissance survient lorsque les enfants refusent d'écouter les instructions qui leur sont données, ainsi que les raisons de ces instructions.

Dans Proverbes 4:1-6, il relie trois générations et montre comment l'amour se transmet principalement par l'influence personnelle.

2. Attention à notre jugement!

Quand nous sommes jeunes et sans l'expérience d'être parents, nous jugeons souvent sévèrement ce que papa a fait ou fait à la maison. Mais la vérité est qu'ils ont appris à être parents avec nous; à ce jour, il n'y a pas de manuel où les parents peuvent recourir dans tous les cas de notre formation. En outre, l'Amérique latine est un continent où le père n'exerce pas beaucoup d'influence sur la famille, car il est traditionnellement celui qui quitte la maison pour travailler et apporter sa subsistance. À plusieurs reprises, la figure du père est plus une sorte de justicier qui nous punira si nous ne faisons pas les choses correctement; Et dans une infinité de fois, nous entendons une phrase qui n'est pas du tout saine dans notre vie, surtout quand il nous ordonne de lui obéir et que nous lui reprochons: «Pourquoi?», Et il nous dit: «Parce que je suis votre père».

Les parents pensent souvent qu'ils savent tout, et cela ne devrait pas nous faire peur; La raison en est qu'ils ont beaucoup plus d'expérience que nous et qu'ils veulent nous empêcher de mal faire (à l'école, en amour, dans la vie). L'expérience leur a donné de la sagesse, mais elle ne garantit pas un bon traitement ni n'élimine leur humanité, c'est pourquoi ils continuent souvent à faire des erreurs avec nous. Inspiré par l'Esprit de Dieu, le même apôtre Paul a écrit aux parents qui «n'exaspéraient pas leurs enfants, de peur qu'ils ne se découragent» (Colossiens 3:21), car pour les parents, leurs enfants devraient être meilleurs qu'eux, allez plus loin, réalisez plus de triomphes ... et ils doivent le faire bientôt!

Les parents projettent normalement sur leurs enfants, leurs aspirations et les réalisations qu'ils n'ont pas atteintes, et pensent que ces endroits dont ils rêvaient et ces désirs qui nichent encore dans leur cœur se réaliseront à travers leurs enfants (qu'ils soient matériels, objectifs intellectuels et même physiques, des objectifs que les enfants ne veulent souvent pas pour eux-mêmes). Et dans la plupart des cas, ils semblent être «imposés» par les parents à leurs enfants. C'est dangereux, car nous n'aurons pas nécessairement les mêmes buts et objectifs que nos parents. Mais nous devons rechercher la volonté de Dieu pour nos vies et lutter pour elle avec amour et persévérance.

3. Obéir au Seigneur

Dans sa lettre aux Colossiens, Paul nous montre les changements visibles de la nouvelle vie en Christ, par rapport à la société mais surtout dans les relations familiales. Plus précisément, il a parlé aux parents du traitement réservé à la femme et aux enfants; Cet accord devrait être le reflet de la relation Christ-Eglise.

De l'Ancien Testament, le peuple juif connaissait le commandement «Honore ton père et ta mère». Lequel est le premier commandement qui inclut une promesse: «Honore ton père et ta mère, afin que tes jours se prolongent dans le pays que l'Éternel, ton Dieu, te donne» (Exode 20:12; Éphésiens 6:2). Cependant, il n'est pas facile pour les enfants d'accomplir ce commandement, car à l'heure actuelle, il y a des parents difficiles à honorer.

L'une des principales causes de la désintégration familiale dans notre société est l'incapacité à jouer le rôle du père dans la famille; Certains problèmes que cela a engendrés sont: la violence, les dépendances, l'adultère et l'abandon; Et ce qui est pire, quand un père abandonne sa famille, plus il est probable que son fils, en grandissant, fera de même.

La Parole de Dieu nous guide vers la solution de ce problème: dans Éphésiens 6:4, on nous dit: «Parents, ne provoquez pas la colère de vos enfants mais élevez-les avec discipline et exhortation du Seigneur». Mais les enfants doivent «obéir à nos parents dans le Seigneur». Ce qui signifie que nous devons les écouter et faire ce qu'ils nous demandent quand nous savons que cela plaît à Dieu.

Écoutons la Parole: Nous apprendrons beaucoup si nous commençons à avoir la même relation que Dieu veut avoir avec chacun de ses enfants; Proverbes 23:26 dit: «Mon fils, donne-moi ton cœur, Et que tes yeux se plaisent dans mes voies.»

S'il y a de l'amour entre le père et le fils, il est facile d'accomplir les commandements de Dieu, mais il doit y avoir un engagement mutuel et individuel envers Dieu.

«Honore ton père et ta mère…», cela n'a aucun prétexte ni excuse, c'est un commandement; nous devons donc chercher, dans la volonté de Dieu, à les honorer. Et les parents doivent imiter le père aimant dont Jésus-Christ raconta dans Luc 15:11-32. Ce n'est pas un amour sincère et souriant, mais quelque chose de profond, comme celui de Dieu envers nous, un amour qui essaie de fournir l'affection dont nous avons tant besoin, la protection qui est nécessaire, la sécurité d'un câlin, la direction et l'exemple que nous attendons dans cette vie.

Examinons de près l'histoire et examinons bien que, bien que le plus jeune fils ait eu une raison d'aller, quand il était absent, la raison du retour était plus grande: l'amour de son père.

Révisez/Application: Demandez-leur de répondre.

1. Comment va la relation avec ton père?

Si tu as de bonnes relations avec lui, nous aurons peut-être le temps de prier et de remercier Dieu. Sinon, quelle meilleure façon de commencer à améliorer la relation qu'en intercédant pour lui!

2. Si tu as une mauvaise relation avec ton père, Quelles mesures pourrais-tu prendre pour améliorer cela? (Cherche-le, demande-lui pardon, pardonne-lui et parle-lui de l'amour de Dieu.)

3. Écris ce que tu as appris des deux passages bibliques suivants concernant la relation avec ton père:

Proverbes 23:12-26

Jean 15:1-17

Défi:
N'oublie pas que Dieu jugera les parents et les enfants pour tout ce que nous faisons, disons et pensons. N'oublie pas d'honorer ton père de ta vie cette semaine.

GPS Pour Moi

Leçon 12
Eudo Prado • Venezuela

Objectif: Que le jeune voit la Parole de Dieu comme le seul guide pour faire face aux influences turbulentes et maintenir leur relation personnelle avec Dieu.

Pour mémoriser: «*Toute Écriture est inspirée de Dieu et utile pour enseigner, pour convaincre, pour corriger, pour instruire dans la justice.*» 2 Timothée 3:16

Avertissement: Demandez-les de dire comment ils ont honoré leurs parents cette semaine qui s'écoulait. Accepter

Connecter | Télécharger

Dynamique d'introduction (12 à 17 ans).
- Matériaux: Bibles; Concordances bibliques (elles sont trouvées parfois dans la dernière partie des Bibles); marqueurs (feutres, crayons, etc.); épée, marteau et figurine en foami (caoutchouc eva) ou en carton.
- Instructions: Divisez la classe pour travailler en groupes ou, s'ils sont peu nombreux, vous pouvez leur demander de travailler individuellement. Ensuite, donnez chacune des figures et indiquez que selon elles, elles devraient chercher un verset qui compare la Parole de Dieu avec chacune des figures qui leur ont été données. Une fois l'Écriture localisée, ils doivent l'écrire dans leurs figures respectives en utilisant les marqueurs de leur figure respective.

Demandez ensuite à quatre participants (un pour chaque figure) de lire leurs versets et de réfléchir brièvement à la signification du symbole attribué. C'est-à-dire, dans quel sens la Parole de Dieu se compare-t-elle respectivement avec l'épée, le marteau et la lampe? (Réponses: Épée (Éphésiens 6:17 et Hébreux 4:12); Marteau (Jérémie 23:29); et Lampe (Psaumes: 119:105).

Dynamique d'introduction (18 à 23 ans).
- Matériaux: Bible, feuilles de papier et crayons.
- Instructions: Distribuez les feuilles de papier et les crayons aux participants et demandez-leur d'écrire une liste avec les citations des versets qu'ils connaissent par cœur, et dans ce document, soulignez la citation de leur verset préféré. Demandez ensuite à quelques volontaires de lire vos listes; d'autres qui récitent leur vers préféré; et d'autres qui disent pourquoi le considèrent-ils ainsi?

Connecter | Télécharger

La Bible s'appelle «les Saintes Écritures» et «la Parole de Dieu». Ce merveilleux livre a été «inspiré par Dieu» il est plein de sagesse pour la vie pratique et nous révèle le salut par Jésus-Christ.

Cependant, nous oublions parfois son importance et sa signification dans nos vies. Il est nécessaire de garder à l'esprit chaque fois que Dieu nous a donné la Bible comme guide pour le connaître et profiter de ses bénédictions.

Dans ce sens, il est très important d'apprendre la Bible dès notre jeunesse. Beaucoup d'entre nous ont été élevés dans des foyers chrétiens et ont donc reçu un enseignement biblique depuis l'enfance. Cela est devenu une bonne base pour notre relation personnelle avec Dieu.

La Bible nous montre tout ce que nous devons savoir sur Dieu et son but avec nous. De même, cela peut nous aider à faire face à n'importe quel problème et à vivre correctement. Ainsi, la Bible peut être comparée à une carte ou un GPS qui nous guide pour ne pas se perdre. Combien la Parole de Dieu est merveilleuse!

1. La Bible: Connaissance et conviction

Une chose est d'apprécier la Bible, car on nous l'enseigne depuis l'enfance; et un autre, d'être persuadé personnellement qu'elle est la Parole de Dieu. Nous devons tous prendre une position personnelle à ce sujet.

À cet égard, posez les questions suivantes: Quelle est ta relation avec la Bible? Une simple connaissance que tu as apprise? Ou est-ce celle qui te guide dans tes actions quotidiennes?

Le passage d'étude de cette leçon nous parle précisément de l'importance de la Bible pour notre vie chrétienne. Cela se trouve dans 2 Timothée 3:14-17.

Timothée était un jeune homme élevé dans une maison de croyants, c'est pourquoi on lui avait enseigné la Bible depuis son enfance (2 Timothée 1:5). À cette époque, les familles croyantes accordaient une importance particulière à l'enseignement biblique de leurs enfants. On dit qu'à partir de l'âge de cinq ans, un garçon d'origine juive comme Timothée a commencé à être instruit dans les Écritures. Pour cette raison, Paul l'appelle à «demeurer» dans de tels enseignements qu'il a appris de son enfance: «Toi, demeure dans les choses que tu as apprises, et reconnues certaines, sachant de qui tu les as apprises; dès ton enfance, tu connais les saintes lettres, qui peuvent te rendre sage à salut par la foi en Jésus Christ» (2 Timothée 3:14-15a). Autrement dit, il est nécessaire de demeurer dans ces vérités que nous avons apprises dans la Bible.

En plus d'apprendre les connaissances bibliques de l'enfance, Timothée a également fait l'expérience de la «persuasion» chrétienne. Ce dernier est produit par la Parole de Dieu, à travers la médiation du Saint-Esprit, et nous conduit au repentir et à la nouvelle naissance.

De même, dans les versets susmentionnés, cela est mentionné: «... savoir de qui tu as appris ...». Cela implique que dans la vie de Timothée, plusieurs personnes influentes lui ont enseigné la Parole. L'un d'eux était Paul. Sa grand-mère Loïda et sa mère Eunice sont également mentionnées (2 Timothée 1:5). Ces gens lui ont donné un bon exemple à suivre.

Après ce qui précède, posez les questions suivantes: Quelles sont les personnes qui ont le plus influencé leur vie à travers la Parole et l'exemple chrétien? Permettez à certains élèves de partager leur propre témoignage.

2. La Bible: la carte du salut

Dans les bâtiments publics et privés où de nombreuses personnes vivent ou travaillent, il existe toujours des plans ou des cartes qui indiquent les issues de secours en cas d'urgence. Ces itinéraires sont également indiqués sur les avions, les navires et les trains. Respecter ces signes est une question de vie ou de mort!

Une carte est utilisée pour ne pas se perdre et atteindre la bonne destination. De plus, il y a maintenant le GPS, qui est de petits instruments qui guident les gens vers la destination qu'ils veulent aller, à travers une voix qui leur dit où aller et une carte qui leur indique le chemin.

De même, la Bible indique la seule voie sûre par laquelle les êtres humains peuvent excéder vers la vie éternelle. Paul dit à Timothée que les Écritures (la Bible) «peuvent lui rendre sage pour le salut par la foi qui est en Jésus-Christ» (2 Timothée 3:15b). C'est-à-dire que l'obéissance aux enseignements bibliques te permet de vivre selon le dessein de Dieu, et enfin d'aller au ciel.

Il n'y a pas d'autre moyen d'être sauvé qu'en obéissant à la Parole de Dieu. Cette obéissance doit continuer de foi en Jésus-Christ. En d'autres termes, ce n'est pas par l'effort humain, mais «par la foi qui est en Jésus-Christ».

Le monde a ce que nous pourrions appeler des «signes trompeurs» qui tentent de nous éloigner du chemin de Dieu. Ces fausses indications nous conduisent sur les mauvais chemins comme la drogue, l'alcool, les cigarettes, les fêtes mondaines, la pornographie, le vol, la viole, la violence, etc. Nous avons donc besoin de la Bible comme carte ou GPS pour nous conduire sur le vrai chemin.

De plus, la Parole a suffisamment de pouvoir pour briser tout lien spirituel dans nos vies. (Hébreux 4:12).

3. La Bible: «l'équipe» de notre voyage

As-tu déjà fait un voyage d'exploration ou une aventure? Un équipement utile est nécessaire pour faire face aux risques qui peuvent en découler. Le grand but que Dieu avait en nous donnant la Bible est de nous fournir «L'équipement» nécessaire pour vivre la vie telle qu'il l'a conçue à l'origine. Paul dit dans le passage susmentionné des Hébreux que la Bible est l'arme nécessaire pour vivre correctement la vie. C'est en raison de sa nature: «... inspiré par Dieu ...» (2 Timothée 3:16a). Cela signifie que Dieu, l'auteur de la Bible, a habilité les hommes ordinaires à l'écrire.

Dans cette section du sujet, l'enseignant peut préparer une diapositive ou une présentation PowerPoint sur la signification du verset de 2 Timothée 3:16b. Il est suggéré d'exposer les éléments suivants:

L'efficacité de la Bible

- Pour enseigner dans la justice: Fournit des connaissances sur la doctrine de Dieu et comment vivre une vie sainte.
- Pour convaincre dans la justice: éclaire la conscience et la sensibilité morale lorsque nous péchons ou nous nous sommes trompés.
- Pour corriger en justice: Assure la repentance, la discipline et la rectification de la conduite envers ce qui est bon.
- Instruire en justice: fournit un avertissement spirituel continu qui nous aide à persévérer dans la foi.

En permanence, nous faisons face à des situations différentes dans notre quotidien dans lesquelles nous devons prendre des décisions importantes. Le monde nous offre souvent des choses qui ne contribuent pas à notre bien-être, mais au contraire à notre destruction. La Bible dit: «Telle voie paraît droite à un homme, Mais son issue, c'est la voie de la mort». (Proverbes 14:12).

Pensez, par exemple, au mal causé par les drogues. Momentanément, ils peuvent procurer du plaisir et un certain sentiment de liberté; mais finalement, ils deviennent une dépendance qui asservit et bouleverse même ceux qui les consomment.

La chose merveilleuse au sujet de la Bible est qu'elle contient des enseignements pertinents à toutes les situations et besoins humains. Elle nous fournit les outils utiles pour être victorieuse avant tout défi et accomplir la volonté de Dieu: «Pour que l'homme de Dieu soit parfait, pleinement préparé à toute bonne œuvre» (2 Timothée 3:17).

Révisez/Application: Demandez-leur de définir ce qui suit par leurs propres mots:

La Bible:_____

Conviction chrétienne:_____

Inspiration divine de la Bible:_____

Convaincre dans la justice:_____

Corriger dans la justice:_____

Instruire dans la justice:_____

Défi: Cette semaine, lisez les passages bibliques suivants qui parlent de l'importance et de l'efficacité de la Bible: 1 Pierre 1: 23-2: 3; Hébreux 4: 12-13. Ensuite, écris un concept personnel sur ce que la Bible signifie dans ta vie.

Temps Avec Dieu

Leçon 13

Sharon Víquez • Costa Rica

Avertissement: Prévoyez un laps de temps pour qu'ils partagent les définitions bibliques qu'ils ont écrites. Accepter

Objectif: Que le jeune comprenne que Dieu entend la prière qui vient d'un cœur sincère, et répond à chaque demande selon sa volonté.

Pour mémoriser: «*Lorsque tu as commencé à prier, la parole est sortie, et je viens pour te l'annoncer; car tu es un bien-aimé. Sois attentif à la parole, et comprends la vision!*» Daniel 9:23

Connecter | Télécharger

Dynamique d'introduction (12 à 17 ans).
- Matériaux: Tableau noir et marqueurs (marqueurs ou craies).
- Instructions: Écrivez la question suivante au tableau: Qu'est-ce que la prière? Demandez ensuite à la classe de donner différentes réponses et de les écrire au tableau. Écrivez ensuite une réponse de groupe en tenant compte des réponses qu'ils vous ont données plus tôt.

Dynamique d'introduction (18 à 23 ans).
- Matériaux: Des chaises placées en forme circulaire, tableau noir et marqueurs (stylos-feutre ou craie).
- Instructions: Demandez à la classe de s'asseoir pendant que les chaises sont distribuées. Posez ensuite la question suivante: Dieu répond-il à toutes les prières? Permettez à vos élèves de dialoguer pendant quelques minutes à ce sujet. Écrivez ensuite au tableau les déclarations importantes de la conversation.

Connecter | Télécharger

La prière (prière, oraison) selon la RAE (Académie royale espagnole) signifie ce qui suit: «La prière qu'on adresse à Dieu. Mendier, demander, plaider. Plaidoyer humblement et sérieusement pour demander quelque chose. Prier avec des démonstrations et des manifestations exagérées pour que la chose désirée soit accordée».(Dictionnaire de l'Académie royale espagnole).

D'un autre part, la prière selon le dictionnaire théologique est ainsi définie: «C'est l'acte conscient de l'homme de se tourner vers Dieu pour communiquer avec Lui ou chercher Son aide en cas de besoin. L'homme peut être poussé à chercher Dieu par ses désirs, par des urgences ou par sa propre insuffisance ou incapacité à faire face à des situations difficiles tous les jours». (Dictionaire Théologique Beacon MNP, USA: s / f, p.479).

Pour arriver à une conclusion, laissez-les savoir que nous prendrons du temps pendant la leçon d'aujourd'hui pour évaluer comment Dieu a répondu la prière de Daniel.

1. La prière sincère

Daniel était un jeune Israélite qui a été emmené à Babylone au temps de la captivité (Daniel 1:1-8). C'était un jeune homme fidèle à Dieu qui, avec le temps, est devenu le conseiller des rois. Mais malgré tout cela, Daniel n'a jamais voulu renoncer à ses convictions. Ainsi, Daniel a appliqué les commandements de Dieu à sa vie et n'a pas changé les bonnes habitudes qu'il a acquises, telles que l'habitude de la prière, qu'il a maintenue malgré le fait que la pratique de cette tentative contre sa propre vie (Daniel 1:1 - 6:28).

De même, Daniel nous enseigne avec son exemple que nous ne devons pas nous attendre à être dans une situation difficile pour rentrer dans la prière, et surtout la mettre en pratique dans notre propre vie.

Les commentateurs bibliques soulignent, dans les qualités de Daniel, qu'il était un homme proche de la Parole du Seigneur; par conséquent, il a pu identifier que certaines des prophéties dans les livres de Lévitique et de Jérémie correspondaient à l'époque où il vivait.

À cet égard, posez les questions suivantes: Lorsque tu t'approches des livres de la Bible, est-ce que tu comprends la Parole du Seigneur? Comme Daniel, est-ce que tu peux identifier les moments où tu dois vivre et partager ainsi le message d'espoir?

Daniel était un jeune homme avec une vie intègre et qui a maintenu une relation étroite avec Dieu par la prière. Le moment venu, il a fait ce qu'il avait l'habitude de faire: prier. De cette façon, Daniel s'est soumis à un temps de prière personnelle et pour le peuple d'Israël:

«Je parlais encore, je priais, je confessais mon péché et le péché de mon peuple d'Israël, et je présentais mes supplications à l'Éternel, mon Dieu, en faveur de la sainte montagne de mon Dieu; je parlais encore dans ma prière, quand l'homme, Gabriel, que j'avais vu précédemment dans une vision, s'approcha de moi d'un vol rapide, au moment de l'offrande du soir.» (Daniel 9: 20-21)

Daniel cherchait une intervention divine. Le passage de Daniel 9: 3 nous parle du désespoir avec lequel Daniel a cherché la faveur de Dieu: «Je tournai ma face vers le Seigneur Dieu, afin de recourir à la prière et aux supplications, en jeûnant et en prenant le sac et la cendre». Daniel a prié avec une grande ferveur et a demandé selon le dessein divin. Sans aucun doute, sa prière est venue d'un cœur sincère.

En étudiant l'exemple de Daniel, nous voyons qu'il était un homme intègre et que Dieu a entendu sa prière. Mais dans la Bible, nous trouvons également le cas d'autres personnes qui n'avaient pas de relation étroite avec Dieu, sans parler d'une vie pleine; mais dans un moment d'affliction, ils ont crié au Seigneur et ont été entendus. Des exemples de tels cas sont les suivants:

Le voleur sur la croix (Luc 23: 40-43)

Le centenier (Matthieu 8: 5-13)

Le pharisien et le percepteur d'impôts (Luc 18: 9-14).

2. La réponse à la prière

Jacques 4:3 dit: «Vous demandez, et vous ne recevez pas, parce que vous demandez mal, dans le but de satisfaire vos passions.» (VLS) En ce sens, en opposant la prière de Daniel à beaucoup de celles que nous faisons, nous trouverons une différence: Daniel a pu prier en se mettant à la place d'un autre et en assumant son propre péché et celui du peuple (Daniel 9:20-21a). En d'autres termes, Daniel a prié pour les péchés des autres et pour leurs conséquences amères. Il a prié pour son peuple (Daniel 9:3-7)

Ici, il faut s'arrêter pour se poser la question suivante: Avons-nous prié pour les choses qui blessent le cœur de Dieu, ou seulement celles qui blessent le nôtre?

Il y a des aspects qui sont très importants à inclure dans notre prière et que nous négligeons souvent. Ces aspects sont mentionnés ci-dessous.

Prier pour la connaissance de la volonté de Dieu (Colossiens 1:9).

Marcher digne du Seigneur, avoir une relation grandissante avec Dieu (Colossiens 1:10).

Pour porter du fruit et qu'il soit durable (Jean 15:16).

Avoir le pouvoir, la force et la patience de poursuivre la carrière chrétienne au milieu des épreuves (Colossiens 1:11).

Avoir de la joie et une bonne attitude (Colossiens 1:12).

3. «OUI», «NON», «ATTEND»

Demandez: Comment un parent répond-il à la demande de son enfant? Il répond en fonction de ce qu'il voit qui est le plus important pour son enfant dans son développement intégral, et selon son expérience de vie.

Demandez: Est-ce que cela diffère dans la façon dont Dieu répond à nos prières? Dieu cherchera toujours notre bien-être. Ainsi, sa Parole dit dans Jérémie 29:11-13 ce qui suit: «Car je connais les projets que j'ai formés sur vous, dit l'Éternel, projets de paix et non de malheur, afin de vous donner un avenir et de l'espérance. 29.12 Vous m'invoquerez, et vous partirez; vous me prierez, et je vous exaucerai. 29.13 Vous me chercherez, et vous me trouverez, si vous me cherchez de tout votre cœur».

Notre part est de croire ce principe de la Parole de Dieu, parce que le Seigneur veut notre bien-être, et il nous entend toujours. Dieu attend un cœur sincère, plein de foi et de patience sachant que nous prions et que nous sommes entre ses mains, et qu'il contrôle toujours tout (Hébreux 10: 35-37). Et quand il nous semble qu'il retarde sa réponse, c'est parce qu'il renforce notre caractère.

À ce stade, la question suivante peut se poser: Pourquoi nos prières ne reçoivent-elles pas la réponse que nous attendons? Nous ne savons pas, mais permettez-moi de partager les paroles du pasteur Rick Warren:

«Mes amis, j'étudie la question du «pourquoi» depuis 37 ans, et je vais vous donner ma réponse polie: Je ne sais pas. Et je ne le saurai jamais, car je ne suis pas Dieu. Et vous non plus! Il y a des choses que nous ne comprendrons jamais avant d'arriver de l'autre côté de la mort. Ensuite, tout sera très, très clair. Seul Dieu le sait. Et si vous ne recevez pas leur réponse tout de suite, vous devriez cesser de demander «pourquoi?» parce que vous ne faites que prolonger la douleur». (http://rickwarren.org/devotional/spanish/dios-por-qu%C3%A9-meest% C3% A1-happening-this # .U7xFvPl5P_E).

Pour que la réponse à ma prière ne soit pas ce que j'attendais, cela ne signifie pas que Dieu ne m'écoute pas. Souvenons-nous qu'Il nous écoute toujours, Il veut notre bien-être et ses buts sont liés à l'avancement du Royaume. Il voit la sincérité de nos cœurs. Sa Parole dit dans 1 Corinthiens 13: 9,12 ce qui suit: «Car nous connaissons en partie, et nous prophétisons en partie, mais quand ce qui est parfait sera venu, ce qui est partiel disparaîtra. Lorsque j'étais enfant, je parlais comme un enfant, je pensais comme un enfant, je raisonnais comme un enfant; lorsque je suis devenu homme, j'ai fait disparaître ce qui était de l'enfant. Aujourd'hui nous voyons au moyen d'un miroir, d'une manière obscure, mais alors nous verrons face à face; aujourd'hui je connais en partie, mais alors je connaîtrai comme j'ai été connu».

Pour conclure, mentionnons que Dieu répond à toutes les prières, mais pas toujours de la manière que nous attendons. Alors parfois, Il dira oui à notre demande; dans d'autre, Il dira que non; et dans d'autre, Il dira, attend.

Révisez/Application: Laissez-leur le temps de répondre.

- Comment tu te sens lorsque tu n'obtiens pas de réponse par quelqu'un?
- Certainement, Dieu donne réponse à toutes les prières. Est-ce que tu sens qu'il y a quelque demande dans ta vie qui n'est pas répondue ? Pour quoi ?
- Donne l'exemple clair de deux réponses de prières répondues qui sont très concrètes.
- Développe un moment de prière dans ta vie. Fais une planification journalière et incluant le temps de prière au sein de cette planification.

Défi: Que penses-tu si nous avons l'intention de faire un journal de prière qui comprend les sujets qui touchent le cœur de Dieu? Ces questions sont mentionnées ci-dessous.

1. Notre consécration

2. La conversion des perdus

3. L'intersection par les besoins des autres

4. Priez pour nos dirigeants (parents, enseignants, employeurs, président et autorités civiles).

Mon Refuge

Leçon 14
Ela González • Guatemala

Objectif: Que le jeune comprenne que dans les moments les plus difficiles de sa vie (tristesse, amertume ou solitude), Dieu sera toujours à ses côtés.

Pour mémoriser: «*Car tu es mon secours, Et je suis dans l'allégresse à l'ombre de tes ailes.*» Psaume 63:8

Avertissement: Apres avoir prié, demandez-leur comment à été leur journal spirituel et comment a été l'expérience. Accepter

Connecter | Télécharger

Dynamique d'introduction (12 à 17 ans).

- Instructions: Divisez la classe en deux groupes. Lorsque les groupes sont séparés, demandez-leur de former deux rangées. Faites remarquer que chaque rangée doit être placée de dos à l'autre, en gardant une distance d'un mètre entre une rangée et une autre, et d'un demi-mètre entre chacun de ses membres respectifs. Dites-leur ensuite de se retourner les yeux fermés pour que chacun des membres de chaque rangée reste face à face, sans ouvrir les yeux et en silence. Une fois situé dans cette position, (les deux rangées se faisant face), demandez aux élèves de lever les bras, de faire un petit pas en avant et d'étendre les bras pour tenir la main avec la personne devant. Enfin, demandez-leur d'ouvrir les yeux et de s'embrasser.

Beaucoup d'entre nous ont besoin d'un doux regard et d'un câlin, même s'il n'y a pas de mots impliqués. Nous nous souvenons que Dieu aura toujours les bras tendus vers nous pour nous embrasser, donc cela dépend de nous si nous voulons le recevoir ou non.

Dynamique d'introduction (18 à 23 ans).

- Matériels: Des feuilles de papier blanc découpées en quatre parties et crayons de couleur.

- Instructions: Distribuez les papiers et les crayons aux élèves. Demandez-leur ensuite d'écrire la phrase suivante: «ÇA VAUT UN CÂLIN». Ensuite, faites remarquer qu'à la fin du cours, chacun devrait échanger ses écrits avec quelqu'un qui n'est pas très intime, ou avec qui il a eu un moment de désaccord.

Gardez à l'esprit que les jeunes adultes, bien qu'apparemment plus matures, ont souvent plus de mal à tendre la main à d'autres personnes, surtout lorsqu'ils ont été offensés. Cependant, il est très important de garder à l'esprit et de mentionner que si Dieu nous embrasse en étant pécheurs, qui sommes-nous pour ne pas accepter un câlin de notre prochain.

Connecter | Télécharger

Commencez le cours en demandant à vos élèves ce qui suit: As-tu déjà dû te cacher de quelqu'un? De qui s'agit-il et pourquoi? Comment était ton abri? Si quelqu'un veut partager, donnez-lui la possibilité de le faire. Lisez ensuite le Psaume 63 de manière dynamique, si possible dans une version contemporaine, pour introduire la Parole de Dieu et l'application restera dans l'esprit et le cœur des étudiants. Expliquez ensuite que dans ce Psaume, David était dans des circonstances défavorables, fuyant à travers le désert, loin de ses proches, entouré de montagnes rocheuses; cependant, leur confiance et leur espérance étaient en Dieu. Ainsi, le psalmiste a reconnu que Dieu était le seul qui méritait ses louanges de l'aube au crépuscule, et il savait également que l'adoration et la louange apportaient la paix, la sécurité et la force?

1. Je sais que tu es là

Tout être humain fait face à des situations difficiles à un moment de sa vie et, au moment où il se sent impuissant, cherche refuge dans quelque chose ou quelqu'un. Le roi David n'a pas fait exception. En fait, il avait besoin de Dieu, car il avait eu des problèmes avec ses enfants. Son fils aîné Amnon avait violé sa demi-sœur Tamar; et Absalon, son frère, a ordonné la mort d'Amnon (2 Samuel 13).

Dans les versets 1 et 2 du Psaume de cette étude, dans la version contemporaine de King James, il est littéralement dit: «Ô Dieu! tu es mon Dieu, je te cherche; Mon âme a soif de toi, mon corps soupire après toi, Dans une terre aride, desséchée, sans eau». En premier lieu, et sans aucun doute, on voit que le roi David a reconnu qui était son Dieu; et il s'est tourné vers lui en toute sécurité même s'il était dans une situation défavorable. Son fils Absalon avait fait une révolution pour prendre le trône, retournant une partie du peuple contre son père, c'est pourquoi David s'est enfui dans le désert. Cependant, loin de la ville, David savait que Dieu était partout, bien qu'il n'ait pas accès à un sanctuaire ou à un temple, il était sûr de trouver le Seigneur même dans cet endroit inhospitalier. Par conséquent, David partit à sa recherche dès l'aube pour revoir la puissance et la gloire de ce Dieu unique qui avait vu et connu auparavant.

Et le Dieu miraculeux que David connaissait est le même qui veut apporter la dépression, la tristesse, anxiété, colère, etc. celui que je cherche.

2. Cache-moi dans tes bras

Un abri est un lieu de refuge qui ne dure pas éternellement, car c'est un lieu temporaire où l'on trouve la sécurité et ce dont on a besoin pour survivre (nourriture, abri et protection). David, au milieu de l'angoisse, n'a cessé de louer et d'adorer le Seigneur, car il savait que ce sont des armes pour attaquer le désespoir qui l'assiégeait. En fait, le roi faisait sa cachette avec Dieu. L'acte de lever la main est un symbole de démission. Lorsqu'une personne est attaquée lors d'une attaque à main armée, elle est obligée de lever la main pour immobiliser la personne attaquée. De plus, montrer les mains vides assure à l'attaquant qu'il ne recevra pas de contre-attaque. Au verset 4 du Psaume 63, l'auteur mentionne le fait de lever la main au nom de Jéhovah des armées, car il est sûr que c'est lui qui mène ses combats et qui lui donne la victoire. Au moment de l'impuissance, la reddition joue un rôle important. Et avec cela, nous ne disons pas que Dieu l'attaque, mais que souvent les attaques sont la conséquence de nos actions. Certains sont la récolte d'une graine; et d'autres fois, Dieu permet simplement de tester notre foi, notre fidélité, comme Il l'a fait avec Job. Dans ce cas, David a été victime de sa propre famille. Dans la Bible, il est mentionné qu'en raison de son adoration et de sa louange au Très-Haut, David était aimé de Dieu, c'est-à-dire selon son cœur.

C'est Dieu qui a dit à Saül, par le biais du prophète Samuel, qu'il l'a rejeté comme roi et a décidé d'oindre David comme roi d'Israël à sa place. Nous lisons ceci dans 1 Samuel 13:14 qui dit ainsi: «maintenant ton règne ne durera point. L'Éternel s'est choisi un homme selon son cœur, et l'Éternel l'a destiné à être le chef de son peuple, parce que tu n'as pas observé ce que l'Éternel t'avait commandé.»

Dans sa jeunesse, David était un homme exceptionnel pour être simple, humble, adorateur, exaltant, obéissant, courageux et nous pourrions ajouter bien d'autres attributs, pour lesquels le Seigneur était satisfait de lui. Cependant, David avait également des faiblesses comme tout être humain. Ainsi, l'un d'eux était son attirance pour les femmes, dont il était réciproque, car il avait une beauté physique: «... Il était blond, avec de beaux yeux et beau ...» (1 Samuel 16:12 VLS). A cette époque, il n'était pas mal vu qu'un homme avait plusieurs femmes; par conséquent, David les avait, mais cela a eu des conséquences.

Ainsi, ses enfants (de plusieurs épouses) étaient rebelles, et ils n'étaient pas en harmonie les uns avec les autres, comme mentionné au point précédent. Ajouté à ce qui précède, il y a eu dans cette famille, entre autres, des viols, des tromperies, des assassinats et, pour clore avec «un épanouissement», l'usurpation du royaume par son fils Absalon. Ces antécédents et d'autres, qui pour le temps et l'espace ne sont pas écrits ici, ont conduit David au désespoir, au point de devoir fuir dans le désert pour chercher refuge. Quelle a été ta guerre? Persécution par son fils pour le détruire, (2 Samuel 17:1-2). Mais David, même face à tout cela, était confiant qu'il serait victorieux.

3. Je suis heureux d'être avec toi

Avec qui préférerais-je être? Si l'esprit est transporté vers un lieu de refuge pour le bien-être psychologique, moral, émotionnel et spirituel, en dehors des conditions physiques du refuge, il faut aussi avoir la compagnie de quelqu'un qui remonte le moral, qui nous donne des mots d'espoir, qui ait les meilleures idées pour stimuler d'aller vers l'avant, une personne qui nous donne de la sécurité, l'amour et tout le nécessaire pour cette période de difficultés.

Peu importe ce qui s'est passé auparavant, ou ce qui a forcé la personne à venir dans un endroit comme celui-ci, ce qui compte, c'est ce qui suit et quelles sont ou qui va désormais s'entourer.

David étant roi a été retrouvé isolé dans le désert; peut-être dans une grotte, sans le confort du palais royal, accompagné de ses gardes du corps et de ses guerriers. Peut-être n'étaient-ils pas quelques-uns, mais aucun d'eux n'était qualifié pour le réconforter, car ils étaient ses sujets, inférieurs à lui et David avait besoin de quelqu'un de supérieur. Le Psaume 63:5-8 dit que lorsque la présence de Dieu est reconnue dans notre vie, il y a de la bénédiction (VLS). Dieu, c'est la seule entreprise qui fournit tout le nécessaire dans tous les domaines de l'être humain et David le savait.

Le refuge éternel peut désormais être expérimenté et obtenu par l'adoration, la louange, la prière et la confiance dirigée uniquement vers le seul qui mérite tout cela, Jésus-Christ notre Sauveur et Seigneur.

Révisez/Application: Donnez-leur le temps de réfléchir et de répondre les questions suivantes.

À quels types de situations difficiles as-tu fait face ou es-tu entrain de faire face? _____

Comment as-tu ou es-tu entrain de faire face à ces situations difficiles? _____

Quels enseignements personnels peux-tu tirer du Psaume 63? _____

D'après ce que tu extrais du Psaume 63, écris une prière personnelle. _____

Défi: Sur la planète Terre, il y a des abris où aller dans des circonstances difficiles. Dans la leçon d'aujourd'hui, nous avons appris qu'il y a une place éternelle pour ceux qui acceptent Jésus-Christ comme leur seul et suffisant Sauveur et Seigneur. En cette semaine, peu importe ce qui se passe, allez à Lui comme ton unique refuge.

Sans Manger?

Leçon 15
Eudo Prado • Venezuela

Objectif: Que le jeune reconnaisse que Jésus a enseigné la nécessité de jeûner.

Pour mémoriser: «*Jésus répondit: Il est écrit: L'homme ne vivra pas de pain seulement, mais de toute parole qui sort de la bouche de Dieu*». Matthieu 4:4

Avertissement

Au début du cours, rappelez-leur le défi de la semaine dernière et parlez-en.

Accepter

Connecter | Télécharger

Dynamique d'introduction (12 à 17 ans).
- Matériaux: Des figures en papier blanc en forme de cœur et des marqueurs.
- Instructions: Demandez à la classe de lire Matthieu 6: 16-18 et donnez à chaque participant un morceau de papier et un marqueur. Ensuite, laissez le temps pour qu'ils écrivent deux ou trois attitudes d'un côté du cœur de papier qui, à leur avis, étaient dans le cœur des pharisiens pendant le jeûne; et de l'autre côté du cœur, demandez-leur d'écrire les dispositions qui doivent être dans nos cœurs pendant le jeûne. Demandez-leur ensuite de partager ce qu'ils ont écrit avec la classe.

Dynamique d'introduction (18 à 23 ans).
- Matériaux: Des feuilles de papier et crayons blancs.
- Instructions: Divisez la classe en groupes et laissez-leur le temps de lire les Écritures suivantes, puis de compléter le tableau.
  a. Deutéronome 9:8-11
  b. Deutéronome 9:15-19
  c. Daniel 10:1-12
  d. 2 Samuel 12:15-2

Passage Biblique	Nom Du Personnage	Temps Qu'il A Jeûné	Reason Pour Lequel Il A Jeûné

Demandez ensuite à chacun de commenter la situation des différents personnages qui a le plus retenu leur attention et pourquoi.

Connecter | Télécharger

Dans l'Ancien Testament, on jeûnait surtout en période de profonde difficulté. Le jeûne était accompagné d'expressions de tristesse, comme des pleurs, des cris d'alarmes, des vêtements de deuil et des vêtements rugueux généralement en peau de chèvre (ce qu'on appelait «un sac»). En outre, ceux qui ont jeûné se sont assis sur des cendres, et ils l'ont jeté sur leur tête (Esther 4: 1-3; Psaume 35:13).

Lorsque la Bible parle de jeûne, elle se rapporte toujours au jeûne à des fins spirituelles. Et c'est que le jeûne est le moyen de s'approcher de Dieu en présentant nos propres corps sur l'autel de l'adoration comme un sacrifice vivant et saint.

1. L'efficacité du jeûne

Cette fois, nous étudierons dans le livre d'Esther un événement qui illustre l'énorme puissance du jeûne. Ainsi, ce livre raconte l'histoire du salut du peuple juif survenu au Ve siècle avant JC, à l'époque du grand empire perse.

Les Juifs étaient dispersés dans les 127 provinces qui composent ce royaume à travers le monde. Ils y étaient arrivés captifs des Babyloniens, qui étaient un empire antérieur des Perses.

Esther était une jeune femme juive orpheline amenée dans la capitale de l'empire par son cousin Mardochée qui l'avait adoptée. Par la providence de Dieu, être « ... de belle figure et de bonne mine» (Esther 2:7) était choisie parmi de nombreuses vierges par le roi Assuérus pour être reine au lieu de Vashti, son ancienne épouse, qu'il avait renvoyée pour avoir désobéi à un ordre donné par lui (Esther 1:1-22).

Un homme mauvais nommé Haman, le favori du roi, avait obtenu de lui, sous la tromperie, un décret d'extermination des Juifs (Esther 3).

Quand Esther l'a découvert, avec Mardochée et son peuple, ils n'ont fait que s'approcher de Dieu dans le jeûne et la prière. Lisez Esther 4:3-16 et demandez: À quoi ressemblait le jeûne des Israélites?

Dieu n'a pas laissé le cri de ses enfants sans réponse et a complètement changé la situation dans laquelle ils vivaient, la mettant en faveur de son peuple.

Esther a joué un rôle clé dans cette version. Avec une grande foi et sagesse soutenues dans la grâce de Dieu, elle a réalisé que son peuple a obtenu une grande victoire sur ses ennemis. La grâce de Dieu se manifesta tellement en Esther que le roi «...Lorsque le roi vit la reine Esther debout dans la cour, elle trouva grâce à ses yeux; et le roi tendit à Esther le sceptre d'or qu'il tenait à la main. Esther s'approcha, et toucha le bout du sceptre. Le roi lui dit: Qu'as-tu, reine Esther, et que demandes-tu? Quand ce serait la moitié du royaume, elle te serait donnée» (Esther 5:2-3). Et finalement, il lui a accordé tout ce qu'il demandait en faveur de son peuple.

Comme nous le voyons, le jeûne exprime un profond désir d'obtenir l'aide divine. Ce n'est pas une pratique vide et dénuée de sens, mais elle est très efficace. Dieu a promis de nous répondre quand nous lui crierons: «Vous m'invoquerez, et vous partirez; vous me prierez, et je vous exaucerai. Vous me chercherez, et vous me trouverez, si vous me cherchez de tout votre cœur» (Jérémie 29:12-13).

2. Le temps du jeûne

Il est très possible que surgisse la question: combien de temps dois-je jeûner?, Ou à quelle fréquence dois-je jeûner? Dans la Bible, nous pouvons trouver une réponse appropriée. Étudions cela dans Matthieu 9:14-17.

Les divers groupes religieux du temps de Jésus jeûnaient fréquemment. Les pharisiens, par exemple, jeûnaient les lundis et mercredis. On dit qu'ils aimaient se montrer avec des visages «amaigris» en public. Il semble que son intérêt devait être perçu par le plus grand nombre de personnes car c'était l'époque où les gens allaient aux marchés (Luc 18:12).

Alors demandez: Selon Matthieu 6: 16-18, comment devrions-nous jeûner selon Jésus?

Les disciples de Jésus, contrairement aux pharisiens et aux disciples de Jean, il semble qu'ils n'aient pas été très attachés au jeûne. Cela a dérangé les disciples de Jean-Baptiste qui sont venus demander à Jésus la raison: «... Pourquoi nous et les pharisiens jeûnons plusieurs fois, et vos disciples ne jeûnent pas?» (Matthieu 9:14b). La réponse de Jésus était profonde et logique: «... Les amis de l'époux peuvent-ils s'affliger pendant que l'époux est avec eux? Mais les jours viendront où l'époux leur sera enlevé, alors ils jeûneront» (V.15). Avec cela, le Maître a dit quelque chose comme: Quelle devrait être l'attitude des personnes qui assistent à une fête de mariage? Il faisait allusion au temps merveilleux qu'ils ont vécu avec la présence du Fils de Dieu.

Les versets suivants clarifient davantage le concept de jeûne de Jésus. Ainsi, Jésus a répondu par les analogies ou comparaisons suivantes: «Personne ne met une pièce de drap neuf à un vieil habit; car elle emporterait une partie de l'habit, et la déchirure serait pire. On ne met pas non plus du vin nouveau dans de vieilles outres; autrement, les outres se rompent, le vin se répand, et les outres sont perdues; mais on met le vin nouveau dans des outres neuves, et le vin et les outres se conservent» (vv.16-17).

Si du vin nouveau est versé dans de vieux cuirs rigides, les cuirs sont éclatés avec le gaz de fermentation. Le sens de cela n'était pas que Jésus ou ses disciples aient minimisé le jeûne, mais qu'ils ne partageaient pas la voie légaliste telle qu'elle était pratiquée à son époque. Après l'ascension de Jésus, les premiers chrétiens ont pratiqué le jeûne comme un moyen important de rechercher la direction et la grâce de Dieu (Actes 13:2).

Le jeûne est d'une grande importance, et plus encore dans ces derniers temps que nous vivons. La fréquence du jeûne dépend de notre besoin de Dieu et de notre amour pour Lui.

3. La nourriture du jeûne

Tout comme notre corps a besoin d'être nourri régulièrement, notre âme aussi. Quand on part dans un jeûne pour chercher la face de Dieu, c'est précisément ce qui se passe: on se nourrit de la présence de Dieu et de sa Parole.

Demandez: Si tu avais faim depuis 40 jours et que tu avais le pouvoir de transformer des pierres en nourriture, quels aliments en ferais-tu?

Dans Matthieu 4:1-4, le passage qui parle de la tentation de Jésus enseigne cette grande vérité spirituelle:

«Après avoir jeûné quarante jours et quarante nuits, il eut faim. Le tentateur, s'étant approché, lui dit: Si tu es Fils de Dieu, ordonne que ces pierres deviennent des pains». (vv.2-3). Notez que ce fut la première tentation, et que le diable nous attaquera toujours en premier à cause des appétits et des désirs naturels.

Ainsi, Jésus a été tenté par le diable en raison de ses besoins physiques. L'ennemi voulait que Jésus accorde la priorité à la satisfaction de sa faim naturelle, mais Jésus s'est concentré sur le spirituel. Deutéronome 8:3 l'a mentionné, quand Israël a été nourri par Dieu dans le désert: «Il répondit et dit: Il est écrit: L'homme ne vivra pas seulement de pain, mais de toute parole qui sort de la bouche de Dieu» (v.4).

La culture d'aujourd'hui nous a appris à accorder plus d'importance à la satisfaction de nos besoins physiques qu'à nos besoins spirituels. La publicité commerciale nous vend toutes sortes de fast-food avec des images charmantes. Chez nous, il y a parfois un désir excessif de nourriture, et on s'habitue même à la gourmandise!

Demandez: Comment allons-nous répondre à l'appel de Dieu pour soutenir notre être spirituel? Le jeûne spirituel est une partie importante de cette nutrition divine.

La chose la plus importante dans un jeûne est la disposition spirituelle que l'on a. La réponse de Dieu au jeûne correspondra à cette motivation qui est dans nos cœurs.

Révisez/Application: Laissez-leur le temps de répondre aux questions suivantes:

1. Combien de jours Esther et son peuple ont-ils jeûné? (Trois jours.)

2. Le jeûne d'Esther était-il partiel ou absolu? (Absolu)

3. Quelle est ta nourriture pendant le jeûne? (La Parole de Dieu et la prière.)

4. As-tu déjà jeûné? Quelle a été ton expérience?

Défi: Garde un jour cette semaine pour un jeûne partiel. Cela signifie que tu dois arrêter un ou deux repas. La meilleure façon de commencer le jeûne est de ne consommer que du jus de fruits frais. Même si tu fais tes tâches quotidiennes habituelles, reste intérieurement dans la prière, adorant le Seigneur. La chose la plus importante est ton attitude spirituelle. À la fin du jeûne, mange un repas léger, composé de préférence de fruits et légumes.

Créé Pour Louer

Leçon 16
Gabriela López • Mexique

Objectif: Enseigner aux jeunes que quelle que soit la situation dans laquelle nous vivons, nous pouvons et devons louer Dieu.

Pour mémoriser: «*Je bénirai l'Éternel en tout temps; sa louange sera toujours dans ma bouche.*» Psaume 34:1

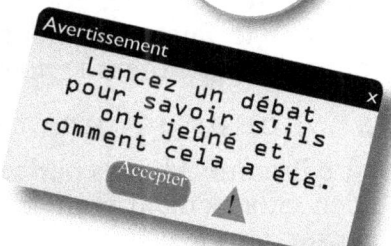

Avertissement: Lancez un débat pour savoir s'ils ont jeûné et comment cela a été.

Connecter | Télécharger

Dynamique d'introduction (12 à 17 ans).
- Matériaux: Des feuilles blanches de papier de format lettre, crayons ou stylos.
- Instructions: Donnez à chaque élève une feuille de papier et demandez-leur d'écrire leurs noms bien visibles. Ensuite, chacun devrait remettre sa feuille à celui qui est assis à sa droite, quand il a fini d'écrire ce qu'on lui a dit, il devrait le remettre à son partenaire à droite. Cela sera répété jusqu'à ce que vous ayez écrit sur toutes les feuilles et que finalement la feuille avec votre nom y revienne. L'indication pour tout le monde sera d'écrire des caractéristiques positives du propriétaire de la feuille, des éloges et des qualités. Après ce qui précède, chaque personne doit lire ce qu'elle a écrit sur sa feuille et partager avec le groupe ce qu'elle ressent.

Cette dynamique sert à réfléchir sur l'importance de partager le positif avec les gens et comment cela est reçu.

Dynamique d'introduction (18 à 23 ans).
- Instructions: Demandez-leur de s'asseoir en cercle et chaque élève prendra le temps de se tenir au centre du cercle. Une fois là-bas, les autres camarades de classe diront à la personne, qui est le centre d'attention, tous les sentiments positifs qu'ils ont envers lui. La personne devrait seulement entendre. L'impact de cette dynamique est plus fort lorsque chaque personne se tient devant la personne, la touche, la regarde dans les yeux et lui parle directement. A la fin de la dynamique, il est suggéré de favoriser l'échange de commentaires sur l'expérience.

Connecter | Télécharger

Demandez: Combien de fois par semaine ou par jour louons-nous et célébrons-nous un événement autour de nous? Certes, dans la vie quotidienne de nos vies, ça arrive rarement un tel événement. Et en tant que chrétiens, combien de fois louons-nous et célébrons-nous le nom de notre Dieu? Ils le sont probablement aussi rarement. Parfois, nous limitons cela au culte du dimanche, lorsque nous louons le nom de Dieu à travers des chansons; d'autres fois, nous faisons appel à nos situations ou états émotionnels pour le faire.

Réfléchissons au verset du Psaume 34:1 et découvrons la résonance que ces mots ont dans nos cœurs et nos actions.

Le mot louange aujourd'hui est généralement lié aux temps de chant dans nos églises. Ainsi, lorsque nous recherchons la définition de la louange, nous trouvons ce qui suit: «Toute action qui tend à glorifier, exalter et bénir le nom de la personne de Dieu, en particulier avec des hymnes et des chansons» (e-Sword Biblical Dictionary The Sword of the Lord with and electronic edge). Une telle définition que nous montre cette louange est vraiment liée à l'exaltation du nom de Dieu avec des mots et des chansons. À cet égard, demandez: Quelle chanson ou louange te vient à l'esprit qui exalte le nom de Dieu et remplit cette fonction?

Donc vraiment au moins une fois par semaine pendant environ 10 minutes ou plus, nous louons le nom de Dieu; mais est-ce suffisant? De plus, il vaut la peine de se demander, avec quelle attitude exaltons-nous le nom de Dieu? Automatiquement, du cœur, quand nous ne sommes joyeux et heureux?

Il est très important de réfléchir à l'attitude avec laquelle nous louons Dieu, mais aussi aux moments où nous le faisons. Aujourd'hui, de nombreux chrétiens dans leurs églises attendent le temps de la louange pour exalter le nom de Dieu; mais que se passe-t-il le reste des jours?

1. Louange en tout temps ...

Le Psaume 34 nous parle des merveilles que Dieu a faites dans la vie de David. Le psalmiste remercie Dieu énormément pour les merveilles qu'Il a faites à son égard. Mais quand nous nous arrêterons à penser dans le contexte dans lequel il a été écrit, nous réaliserons avec étonnement que David ne l'a pas écrit dans ses moments de gloire et de paix; mais au milieu de l'angoisse et de la persécution.

David fuyait Saul, qui voulait le tuer. Ce récit est décrit dans 1 Samuel 21. David s'est enfui à Gath, le pays des Philistins. Là, il a comparu devant le roi Achish, étant reconnu par les serviteurs du roi. Cela a provoqué une grande peur chez David, qui a fait semblant d'être fou pour ce qu'il a été chassé par le roi et il est allé se réfugier dans la grotte d'Adulam.

Lorsque David a échappé à cette situation, il a écrit le Psaume 34. Cela nous fait penser que David n'était pas vraiment dans un moment optimal de joie, de paix et de bien-être; cependant, il a loué le nom de Dieu.

De plus, cette situation mentionnée n'était pas la première fois que David louait le nom de Dieu au milieu de sa fuite; car il y a huit psaumes dont les titres font référence à la persécution de David par Saul (Psaumes 7, 34, 52, 54, 56, 57, 59 et 142).

Demandez: Est-il possible de louer le nom de Dieu au milieu d'une situation difficile comme celle que David a traversée? Si nous pensons aux occasions où nous avons fait l'éloge de quelqu'un, cela est sûrement dû à un sentiment de profond bonheur et de gratitude. Donc, probablement, notre louange à Dieu commence par la reconnaissance de Dieu dans nos vies. Mais le psalmiste David nous enseigne dans ce Psaume que non seulement lorsque nous recevons quelque chose de spécial et agréable de Dieu, nous devons le louer; mais au milieu de la douleur ou du chagrin, il faut louer et bénir le nom de notre Dieu.

2. La louange naît de la reconnaissance de qui est Dieu

Demandez: Qui est Dieu? Quelle est la ou les réponses les plus courantes? Les jeunes et les adolescents répondront probablement qu'il est une divinité, notre père, notre ami, notre pasteur, le Tout-Puissant, etc.

En essayant de définir qui est Dieu, nous trouvons ce qui suit: «La doctrine biblique commence par la compréhension que Dieu est le Créateur. Les premières pages décrivent Dieu comme l'initiateur et la source de toutes choses. Son activité créatrice n'admet pas beaucoup d'autres approches de la définition de base. Partout, les Écritures supposent que Dieu est une personne qui connaît, ressent et agit.» (Beacon Theological Dictionary, MNP, USA: 1995). Il est important de souligner que Dieu est l'initiateur et la source de tout, et qu'il interagit également avec l'humanité. En étant créés à l'image de Dieu avec Lui, nous partageons des attributs tels que ressentir, penser et savoir. Par conséquent, on peut conclure que la reconnaissance que chaque personne de Dieu aura, ce sera de la communion qu'il établit avec lui. Sa puissance, sa majesté, son amour, sa subsistance et sa miséricorde sont indéniables; seulement cette humanité (même en de nombreuses occasions, les chrétiens eux-mêmes) d'une manière absurde nous manque d'admirer et de ressentir tout ce que Dieu est.

Ainsi, lorsque nous rencontrons Dieu face à face, tout ce que nous avons à faire est d'exalter son nom et de reconnaître tout ce qu'il est.

3. La louange naît de la volonté

D'autre part, nous avons souligné que Dieu continue d'être Dieu bien que l'humanité entière ne le reconnaisse pas. Dans sa miséricorde infinie, Dieu n'a cessé de tendre la main (tout au long de l'histoire à l'humanité), pour offrir son grand amour, son pardon et son salut; et dernièrement, il l'a fait par l'intermédiaire de son Fils Jésus-Christ.

Bien que le processus de salut et de rédemption soit né en Dieu, et qu'Il travaille dans la personne par le Saint-Esprit avant la conversion, à un certain point, la personne décide de croire en la Parole, de se repentir et d'accepter le don du pardon de Dieu.

Par la suite, la vie du chrétien est une décision continuelle de rester ferme et de rechercher continuellement la volonté, la joie et la réflexion de Dieu dans sa vie.

Cette joie que le monde ne peut pas nous retirer (car elle vient de Dieu) peut nous conduire à ressembler à David et à pouvoir dire de la même manière: «Je bénirai l'Éternel en tout temps; et ses louanges seront toujours dans ma bouche», quelles que soient les circonstances que nous traversons.

Les difficultés seront toujours présentes tant que nous vivons dans ce monde (où une bataille avec le mal et le péché est constamment menée). Mais continuons la course, en nous dépouillant du péché et en courant patiemment, en gardant toujours nos yeux sur Jésus (Hébreux 12: 1-3), et en voyant ce que Jésus-Christ a fait pour nous, nous avons une raison volontaire de le louer.

4. La louange touche les autres

En grandissant, il croyait que le christianisme était réservé aux personnages bibliques ou aux frères aînés.

Lorsque j'ai accepté le Christ dans mon adolescence et cherché à grandir dans ma relation avec Dieu (motivée par le Saint-Esprit), cette pensée s'est diluée. Personne ne m'avait dit que la communion avec Dieu avait brouillé mes problèmes, mes peurs, ma douleur et ma souffrance. Cela ne voulait pas dire que j'étais dans un état de déni ou que les problèmes avaient été effacés, mais que Dieu m'avait soutenu.

Ces témoignages abondent chez les chrétiens, et lorsque nous les entendons, ils nous touchent et lorsque nous les partageons avec des incroyants, nous verrons probablement des visages confus, mais notre joie sera indéniable.

Le roi David a déclaré: «Dans le Seigneur, mon âme se glorifiera; les doux l'entendront et se réjouiront» Psaume 34:2). Cela se produit dans le corps du Christ: nous nous réjouissons et nous nous égayons avec les frères dans la foi qui glorifient le nom de Dieu et rendent grâce au nom de Jésus. Dans la louange de la communauté, il y a une reconnaissance de Dieu pour ce qu'il a fait, est entrain de faire et fera et nous permet de témoigner du Dieu merveilleux que nous avons. Peut-être que nous avons traversé ou traversons des moments difficiles où il y a du découragement, de la douleur ou de la tristesse; Mais nous devons nous rappeler que Dieu continue d'être Dieu, continue à travailler dans nos vies, nous donnant son amour, son appui et Il est là pour nous. Continuons donc à louer son nom.

Révisez/Application: Prévoyez du temps pour un acrostiche avec le mot louange.

    Je **L**oue Dieu

  Pour m**O**i, Dieu et son œuvre

Appeler les a**U**tres à voir

  Je me sens **A**imé

      INcomparable

    Grand Espoir

  M**E**rveilleux

Défi: Comme nous l'avons appris dans la classe d'aujourd'hui, il est important de louer Dieu en tout temps. Choisis une chanson et chante-la tous les jours, et pratique la louange pendant le temps de prière. Pour dimanche prochain, partage avec le groupe ce que cela fait de louer Dieu en privé.

La Vraie Adoration

Leçon 17
Hilda Navarro • Mexique

Objectif: Permettre au jeune de comprendre ce qu'est la vraie adoration à Dieu.

Pour mémoriser: «*Mais l'heure vient, et elle est déjà venue, où les vrais adorateurs adoreront le Père en esprit et en vérité; car ce sont là les adorateurs que le Père demande. Dieu est Esprit, et il faut que ceux qui l'adorent, l'adorent en esprit et en vérité.*» Jean 4:23

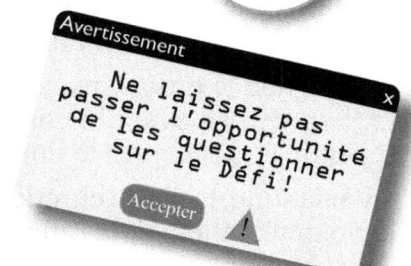

Avertissement: Ne laissez pas passer l'opportunité de les questionner sur le Défi! Accepter

Connecter | Télécharger

Dynamique d'introduction (12 à 17 ans).
- Matériaux: Des feuilles de papier et crayons.
- Instructions: Lisez en groupe (ou si vous préférez, individuellement) le passage de l'étude dans Jean 4: 1-24. Distribuez ensuite les feuilles de papier et les crayons et demandez à vos élèves de dessiner un aspect de l'histoire qui a retenu leur attention. Encouragez ensuite un volontaire à expliquer la signification de son dessin.

  Le dessin aide les élèves à créer des images mentales de ce qu'ils lisent et ouvre la voie à ce qui sera vu en classe.

Dynamique d'introduction (18 à 23 ans).
- Matériaux: Des feuilles de papier et crayons.
- Instructions: Lisez le passage d'étude dans Jean 4:1-24 en groupe. Distribuez ensuite des feuilles de papier et des crayons et demandez-leur de répondre aux questions guidées suivantes:
  1. Où cette rencontre a-t-elle eu lieu?
  2. Quels sont ceux qui ont participé à ce passage biblique?
  3. Quand cette réunion a-t-elle eu lieu?
  4. Quel était le thème central de l'entretien entre la femme et Jésus?

  Ces questions aideront les élèves à avoir une vue globale sur le sujet avant d'y entrer complètement.

Connecter | Télécharger

Si quelqu'un a grandi en étant chrétien et en allant à l'église, il a sûrement souvent entendu le terme adoration. Si quelqu'un manque de temps à l'église, il peut avoir entendu parler de l'adoration au moment de chanter dans le temple. Ou peut-être qu'il associe l' «adoration» à une activité artistique ou le sport. Aujourd'hui, nous verrons que l'adoration de Dieu comprend une dimension spirituelle et un élément de vérité.

1. La scène

La leçon d'aujourd'hui nous amène à l'évangile de Jean 4:1-24. Là, nous lisons que Jésus est allé de Judée en Galilée, mais pas avant de traverser la Samarie. Mais, en réalité, le Seigneur aurait pu parcourir le long chemin, à travers la partie orientale du Jourdain; cependant, il a décidé de prendre l'itinéraire le plus fréquenté, même si cela signifiait traverser le territoire des Samaritains indésirables (Jean 4: 9a).

Sa rencontre avec une femme au près du puits de Jacob a bien préparé le terrain pour une conversation avec des déclarations impressionnantes de Jésus. Premièrement, Lui, un Juif, a parlé à une femme et, pire encore, à une Samaritaine. Mais non seulement il lui a parlé, mais lui a demandé de lui donner à boire. En raison de l'animosité historique entre Juifs et Samaritains, la femme a été surprise par la demande de Jésus (Jean 4:9b).

Puis Jésus a commencé à parler d'eau en termes métaphoriques (Jean 4:13-14), tandis que la femme parlait d'eau en termes littéraux. Quand elle a vu la commodité de boire de l'eau que Jésus lui avait proposée, il n'avait plus soif, elle lui a demandé un peu. Peut-être qu'il l'a fait parce qu'elle ne voulait plus aller au puits pour en sortir (v.15);

Surtout parce que, selon la narration, elle est partie seule, ce qui n'était pas coutumier à l'époque et qui fait penser que sa société l'a marginalisée.

Lorsque Jésus a mentionné la question de leurs maris à la femme (vv. 16-18), elle lui a dit qu'il était un prophète, puis elle-même, par perspicacité ou en changeant de sujet, a soulevé la question de l'adoration (v.20). Pour les Juifs et les Samaritains, l'adoration concernait un lieu physique: le temple de Jérusalem et celui du mont Gerizim, respectivement. Demandez: Pour vous, où et / ou comment devriez-vous adorer?

2. Le cœur du sujet

Et c'est là que le sujet est devenu intéressant. Jésus a fait une déclaration catégorique: «Maintenant, vous adorez ce que vous ne connaissez pas» (v.22a NVI). La traduction de Dieu parle aujourd'hui dit: «Vous ne connaissez pas qui vous adorez». En fait, le problème avec les Samaritains, ou avec nous aujourd'hui, c'est que nous croyons que l'adoration a à voir avec un lieu, ou avec un type de musique, ou avec des gestes, ou avec des vêtements; mais en réalité, cela a à voir avec la connaissance de l'être que nous adorons. Et les Samaritains ne le connaissaient pas.

Les modes musicales dans l'église contemporaine ont conduit de nombreux jeunes à considérer l'adoration comme un rituel à pratiquer avec des rythmes, des instruments et des mouvements spécifiques. Ainsi, il y a des chants appelés «adoration» qui obéissent à certaines métriques, et s'ils les dépassent, ce ne sont plus des chants d' «adoration». D'une certaine manière, nous sommes entrés dans la fausse croyance des Samaritains et des Juifs concernant le culte. Pour eux, cela devait avoir lieu en un seul endroit, et cet endroit devint le centre du culte. Ils ont oublié qui était l'essence même de ce qu'ils adoraient. C'est pourquoi Jésus était si catégorique avec la Samaritaine, car ils n'avaient aucune idée de qu'ils adoraient.

Les Samaritains n'ont accepté que le Pentateuque, tandis que les Juifs avaient ce que nous savons être l'Ancien Testament complet. Dans cette partie de la Bible, la révélation de Dieu d'un salut promis se manifeste dans la figure du Messie. Et ce Messie, Jésus, nous a révélé qui était le Père. Le Père est notre raison d'adorer. Il ne peut pas être confiné dans un espace physique tel qu'un temple ou une montagne ou limité à un rythme ou à une tenue vestimentaire.

Le Père est Esprit. Le verset 23 parle de l'adoration du Père en «esprit et en vérité» (ou comme le dit la traduction de DPA: «d'une manière réelle»). Ainsi, Jésus n'a pas défini l'adoration en termes physiques, mais en termes spirituels. Le vrai culte allait au-delà de tout ce qui était connu; et ce n'était pas une question de race ou de lieu.

«Dieu est Esprit, et ce que vous adorez doit être fait en esprit et en vérité» (v.24 ESV) En d'autres termes, l'adoration que Dieu exige est une adoration qui implique un abandon total.

D'accord avec Daniel Steel, en esprit «implique que nous abandonnions notre volonté à Dieu, nos pensées et nos plans qu'il a pour nous ...» (Commentaire Biblique Beacon. Volume 7. MNP, USA: 1985, p.76). Vraiment (ou d'une manière vraie), il se réfère à «que nous n'adorons pas une 'image' de Dieu, fabriquée selon nos idées ... Seul le Christ nous a présenté le réel ou 'vrai' Dieu» (Commentaire Biblique Beacon. Volume 7. CNP, USA: 1985, p.76).

3. La vraie adoration qui révèle

La vraie adoration nous révèle qui est Dieu et ce qu'il attend de nous. Dans le préambule du discours sur l'adoration, Jésus a révélé à la Samaritaine qu'il était le Messie. La femme savait que le Messie leur révélerait ou leur expliquerait tout. À cette occasion, elle lui a révélé que la véritable adoration était centrée sur le Père et que cela n'avait rien à voir avec les aspects matériels qui lui avaient été enseignés.

Lorsque nous adorons le Père véritablement, en esprit et en vérité, «nous partageons quelque chose de la nature de la personne adorée» (21e siècle, Nouveau Testament, Bible Testary. Hispanic World, USA: 2003, p.310). Ainsi, nous sommes des êtres spirituels et notre esprit entre en communication avec le Père, qui est Esprit. Et dans cette communication, Dieu, notre Père, se révèle et nous révèle sa volonté.

Le verbe que Jésus utilisait pour «adorer» est proskynein, qui signifie littéralement «prosternation physique». Le théologien australien Francis J. Moloney dit que l'utilisation de ce terme est «la seule manière appropriée d'adorer Dieu. La référence inconditionnelle et absolue de sa vie à Dieu est le seul acte de culte acceptable» (L'Évangile selon Jean. La Parole, Pamplona: 2005, p.153).

L'adorer implique vraiment de nous dépouiller des idées préconçues. Le vrai culte n'est pas non plus de nous, c'est de Dieu. C'est s'abandonner à Lui, se déposer à Lui, Il est le centre et la raison de toute adoration.

Révisez/Application: Les réponses peuvent suivre cette ligne de pensée:

1. Pourquoi la Samaritaine a-t-elle demandé è Jésus, comment lui est venue l'idée de demander de l'eau? (Parce qu'elle à la samaritaine et qu'il était juif; et les Juifs et les Samaritains n'ont rien utilisé en commun, ils ne se sont pas rapportés.)

2. Selon la femme, où les Juifs ont-ils dit qu'elle devrait aller pour adorer? (A Jérusalem.)

3. D'après le verset 22, qu'adoraient les Samaritains et qu'adoraient les Juifs? (Les Samaritains ce qu'ils ne connaissaient pas, les Juifs ce qu'ils connaissaient.)

4. Comment les vrais adorateurs adoreront-ils le Père? (En esprit et en vérité.)

5. Que signifient ces mots pour vous aujourd'hui? _____

Défi:
Pendant la semaine, pense à certaines façons dont tu as adoré Dieu, que ce soit collectivement ou seul à l'église. Que changerais-tu de ce culte sachant que ceux qui adorent le Père «doivent le faire en esprit et en vérité»?

Adorer En Famille

Leçon 18
Yeri Nieto • Mexique

Objectif: Que les jeunes comprennent que l'amour de Dieu se vit et se reflète, tout d'abord, dans les familles; et que le désir du Seigneur est que chaque famille l'adore.

Pour mémoriser: *«Toutes les extrémités de la terre penseront à l'Éternel et se tourneront vers lui; Toutes les familles des nations se prosterneront devant ta face.» Psaume 22:28*

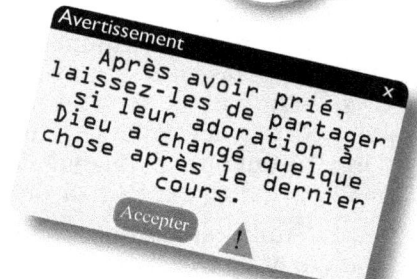

Avertissement: Après avoir prié, laissez-les de partager si leur adoration à Dieu a changé quelque chose après le dernier cours. Accepter

Connecter

Dynamique d'introduction (12 à 17 ans).
- Matériaux: Des crayons de couleur et feuilles de papier blanc.
- Instructions: Distribuez aux élèves des feuilles et des crayons de couleur pour dessiner une famille en fonction de ce qu'ils considèrent être une famille.

  L'idée est qu'à la fin, ils discutent sur les différents concepts qui existent de la famille et cela introduit la leçon.

Dynamique d'introduction (18 à 23 ans).
- Matériaux: Du tableau noir et des marqueurs (marqueurs ou craies)
- Instructions: Demandez à tous les participants de penser à une famille idéale. Demandez-leur ensuite de s'avancer et d'écrire en un mot, au tableau, le concept le plus important qui distingue cette famille idéale (amour, respect, éducation, enfants, etc.).

  À la fin, rappelez-leur que les questions les plus importantes d'une famille, quelle qu'elle soit, sont les valeurs qui la soutiennent.

Télécharger

Il n'existe aucune famille unique et absolue. Il y a des familles. Ainsi, au pluriel. Même dans les 66 livres de la Bible, nous ne trouvons pas de modèle familial unique, mais nous présentons une variété de réalités familiales. Voyons quelques exemples ci-dessous: 1] La famille de Jésus était composée d'un père qui serait bientôt absent en raison de la mort--, une mère, un fils aîné (Jésus) qui a quitté la maison et des frères et sœurs plus jeunes qui ont remis en question le travail de l'aîné; 2] La famille de Jacob était composée d'un mari (Jacob), de deux femmes (qui étaient sœurs), de deux concubines et de treize enfants; 3] La famille de «La parabole du fils prodigue» était composée d'un père et de deux enfants; 4] Une autre famille était composée de trois frères célibataires (Marthe, Lazare et Marie); parmi tant d'autres.

Mais dans Genèse 2:24, nous lisons que Dieu a ordonné à l'homme de quitter son père et sa mère (en mentionnant la famille de base) pour former une nouvelle famille avec sa femme. Dans Éphésiens 5 et 6, Paul a donné un modèle de base de la famille: mari, femme, enfants.

Pense à ta famille. Ce n'est probablement pas celle que tu veux, ou peut-être qu'elle traverse une crise: elle a besoin d'un membre, elle est devenue une famille fragmentée, ou peut-être même aujourd'hui elle peut être considérée comme une famille dysfonctionnelle ... Mais quoi qu'il en soit, c'est ta famille et dans la Parole de Dieu, nous trouvons des conseils judicieux que tu peux mettre en pratique aujourd'hui pour améliorer la vie de ta famille.

1. La vie chrétienne

John Wesley, l'une des personnes les plus remarquables dans la tradition de la sainteté dans l'histoire de l'église chrétienne, a déclaré que l'adoration «ne concerne pas un temps de dévotion, un temps d'adoration, mais une vie de dévotion, une vie entière de culte». Et c'est exactement ainsi que fonctionne le christianisme: ce n'est pas un moment et un lieu précis où nous agissons en tant que chrétiens (le temple, le culte public des week-end), mais de toute la vie, la vie quotidienne. C'est

dans la vraie vie où nous devons être chrétiens; c'est dans des endroits où il n'y a pas de foi que nous devons être des gens de foi; C'est dans des endroits en dehors du temple et du culte communautaire où nous devons vivre tout ce que nous apprenons en eux. Sinon, nous affirmerions seulement que la religion chrétienne est simplement cela: une religion de plus, puis les convictions les plus profondes qui soutiennent nos croyances et tout notre travail n'auraient aucun sens.

Il faut vivre des convictions chrétiennes, ce que nous avons appelé les valeurs du royaume de Dieu (amour, justice, pardon, miséricorde, paix et joie, entre autres) non seulement dans le bâtiment où nous nous réunissons dimanche après dimanche pour célébrer Jésus-Christ, mais vraiment les vivre à toutes les heures de la journée, dans toutes les semaines du mois, chaque année. Et la façon la plus concrète de vivre ces convictions chrétiennes est à la maison. Oui, où chaque jour nous partageons la vie avec la famille. Oui, avec tous les membres qui le composent.

Parce que si ce que nous chantons publiquement et ce que nous lisons le dimanche dans les Écritures du temple est vrai, eh bien, nous pouvons le mettre en pratique. Jean, l'ancien le dit d'une autre manière: «Si quelqu'un dit: j'aime Dieu, et il déteste son frère, c'est un menteur» (1 Jean 4:20).

2. Qui est mon prochain?

Pendant le temps que Jésus était physiquement parmi nous, il a enseigné que nous devons faire du bien à notre prochain. À cet égard, dans Luc 10:25-37, un interprète de la loi a interrogé Jésus et a insisté pour lui demander ce qui suit: «Qui est mon prochain?»

Cette question est toujours valable, car le sens originel de ce mot a à voir avec «le plus proche», celui qui m'est proche. Et les personnes les plus proches de nous, les plus proches de nous sont celles qui vivent et habitent avec nous au quotidien: Notre famille.

Nous sommes contents d'aller au temple! Nous aimons aller à l'école ou dans l'entreprise où nous travaillons! Nous sommes éblouis par les frères, voisins, collègues et amis avec qui nous passons beaucoup de temps! Mais ... qu'en est-il de notre famille? Et notre voisin, chacune des personnes les plus proches de nous?

Ne commettons pas l'erreur d'aimer quelqu'un qui est loin de nous, mais ne pas aimer ceux qui sont les plus proches de nous. Nous serions des menteurs! Des personnes indécentes comme ce petit ami qui a appelé le téléphone portable de sa petite amie et a dit: «Je t'aime. Pour toi je suis capable de tout faire! Et je te promets que je ferai toujours l'impossible pour être avec toi»; Puis, avec enthousiasme, elle lui a demandé: «Veux-tu venir me voir aujourd'hui, mon amour?» ... Et il a conclu en disant: «S'il ne pleut pas, oui!».

3. Les actions les plus simples et les plus difficiles

La plupart d'entre nous en souffrons: nous aimons les autres, mais nous méprisons ceux qui sont chez nous. Cette situation a également été subie par Jésus lui-même (Jean 7:1-5). Et c'est logique, parce que nous connaissons bien ceux qui vivent avec nous, et nous savons qu'ils ne sont pas parfaits. C'est précisément pour cette raison que nous pouvons aujourd'hui décider de les aimer comme nous-mêmes (Luc 10:27).

Ici, nous avons mis quelques idées pour être des adorateurs au milieu de notre famille. Même si au début il est très difficile de les réaliser, on pourra voir le résultat au fil du temps.

- Au moins un jour par semaine, nous pouvons prier les uns pour les autres. Et si à la maison seulement toi, tu es chrétien, avec beaucoup plus de raisons, tu dois intercéder dans la prière pour eux.

- Engageons-nous à ne nous insulter d'aucune façon à la maison: pas avec des coups, des mots ou des gestes offensants.

- Une fois par semaine, nous pouvons ouvrir la Bible et lire certains passages de force spirituelle tels que certains des psaumes qui ont béni des milliers de personnes dans la foi chrétienne: Psaume 1, 5, 23, 27, 34, 91, etc.

- Lorsque nous voyageons ensemble, prenons le temps avant de partir ou de revenir pour faire une prière en famille.

- Prie pour que le Seigneur nous protège, nous conduise et nous guérisse.

- Gardons la musique qui honore le Christ pendant les travaux ménagers.

4. L'adoration familiale

Si tu as une famille chrétienne, tu as un énorme avantage à rencontrer ce dernier point de la classe: l'adoration familiale.

Adorer Dieu ne se réduit pas à chanter des hymnes ou à chanter les derniers chœurs à la mode; L'adoration de Dieu ne se limite pas à la fréquentation religieuse d'un temple ou à de nombreuses réunions avec les frères de la congrégation. Adorer Dieu est quelque chose de beaucoup plus profond qui va toujours au-delà du religieux.

Dieu, dans Genèse 8:15-22, a dit à Noé de prendre toute sa famille (parce que le déluge était déjà terminé) et de sortir de l'arche. En tant qu'action de grâces, Noé a construit un autel au Seigneur en prenant des animaux purs et en faisant avec eux une offrande brûlée qui plaisait à Dieu.

Aujourd'hui, nous pourrions faire de même; Cependant, Dieu ne veut pas des holocaustes puisque le sacrifice parfait a déjà été accompli. Aujourd'hui, Dieu veut que nous soyons le sacrifice, dans notre propre chair (Romains 12:1-2); c'est-à-dire que nous sommes l'adoration vivante qui est brûlée sur son autel ... Et ce serait merveilleux si on ne le faisait pas seul; mais comme Noé, qui a pris toute sa famille et construit un autel à Dieu.

Certes, Dieu aimera nos vies, et il acceptera ce que nous faisons et, pourquoi pas?, Il peut même nous faire une promesse spéciale.

Révisez/Application: Laissez-leur le temps d'écrire ce qui leur sera demandé, puis partagez-en une partie avec le groupe afin qu'ils puissent intercéder pour cela. Finalement, encouragez-les à s'engager à adorer dans leur famille.

Écris les noms de ceux qui composent ta famille, ses rôles et les besoins qu'ils ont en ce moment.

	Nom:	**Rôle:**	**Besoin:**
Exemple:	Jean Pierre	Papa	Conversion
	_____	_____	_____
	_____	_____	_____
	_____	_____	_____

Pour finir, prenez l'engagement pour que vous soyez les seuls à initier l'adoration dans votre famille. Pour continuer, présentez-les un modèle de cet engagement.

«Moi, _____ Je m'engage devant Dieu à être le premier à adorer Dieu chez moi, en étant un exemple dans tout ce que je fais et dis».

Défi: Cette semaine, essaie de vivre toutes tes convictions religieuses à la maison. N'oublie pas certains des conseils:

- Au moins un jour par semaine, nous pouvons prier les uns pour les autres.

- Engageons-nous à ne nous insulter d'aucune façon à la maison: pas avec des coups, des mots ou des gestes offensants.

- Une fois par semaine, nous pouvons ouvrir la Bible et lire quelques passages de force spirituelle.

- Lorsque nous voyageons ensemble, prenons le temps avant de partir ou de revenir pour faire une prière en famille.

- Gardons la musique qui honore le Christ pendant les travaux ménagers.

«Nous Servons Tous»

Leçon 19
Litzy Heavy • Espagne

Objectif: Que le jeune comprenne que l'église fonctionne comme un corps et qu'en tant que tel, chaque partie ou membre de celle-ci a une fonction.

Pour mémoriser: «*Ainsi, nous qui sommes plusieurs, nous formons un seul corps en Christ, et nous sommes tous membres les uns des autres*» Romains 12:5

Avertissement: Interrogez au sujet de l'exercice de vivre ses convictions dans la semaine. Accepter

Connecter | Télécharger

Dynamique d'introduction (12 à 17 ans).
- Matériaux: Un grand morceau de papier ou un tableau noir, un marqueur ou un crayon, des feuilles de papier et du ruban adhésif à coller.
- Instructions: Dessinez au tableau la silhouette du corps humain. Découpez la feuille de papier en petits morceaux et, sur chacun, écrivez les fonctions spirituelles et les dons, en particulier ceux qui sont clairement exécutés dans votre église (huissiers, pasteurs, enseignants, compassion, prière, etc.). Mettez-les tous dans le même panier. Demandez aux élèves de prendre chacun un morceau de papier et de le placer sur la partie du corps, où ils pensent que cela correspond, selon leur rôle, et d'expliquer brièvement pourquoi ils l'ont mis là. Par exemple, le don de prière pourrait être placé sur les genoux, car une personne qui prie passe beaucoup de temps sur ses genoux, ou le don de compassion pourrait être placé sur le cœur, etc.

Dynamique d'introduction (18 à 23 ans).
- Matériaux: Des feuilles de papier et crayon ou stylo.
- Instructions: Coupez la feuille de papier en morceaux et écrivez sur chacun le nom de tous les participants. Mettez tous les noms dans un panier et demandez aux élèves d'en prendre un. Si le nom que vous avez est le vôtre, changez-le jusqu'à ce que vous ayez un nom autre que le vôtre.

Quand tout le monde a un nom, encouragez-les à écrire un cadeau pour ce jeune homme et à expliquer comment cette personne, avec son don, peut ou contribue à l'unité et à l'harmonie de l'église ou de la classe. Par exemple: «Le don de Manuel est le service, il est toujours prêt à aider «ou «Ana est une personne qui lit beaucoup la Bible, motivez le groupe à chercher plus de Dieu». À la fin du tour, chacun aura entendu quelque chose de positif d'eux-mêmes.

Connecter | Télécharger

La ville de Corinthe était un lieu d'immoralité inhabituelle «avec tout ce qui pouvait servir les plaisirs des sens ... c'était l'une des villes les plus lubriques, efféminées, ostentatoires et dissolues du monde» (Commentaire Biblique Beacon. Volume 8. CNP, USA: s / f, p.321). L'église de Corinthe ne pouvait pas échapper à toute influence pécheresse qui l'entourait. Pour cette raison, Paul dans sa lettre aux Corinthiens leur a rappelé qu'ils étaient «appelés à être saints» (1 Corinthiens 1: 2).

Parmi tous les problèmes auxquels l'église de Corinthe a confrontée, elle a échoué à valoriser les divers dons du Saint-Esprit et à considérer certaines manifestations comme supérieures aux autres. Cela leur avait fait perdre leur sens de l'unité et du service, dépréciant d'autres ministères du Saint-Esprit qu'ils considéraient comme moins importants.

1. Un en Christ

Chaque chrétien est membre du corps de Christ. Nous sommes tous différents, nous vivons dans différentes parties du monde et nous avons des fonctions différentes, mais malgré toute cette diversité, en Christ il y a unité (1 Corinthiens 12:12-13). Pour Paul, il était crucial que les Corinthiens comprennent cela, c'est pourquoi il a répété les mots

«Un» ou «un», cinq fois dans deux versets seulement. Il a précisé que l'accent était mis sur l'unité.

Au verset 13, Paul explique les dénominateurs communs qui font de nous un dans l'église; a savoir, deux expériences partagées par tous les croyants:

a. Nous avons tous été baptisés par le même Esprit (12:13a).

Chaque croyant partage cette merveilleuse expérience. Cela élimine toutes les différences qui peuvent exister entre les chrétiens, telles que raciales, culturelles, positionnelles, etc. Juifs et Grecs, esclaves aussi libres, hommes que femmes, riches comme pauvres, nous partageons tous l'expérience qui fait de nous un seul corps, une seule église.

b. Nous partageons tous la communion du même Esprit (12:13b).

Les chrétiens sont unis parce que nous partageons la communion du même Esprit qui habite en chacun de nous. Dans cette communion, nous partageons la vie éternelle, la provision et la mission du Christ (Jean 6:53-58), rompant ainsi avec toutes les barrières qui peuvent nous diviser.

2. Importance de la diversité

«De plus, le corps n'est pas un seul membre, mais plusieurs» (1 Corinthiens 12:14). Cette analogie entre le corps humain et le corps du Christ nous enseignent que le corps est une unité dans la diversité. Paul, (vv.14-26) il a essayé de faire comprendre ce message (même de manière un peu drôle), que chaque membre du corps a un rôle et que tous sont importants et nécessaires pour le bon fonctionnement de celui-ci. Incarnant les différentes parties du corps, il a véhiculé l'idée que chaque partie, si différente soit-elle, est importante.

Indirectement, Paul présente deux problèmes ou tendances dans l'église qui nous empêchent de jouir et valoriser l'unité dans la diversité, et ce sont les complexes d'infériorité et de supériorité.

Ne sous-estimons pas notre importance dans le corps du Christ (apitoiement sur soi): autant nous pensons que nous sommes inférieurs aux autres, en ce qui concerne les dons, cela ne signifie pas que nous ne sommes pas une partie fondamentale et importante du corps (vv.15-16). En prenant les exemples de Paul, il peut être normal que le pied se sente inférieur et sans importance par rapport à la main. La main joue des instruments, accueille les visiteurs, participe même à l'adoration lorsque nous levons la main. Même ainsi, sans le pied, nous ne pourrions pas aller évangéliser, participer à des courses, transporter des charges, garder le reste du corps en bonne forme physique. Dieu attend de nous que nous fassions notre part avec ce qu'Il nous a donné. Souvenons-nous que chaque partie du corps est importante.

Ne surévaluons pas notre importance dans le corps du Christ (orgueil): Paul nous parle de l'autre extrême, quand un membre a un concept de soi plus élevé qu'il ne devrait avoir (v.21). Paul se rapproche de plus en plus des problèmes entre les Corinthiens. Il fallait que le message soit clair: nous sommes tous importants et personne n'est essentiel. Paul rejette la mauvaise façon de penser des Corinthiens, qui valorisaient et honoraient davantage certains dons, les considérant comme supérieurs par rapport aux «moins importants». Ils ont choisi les cadeaux ou ministères les plus attractifs pour des raisons égoïstes, lorsque le but des cadeaux est de contribuer à la croissance du corps. Si nous nous croyons spirituellement supérieurs ou indispensables à cause des dons que nous faisons, nous quittons peut-être la volonté de Dieu. Nous devons y penser mieux et demander pardon à Dieu immédiatement, avant qu'il ne soit trop tard.

Prenons toujours soin et recherchons l'unité et nous apprécierons la diversité dans notre église.

3. Différents dons, mais le même corps

Paul présente une liste des dons et des offices de l'église (1 Corinthiens 12:27-31). Mais avant, il souligne à nouveau que tous sont le corps de Christ, bien que chacun soit un membre particulier. Et avant de commencer la liste, il fait une autre clarification, le «... Dieu a mis dans l'église...». Les membres ne choisissent pas leur fonctions ni leurs dons. Dieu est celui qui met les gens à faire certaines choses dans l'église.

Paul divise la liste en deux. D'une part, les apôtres, les prophètes et les enseignants, et d'autre part, les miracles, ceux qui guérissent, aident, ceux qui administrent et le don des langues. Bien qu'il fasse une distinction claire, cela ne signifie pas qu'il fait une distinction de dons, ni que la liste est organisée par ordre d'importance. Aucun don ou fonction doit être rabaissée ou exaltée au-dessus des autres, tout est nécessaire. Pour cette raison, il fait ensuite une liste de questions rhétoriques, dont les réponses évidentes sont négatives: tout le monde n'est pas apôtre, et tout le monde n'a pas de dons de guérison (vv. 29-30). Chacun est précieux et nous devons les accepter, les honorer et les célébrer de la même manière.

Tous les membres du corps du Christ ont des talents, des capacités et des dons spirituels uniques. Cette variété de dons enrichit l'église. Chaque partie est vitale et nécessaire au bon fonctionnement de l'ensemble du corps. Nous sommes tous appelés à faire notre part, à contribuer nos dons et talents à la croissance du corps. Cela signifie que nous devons tous découvrir nos dons spirituels et servir de la meilleure façon possible.

Révisez/Application: Divisez-les en groupes pour qu'ils écrivent les définitions des dons suivants et une ou deux fonctions pratiques pour l'église. (Liste tirée de 1 Corinthiens 12:28 et Romains 12:6-8). Réfléchissez ensuite à votre don au sein de l'église.

1. Administration: (Capacité d'organiser et diriger les activités, secrétaire, trésoriers.)

2. Exhortation: (Capacité de motiver les gens à vivre une vraie vie chrétienne, conseiller.)

3. Distribuer ou donner: (Capacité de fournir un support matériel pour le travail par le biais d'offres.)

4. Présider ou diriger: (Capacité de diriger un groupe avec vision et préoccupation, chef de cellule, pasteur, enseignant.)

5. Miséricorde: (Avoir de la compassion pour les besoins des autres, des ministères compatissants, donner de la nourriture aux affamés, etc.)

6. Prophétie ou prédication: (Capacité de proclamer et d'appliquer la parole de Dieu, pasteur.)

7. Service: (Capacité d'aider les autres de manière pratique, membre d'accueil.)

8. Enseignement: (Capacité de communiquer clairement aux autres les vérités bibliques, les enseignants et les chefs de cellule.)

9. Guérison: (Prier pour la guérison, visiter et prier pour les malades.)

Défi: L'église est comme un grand puzzle. Il n'y a pas deux pièces identiques, le cas échéant, nous ne serions pas en mesure de voir l'image finie et cela signifierait qu'une pièce est restée et qu'une autre est manquante. Dans le corps de Christ, la même chose se produit, il n'y a pas deux membres identiques, par conséquent, ton don est nécessaire. Connais-tu déjà tes dons? Sers-tu dans ton église, communauté, quartier? Mets tes dons au service de Dieu!

Comment Servir?

Leçon 20
Leticia Cano • Guatemala

Objectif: Que le jeune comprenne que les talents et les atouts qu'il possède ont été donnés par Dieu pour le servir.

Pour mémoriser: *«Car on donnera à celui qui a, et il sera dans l'abondance, mais à celui qui n'a pas on ôtera même ce qu'il a.»* Matthieu 25:29

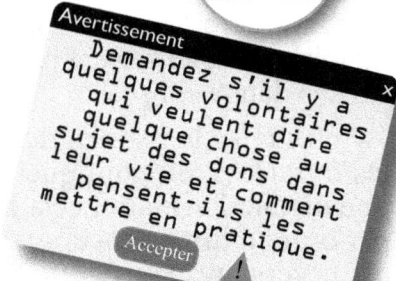

Avertissement: Demandez s'il y a quelques volontaires qui veulent dire quelque chose au sujet des dons dans leur vie et comment pensent-ils les mettre en pratique. Accepter

Connecter | Télécharger

Dynamique d'introduction (12 à 17 ans).
- Matériaux: Des morceaux de papier de 5 x 7 cm et des crayons.
- Instructions: Chaque élève écrira sur la feuille de papier une liste de ses compétences, telles que parler en public, écrire, chanter, peindre, etc. Demandez-leur ensuite de lire et de socialiser comment utiliser ces compétences pour servir dans l'église.

Dynamique d'introduction (18 à 23 ans).
- Matériaux: Des feuilles de journaux de la section des travaux et des feuilles de papier vierge et des crayons.
- Instructions: Apportez les feuilles de journal de la section des emplois en classe et demandez aux élèves de lire à haute voix les profils requis pour certains emplois. Demandez-leur ensuite de créer le profil d'un serviteur de Dieu et d'analyser s'ils remplissent ce profil pour servir le Seigneur et s'ils servent efficacement dans le royaume de Dieu.

Connecter | Télécharger

Un talent est la capacité d'une personne de comprendre et à exercer une certaine profession. Les talents peuvent être acquis par héritage génétique ou par stimulation et apprentissage. Que ce soit par héritage ou par apprentissage, nous devons les consacrer au service de Dieu. Que pouvons-nous faire pour plaire à Dieu avec les talents qu'il nous a donnés?

1. Remplir le rôle des serviteurs

Nous, enfants de Dieu, avons la responsabilité de le servir et de veiller aux intérêts de son Royaume, et c'est pourquoi il nous a donné les qualités nécessaires pour exercer efficacement les ministères qu'il nous a confiés. Dans Matthieu 24:45-51, le Seigneur a raconté une parabole pour enseigner comment il veut nous faire confiance comme étant des bons serviteurs.

A. Les bons et fidèles serveurs

Le Seigneur Jésus-Christ a promis de revenir pour son église et personne ne sait quand cela se produira, mais en attendant, nous devons faire ce qu'il nous a dit de faire. Selon cette parabole, le bon serviteur de Dieu a les caractéristiques suivantes:

Fidélité: Elle consiste à faire attention à ne pas décevoir ou trahir la confiance qu'on nous accorde. La personne est fidèle en présence ou en l'absence de l'autre personne; elle exécute exactement ce qui lui a été confié.

Dans la parabole, la personne qui possède ces qualités est exaltée. La fidélité est exactement ce que Dieu attend de ses enfants. Nous devons veiller à ne pas briser la confiance de Dieu en le servant avec excellence, avec amour et gratitude (vv.45-46).

Prudence: Une personne prudente est attentive et sensible dans ses attitudes et ses actions. Cette qualité est nécessaire pour ne pas nuire aux intérêts de ceux qui nous font confiance. Dans notre service à Dieu, nous avons besoin de mettre tout notre effort pour qu'il soit efficace et que le Seigneur soit satisfait (vv.45-46).

Récompense: Chaque décision a une conséquence. Le serviteur qui a décidé d'être responsable, fidèle et prudent a été déclaré heureux et serait placé dans une position de plus grande autorité. Le Seigneur récompensera la bénédiction de ceux qui le servent avec fidélité (v.47).

B. Le mauvais serveur

Selon cette parabole, le mauvais serviteur possède les caractéristiques suivantes:

Négligence: C'est savoir quoi faire et ne pas le faire. Le mauvais serviteur est celui qui ne fait pas ce qui lui est dû, pensant que son patron mettra longtemps à revenir, ou qu'il ne le tiendra pas responsable et croit qu'il aura le temps de corriger sa négligence (v.48-49).

Abus: Il s'agit de l'utilisation abusive, excessive, injuste ou inappropriée de quelque chose ou de quelqu'un. Elle peut faire l'objet de traitement malhonnête d'une personne de moins d'expérience, de force ou de puissance (vv.48-49).

Le Seigneur a confié certaines responsabilités à l'église. Demandez: Es-tu entrain de faire ce que Dieu t'a donné à faire? As-tu été fidèle et prudent ou tu as été négligent et irresponsable? Les gens vont à l'école ou au travail même s'ils sont malades, mais pas à l'église, et ils quittent également sans excuse les zones de service qui leur sont confiées.

Récompense: Le mauvais serviteur a dû faire face aux conséquences de son infidélité et de son imprudence: lorsque son seigneur est revenu, il a été sévèrement puni et expulsé de son poste militaire. Les chrétiens qui ont confiance qu'ils ont beaucoup de temps devant eux et ne profitent pas des opportunités de service que le Seigneur leur donne perdront également l'opportunité d'être dans son royaume. Nous ferions mieux d'assumer le rôle de serviteurs du Seigneur avec responsabilité, afin qu'à son retour, il nous trouve en train de faire sa volonté et de le servir (v.51).

2. Utiliser et reproduire les talents

Les talents que le Seigneur nous donne, nous devons les utiliser et les reproduire. Dans Matthieu 25:14-30, nous trouvons la parabole des talents, c'était une mesure du changement utilisée dans les transactions. Mais l'enseignement vital de la parabole comprend des aspects au-delà de la valeur économique.

A. Confiance, capacité et responsabilité

Chaque talent représentait une fortune placée entre les mains des serviteurs: l'homme déposait non seulement la richesse mais aussi la confiance en chacun d'eux. Les capacités intellectuelles, artistiques, professionnelles, administratives, manuelles, de conseil, etc. sont des biens reçus à utiliser pour plaire à Dieu, et pas seulement pour gagner de l'argent. Le Seigneur donne des talents selon la capacité de chaque personne. La capacité consiste en

«Aptitude, talent, qualité que quelqu'un a pour le bon exercice de quelque chose» (Dictionnaire de l'Académie royale espagnole, http://lema.rae.es/drae/?val=Capacity). Dieu nous a confié des talents en nous donnant l'aptitude à accomplir certaines activités, mais il nous a aussi donné la capacité de les utiliser pour le bien de leurs intérêts. Le Tout-Puissant n'a besoin de personne, mais avec amour il nous fait l'honneur de le servir.

Dieu te donne des responsabilités selon tes capacités, tu n'es pas responsable de ce que tu ne peux pas faire, mais tu es responsable de ce que tu peux faire. La responsabilité est la capacité humaine à répondre envers nos actions. Lorsque nous recevons des talents, des qualités ou des aptitudes et des capacités, nous avons parfois la fausse idée que Dieu est très loin et ne réalise pas ce que nous faisons. Cependant, Jésus a enseigné qu'il reviendra et que chacun sera tenu responsable de ce qu'il a fait avec ce qu'il a reçu. Dans l'église, nous souffrons constamment du manque de responsabilité de certains, de sorte que le service des autres est rechargé. Le non-respect ne nous dégage pas de toute responsabilité.

Demandez: Pourquoi penses-tu que nous pouvons bien servir dans des tâches profanes et non du Royaume? Peut-être parce que dans les tâches profanes, nous avons un patron ou un enseignant qui nous contrôle et si nous ne nous conformons pas, nous pouvons perdre notre travail, nos études, etc.

Je dois développer, corriger, perfectionner et mettre des talents à son service. William Carey, un missionnaire en Inde, a déclaré: «Mon entreprise est le royaume des cieux. Je suis cordonnier juste pour couvrir mes dépenses professionnelles». Cet homme humble, mais plein d'amour pour l'œuvre du Seigneur, a dit dans l'un de ses sermons les mots suivants: «Attendez de grandes choses de Dieu. Essayez de grandes choses pour Dieu». (Leçons missionnaires du Dr Carey http://www.rlhymersjr.com/Online_Sermons_Spanish/2006/021906PM_Lecciones- Misioneras.html).

B. Différentes actions

Les deux premiers domestiques ont adopté une attitude dynamique et active, car ils ont immédiatement pris des mesures pour réaliser ce qui leur était demandé et le résultat était évident car ils ont doublé le capital reçu (vv.16-17).

Le seul effort du serviteur négligent fut de cacher la capitale reçue (v. 18). Beaucoup de chrétiens n'entreprennent rien dans l'église, car avant d'essayer, ils ont déjà décidé que cela ne fonctionnerait pas. L'attitude pessimiste empêche non seulement de travailler, mais de voir des résultats. Le mauvais serviteur s'est excusé en rejetant la responsabilité de son irresponsabilité sur son patron. Demandez: Quelles excuses les frères donnent-ils à l'église lorsqu'ils n'accomplissent pas leurs privilèges? Quelles excuses as-tu utilisées pour ne pas utiliser tes dons et talents au service du Seigneur?

Chaque serviteur fidèle a reçu des éloges et a augmenté son capital, mais l'infidèle a perdu le peu qu'il avait. Si tu veux compter sur la bénédiction de Dieu, tu dois utiliser les dons et les talents qu'Il t'a donnés, au lieu de les cacher et de faire des excuses (vv.21-18). La Parole souligne la réalité que le jour viendra pour rendre compte à Dieu de l'utilisation de notre temps et de nos capacités et compétences, sans excuse. Ce qui est important ne sera pas la quantité de talents reçus, mais les résultats d'avoir investi les avoirs du Seigneur dans son royaume.

Révisez/Application: Questions pour discussion de groupe:

1. Pense à une personne (si tu veux, tu peux dire son nom) de ta congrégation qui se caractérise par sa disponibilité à servir ce qui lui est demandé et il le fait avec plaisir. Quel effet son exemple a-t-il eu sur ta vie? Est-ce une personne aimée et respectée? Aimerais-tu être comme elle? Pourquoi?

2. Selon Matthieu 24:30-51, quels sont les caractéristiques de ceux qui ne sont pas fidèles au travail que Dieu l'a confié? (Ils sont paresseux, pessimistes, sauvages, négligents et irresponsables.)

3. Que peuvent être les résultats de la négligence au service de Dieu? (Désapprobation et rejet par Dieu et pas l'église.)

4. Quelles seront les conséquences de la fidélité au service de Dieu? (Nous sentirons que nous faisons la volonté de Dieu et nous serons reconnus par lui comme ses fidèles serviteurs. Nous aurons plus de responsabilités.)

5. Quelles sont les leçons pratiques de la parabole des talents?

6. Qu'est-que tu es prêt à faire après avoir étudié cette leçon?

Défi: Fais un devoir d'aider dans l'église. Pour ce faire, tu peux parler à ton moniteur de l'école du dimanche ou à un autre leader, lui demandant comment tu peux l'aider; Cela pourrait être des visites, la préparation de matériel pour la prochaine leçon, etc.

À L'intérieur et À L'extérieur

Leçon 21
Myrna Riley • Mexique

Objectif: Que le jeune homme reconnaisse l'importance d'accomplir le ministère auquel Dieu nous a appelés, à l'intérieur et à l'extérieur de l'église.

Pour mémoriser: «*Veille sur toi-même et sur ton enseignement; persévère dans ces choses, car, en agissant ainsi, tu te sauveras toi-même, et tu sauveras ceux qui t'écoutent.*» 1 Timothée 4:16

Avertissement: Commencez la classe en priant et ensuite, demandez-les s'ils ont pensé aux formes de pratiques qu'ils peuvent donner leur service.

Connecter | Télécharger

Dynamique d'introduction (12 à 17 ans).

- Matériaux: Des feuilles de papier blanc, crayons, chaises individuelles.
- Instructions: Demandez à vos élèves de former des couples, et chacun enquêtera l'autre en demandant: s'ils devaient diriger ou commencer un ministère à l'église, quel serait-il? Chaque couple se présentera et présentera son partenaire et dira ce qu'il a écrit sur cette personne.

Dynamique d'introduction (18 à 23 ans).

- Matériaux: Des chaises individuelles pour organiser les équipes, des cartes avec des inscriptions.
- Instructions: Apportez à la classe des fiches qui contiennent les noms des différents ministères qui peuvent être développés à l'église: évangélisation, formation de disciple, compassion, prière, visite, administration, éducation, musique et adoration, etc. Affichez-les dans différentes parties de la classe et demandez à chacun de s'asseoir près du signe du ministère qui attire le plus l'attention. Ensuite, chaque groupe réfléchira à la manière dont il pourrait développer un ministère à l'intérieur et à l'extérieur de l'église. Ils partageront leurs idées avec d'autres membres du groupe.

Connecter | Télécharger

Nous avons déterminé le mot ministère. Dans l'Ancien Testament, le terme hébreu «sharat» était utilisé, ce qui signifie diriger, servir, fonctionner. Le terme latin pour ministre dérive de ministre et cela, à son tour, de l'adjectif moins qui signifie moins ou moins que. Le ministre était le serviteur ou le subordonné qui était au service de son maître. Dans le Nouveau Testament, le terme le plus utilisé pour ministre était diakoneo, ce qui signifie être un serviteur, un assistant, pour servir, pour aider, pour servir. Il est principalement traduit par le verbe servir. (Expository Dictionary of Old and New Testament Words. W.E. Vine. Caribe, 1999, Colombie, p.554).

Ces définitions nous aident à comprendre que développer un ministère au sein de l'église implique un engagement très sérieux au service de Dieu et des gens qui nous entourent.

1. Pour développer un ministère, on doit être tout d'abord un serviteur

Dans le contexte du Nouveau Testament, être un serviteur était synonyme d'être un esclave au service de son seigneur. Cela impliquait une soumission totale à la volonté et aux ordres de son maître. Dans la vie chrétienne, être un serviteur implique d'abord d'être chrétien et d'accepter la seigneurie de Jésus-Christ comme roi et Seigneur. Comprendre la condition d'un serviteur, c'est être disposé à s'humilier devant Dieu et à décider de le servir. Timothée était un jeune homme qui connaissait le Christ dès son jeune âge et malgré la situation de persécution, il était prêt à servir Dieu (2 Timothée 1:5; 2:1-3). Tout chrétien est appelé à servir au sein de l'église, car il s'agit d'un organisme vivant; chacun est formé par le Saint-Esprit pour développer un ministère spécifique dans son œuvre (1 Corinthiens 12:12-27).

2. Pour exercer le ministère, on doit se préparer

Paul a invité Timothée à être un bon ministre de l'Évangile. Dans 1 Timothée 4: 6-16, il mentionne certaines qualités qu'il doit cultiver pour être un bon ministre.

Se préparer pour le devoir: «si cela enseigne». Cela implique préparation, étude. Ainsi, Timothée serait a) nourri des paroles de foi, et b) de bonne doctrine. Le ministre du Seigneur n'a pas à être un grand enseignant, mais il doit connaître la Parole de Dieu et en qui il croit.

Reconnaitre la fausse doctrine: «rejette les fables et les vieilles passions». La version autorisée de King James: «Fables de vieilles femmes», c'est-à-dire «rejette les fables des vieilles femmes ou de vieilles dames». La version populaire dit: «Ignore les histoires stupides et banales». Malheureusement, de nombreux chrétiens évangéliques qui servent Dieu dans divers ministères ne connaissent pas sa doctrine, ne savent pas faire la différence entre une fausse et une doctrine biblique. Et il est malheureux de savoir combien de personnes se rendent dans certaines congrégations où la Parole de Dieu n'est pas enseignée. Ceux qui servent Dieu doivent connaître Dieu par sa Parole.

Sois pieux: «... exercice pour la piété ...» Il y a des chrétiens qui sont de bons athlètes et d'autres sont presque physiculturistes, mais ne pratiquent pas la piété. Cela ne signifie pas que Paul est contre l'exercice physique, il l'avertit seulement qu'il n'occupe pas la première place de sa vie, car il y a des choses de plus grande importance. Pour les chrétiens libéraux, la piété est la fidélité des devoirs religieux. «Mais dans la Bible, cela a une signification plus large. Dans son expression hébraïque (hesed), il implique l'entraide, efficace et fidèle aux frères, parents, amis, alliés, etc. La piété n'est pas telle si elle n'est pas exprimée dans des actes de miséricorde spécifiques. À la piété de Dieu pour son peuple, une autre piété doit répondre, l'obéissance fidèle et l'adoration amoureuse de l'homme à Dieu» (Vocabulaire biblique, Xavier León Dufour. Suivez-moi, Barcelone: 1965, p. 615). Dans le passé, il y avait beaucoup d'hommes pieux, aujourd'hui ils sont très peu nombreux. Les églises ont besoin d'hommes et de femmes de cette envergure. Paul lui-même dit que la piété est prometteuse pour cette vie présente et pour celle à venir...

Travailler et souffrir: Les emplois en général (sauf celui du ministre de Jésus-Christ), sont des emplois qui ont un calendrier établi d'entrée et de sortie; après ses heures de travail, l'employé peut rentrer tranquillement chez lui, dormir sans interruption, s'il travaille du lundi au vendredi, il peut se reposer le samedi et le dimanche ou se promener avec sa famille. Mais le travail du ministre est très différent. Paul dit à Timothée:

«Toi donc, mon enfant, fortifie-toi dans la grâce qui est en Jésus Christ. Et ce que tu as entendu de moi en présence de beaucoup de témoins, confie-le à des hommes fidèles, qui soient capables de l'enseigner aussi à d'autres. Souffre avec moi, comme un bon soldat de Jésus Christ. Il n'est pas de soldat qui s'embarrasse des affaires de la vie, s'il veut plaire à celui qui l'a enrôlé; et l'athlète n'est pas couronné, s'il n'a combattu suivant les règles. Il faut que le laboureur travaille avant de recueillir les fruits. Comprends ce que je dis, car le Seigneur te donnera de l'intelligence en toutes choses. Souviens-toi de Jésus Christ, issu de la postérité de David, ressuscité des morts, selon mon Évangile» (2 Timothée 2:1-8). Si le ministre n'a pas reçu une bonne préparation, lors de la première bataille, il quittera immédiatement son ministère. Pour servir Dieu, on doit payer un prix, on doit consacrer du temps et des efforts.

Sois un exemple: Paul mentionne clairement que celui qui veut servir Dieu a besoin de vivre une vie intègre, un exemple pour les autres, dans sa façon de parler, dans sa conduite, dans l'amour du prochain, dans la foi et la pureté de cœur. . Il y a un dicton très courant qui dit: «Tes actions disent plus que mille mots». Pour que personne ne te méprise ou ne te considère trop immature ou inexpérimenté pour exercer un ministère, il est nécessaire de le démontrer avec un bon témoignage. Le témoignage d'un jeune chrétien est déterminant pour réussir dans tout ministère qu'il développe; peu importe l'âge, mais l'abandon total à Christ.

Rester occupé: Pour développer un ministère, vous devez l'exercer. Paul, bien qu'il sache que Timothée était très jeune, il l'a invité à se préparer et à pratiquer. Ne t'attend pas à en savoir beaucoup pour commencer à servir, mais en route: lisez, apprenez ce que vous allez faire, apprenez des autres, enseignez aux autres, servez le Seigneur.

Prendre soin de ton ministère: Timothée avait reçu l'imposition des mains pour être ordonné pasteur de l'église, (ce que nous appellerions aujourd'hui ordonné presbytère) au pasteur une congrégation. Cela impliquait une grande responsabilité pour un jeune homme. Par conséquent, la recommandation de Paul était: Prends soin du don qui est en toi et utilise-le pour bénir les autres. Aujourd'hui, nous devons valoriser le service de Dieu. Quand on nous confie un ministère pour servir au sein de l'église, nous devons le faire avec joie et ne pas être irresponsables; puisque nous rendrons compte à Dieu de ce que nous avons fait avec les dons qu'il nous a donnés. Prendre son ministère au sérieux, servir Dieu est un privilège et non une obligation.

3. Pour servir, il faut être prêt à tout

A. Servir à l'intérieur de l'église.

Il y a des ministères au sein de l'église qui servent à l'édification du corps de Christ, c'est-à-dire réaliser la croissance spirituelle de ceux qui sont croyants ou qui sympathisent avec l'Évangile. Il y a généralement de nombreuses possibilités de servir au sein de l'église, comme être enseignants, huissiers, participé à la musique, au chant, aux disciples, à la prière, à l'administration, au leadership, etc. La plupart des chrétiens participent au développement de ces ministères.

B. Servir à l'extérieur de l'église

Les ministères qui sont le plus nécessaires à l'église sont ceux qui sont destinés à atteindre les autres, et ceux-ci devraient avoir lieu à l'extérieur des quatre murs d'un temple. Parmi eux, nous pouvons trouver les ministères de l'évangélisation, de la visite, de la compassion, de la formation de disciple, des leaders de cellule, des prédicateurs, des planteurs d'églises, des missionnaires, etc. Parfois, les églises ne se développent pas, car tous les ministères sont axés sur la préservation de ceux qui sont déjà au sein de l'église et non sur la conquête de ceux qui ne connaissent pas le Christ.

Aujourd'hui, nous devons réfléchir à notre vie spirituelle et nous demander: Suis-je vraiment un enfant de Dieu? Suis-je prêt à être un serviteur? Quels sont les dons spirituels que Dieu m'a-t-il donnés pour lui servir? Comment est-ce que je développe mes dons? Dans quels ministères puis-je m'impliquer à l'intérieur ou à l'extérieur de l'église?, Etc.

Révisez / Application: Prévoyez du temps pour qu'ils lisent les passages, qu'ils réfléchissent et répondent:

1 Timothée 4:7-8, pourquoi Timothée n'écouterait-il pas les commérages et ne mettrait-il pas de côté l'exercice physique pour se consacrer à l'accomplissement de son ministère? (Parce que pour accomplir son ministère, il devait donner à Dieu la première place dans sa vie, mettre de côté ce qui le distrayait, comme les ragots, les fausses doctrines, les théories philosophiques, les sports, etc.)

1 Timothée 4:12, Dans quels domaines de ta vie chrétienne tu dois travailler pour développer un ministère au sein de l'église? (Dans mon témoignage, comment je me comporte, l'exercice de ma foi, comment je parle, comment je vis, dans ma relation avec mon prochain, etc.)

Dans quels domaines de ministère aimerais-tu servir Dieu, à l'intérieur ou à l'extérieur de l'église?

Défi: Dieu continue de nous parler du service et de partager ce que nous avons reçu de lui. Continue à méditer là-dessus, et cette semaine, si tu as déjà un ministère, réfléchis à la façon de le développer, et si tu ne sers pas encore, ne le laisse pas se produire. Cette semaine pour mettre tes mains au travail et commencer maintenant.

Serviteur Ou Maître?

Leçon 22
Natalia Pesado • E.U.A.

Avertissement: Demandez si quelqu'un s'inclut dans quelque nouveau service. *Accepter*

Objectif: Que l'étudiant voit le service comme faisant partie de la vie chrétienne.

Pour mémoriser: «*Et quiconque veut être le premier parmi vous, qu'il soit l'esclave de tous.*» Marc 10:44

Connecter

Dynamique d'introduction (12 à 17 ans).
- Matériaux: Des dessins de personnes aidant les autres (traverser la rue, porter quelque chose de lourd, prendre soin d'un malade, donner de l'argent, réconforter quelqu'un qui pleure) ou affiches mentionnant un type de service.
- Instructions: Demandez à vos élèves d'exprimer ce qu'ils ressentent en voyant ces scènes; de réfléchir à la façon dont Dieu travaille avec nous dans nos besoins et comment nous devons servir les autres de la même manière.

Dynamique d'introduction (18 à 23 ans).
- Matériaux: Du tableau noir et des marqueurs ou craie, ou de grand papier et crayon.
- Instructions: Au tableau, écrivez sur un côté: «Personne hospitalière» et de l'autre côté: «personne égoïste». Demandez à vos élèves de décrire les caractéristiques de chacune de ces personnes. À la fin, qu'ils réfléchissent ensemble aux différences qui ont été mentionnées et aux influences que ces caractéristiques peuvent avoir dans les relations interpersonnelles de ces personnes.

Télécharger

Le vrai service chrétien est intrinsèquement lié au sens originel, c'est-à-dire qu'il comprend des attitudes d'humilité, de sacrifice et d'amour actif. Nous devons reconnaître que ces caractéristiques ne sont pas temporaires dans la vie du jeune, mais elles doivent devenir un mode de vie quotidien, dans lequel il vit constamment au service de Dieu et des autres, répondant à la question: suis-je un serviteur ou un maître?

1. L'attitude d'humilité dans le ministère

Dans les versets antérieurs du passage d'étude d'aujourd'hui dans (Marc 10: 35-45), nous voyons que Jésus avait voyagé à Jérusalem et il a enseigné aux gens en chemin (Marc 10:1, 17, 32). Dans l'évangile selon Marc 10:29-31, nous observons que Jésus a clairement fait comprendre aux disciples que, dans le royaume de Dieu, l'ordre d'importance est complètement opposé à l'ordre d'importance qui existe dans notre société humaine (v.31).

Paradoxalement, nous notons que quelques versets plus tard, deux des disciples de Jésus ont fait une demande qui contredisait ce que le Maître venait de dire. Dans Marc 10:37, nous lisons que ce que Jacques et Jean ont demandé à Jésus était: «Nous voulons être les premiers et non les derniers». Nous notons dans ces mots que les frères pensaient à leur propre bien-être futur et qu'ils montraient une attitude de fierté en pensant qu'ils méritaient une place plus prestigieuse que les autres disciples de Jésus. Malheureusement, cette attitude est une attitude qui se répète, même aujourd'hui, chez de nombreux disciples actuels de Jésus. Cette attitude demeure dans l'église contemporaine lorsqu'un jeune chrétien cherche à se sentir loué ou flatté par les autres, ou travaille uniquement pour se sentir plus élevé que les autres, ou traite les autres avec mépris ou inattention lorsque cet autre personne est moins reconnue dans l'environnement social de la congrégation, du groupe de jeunes ou de la communauté.

Jésus était très patient et clair avec ses disciples qui se battaient toujours avec une attitude de fierté. Il leur a précisé que dans le royaume de Dieu, seul Dieu sait comment les choses seront organisées et que cela ne devrait pas être notre responsabilité ou notre préoccupation (v. 40). Au lieu de cela, ce qui est de la plus haute importance pour un jeune chrétien servant au nom de Jésus, c'est d'avoir une attitude d'humilité au quotidien. Par exemple: penser constamment à ce que les autres ressentent, à ce dont les autres ont besoin et à ce que je peux y faire. Notre prière constante, en tant que jeunes chrétiens servant dans l'église, devrait être que Jésus-Christ nous libère chaque jour d'une attitude de fierté. Que notre façon de parler, de regarder, de nous habiller et de nous rapporter aux autres soit toujours le reflet de l'humble attitude de Jésus. Nous devons prier Dieu que, autour de nous, les gens se sentent toujours accueillis, aimés et bénis par lui. Nous devons reconnaître que cela ne sera pas facile dans notre nature humaine, qui tend toujours à l'orgueil personnel, mais en se soumettant à En lisant la parole, la prière incessante et l'œuvre purificatrice du Saint-Esprit, nous pourrons être de jeunes chrétiens humbles et très sensibles aux besoins des autres (Luc 1:37).

2. La disposition de se sacrifier dans le ministère

Dans les versets suivants de notre passage d'étude d'aujourd'hui, nous voyons que Jésus a partagé quelque chose de difficile avec les disciples qui voulaient servir. Jésus a dit: «Vous ne savez ce que vous demandez. Pouvez-vous boire la coupe que je dois boire, ou être baptisés du baptême dont je dois être baptisé? Nous le pouvons, dirent-ils» dit: «Vous ne savez pas ce que vous demandez. Êtes-vous prêt à souffrir tout le mal qui va m'arriver?» (Ici, Jésus faisait référence à ce qu'il venait de dire dans Marc 10:33-34, qui était sa torture et sa mort sur la croix).

Jésus a fait comprendre à ses disciples que le ministère chrétien n'était pas axé sur les privilèges et / ou les bénédictions qui accompagnent ce chemin, mais est un voyage qui nécessite une disposition claire et décisive à sacrifier pour les autres. Ce sacrifice nécessite beaucoup de jeunes chrétiens, notamment personnels, familiaux, de travail, d'argent et d'autres ressources matérielles, ainsi que de nombreuses souffrances émotionnelles et de l'inconfort. Il est important de comprendre qu'en ce jour de sacrifice pour les autres, il n'y aura pas toujours la récompense attendue de la reconnaissance humaine des dirigeants, il n'y aura pas toujours le résultat attendu de gratitude ou de croissance chez ceux pour qui le sacrifice est fait et, enfin, comprendre que ce sera souvent un chemin de solitude, de douleur et d'usure. Ce type de service est en totale opposition avec la tendance générale de la société moderne, qui recherche toujours le plaisir au lieu de souffrir pour les autres.

Dans les cas où le jeune chrétien n'a pas la volonté de se sacrifier pour les autres, que ce soit à la maison, à l'église ou à l'école, ils remarqueront sa tendance égoïste. Ce sera pitoyable et d'autres jeunes suivront probablement cet exemple de penser d'abord à eux-mêmes et de ne pas penser aux autres membres de la congrégation, encore moins aux personnes encore non converties. Cette situation maintient de nombreuses églises stagnantes en elles-mêmes et dans un manque chronique de vitalité spirituelle.

En comprenant ces réalités difficiles du service quotidien à Dieu, le jeune chrétien qui sert (dans différents domaines) peut garantir qu'il dépend à 100% de la force de Jésus pour son ministère. En cherchant à étudier l'exemple de Jésus dans la Bible et en suppliant le Saint-Esprit de le remplir de son amour et de sa sagesse, le jeune chrétien sera habilité à un ministère de véritable amour sacrificiel qui transforme des vies et plaît au Seigneur. Jésus a dit à ses fidèles disciples qu'ils subiraient beaucoup des mêmes choses qu'Il souffrirait et les porteraient (Marc 10:39), Il leur a également dit: «Voici, je suis avec vous tous les jours, jusqu'à la fin du monde.» (Matthieu 28:20).

3. L'action du service dans le ministère

Enfin, dans Marc 10:43-44, Jésus a parlé aux disciples de l'importance de l'action de servir les autres. Le Seigneur a mentionné que de nombreux dirigeants laïques de cette époque ont abusé de leur position d'autorité sur les autres, pour leur propre bénéfice (v. 42). On peut remarquer que, dans notre société contemporaine, cette situation perdure. Le désir de pouvoir des gens les amène à chercher, par tout moyen inexcusable, une position d'autorité et à partir de là, ils oublient les besoins des autres.

Au contraire, Jésus a enseigné que nous devons nous caractériser par une action constante de service aux autres et non par la recherche des autres pour me servir. Cette action doit être exactement cela, une action, et pas simplement des mots qui sont dits sans en faire une réalité. L'action du service demande un grand effort de la part du jeune chrétien, car en tant qu'êtres humains nous nous fatiguons, physiquement et mentalement et émotionnellement. Lorsque cet épuisement se produit, il est facile de tomber dans une attitude qui attend ou exige que d'autres fassent le travail (par exemple: nettoyer l'église et les salles de bain, rendre visite à des jeunes découragés ou malades, sortir pour livrer des brochures évangéliques dans le quartier), préparer les choses nécessaires pour le culte, travailler dans la cuisine, aller chercher des frères qui n'ont pas de transport, chercher un abri ou de la nourriture pour ceux qui n'en ont pas, prier pour ceux qui en ont besoin, etc.).

Le jeune homme qui veut servir doit garder à l'esprit que, pour être un serviteur comme Jésus l'a enseigné, il est également nécessaire de rechercher la même formation que Jésus a recherchée. Dans les Écritures, nous voyons que Jésus réserve régulièrement du temps pour être seul avec Dieu et répandre son cœur triste ou troublé avec son Père céleste dans la prière. Nous avons observé que Jésus partageait du temps seul avec ses proches compagnons, pour manger et se reposer d'un dur labeur, qu'il avait le temps de jeûner et aussi le temps de se nourrir; En outre, Jésus a passé du temps avec sa famille et ses amis (le mariage à Cana en Galilée, Jean 2:1) et aussi avec les enfants (Marc 10:14). Aujourd'hui, le jeune chrétien bénéficiera de prendre soin de son corps avec des exercices et des soins médicaux de base; prendre également soin de son esprit et de son cœur en prenant le temps d'être seul avec Dieu, de se reposer, de se distraire et de profiter de sa famille proche.

L'humilité, le sacrifice et le service sont des caractéristiques étroitement liées et sont également essentiels et indispensables au vrai service chrétien. Nous avons également noté que ce genre de service, plein de vitalité spirituelle, n'est possible que lorsque Dieu est le centre de tous les efforts et que le jeune homme fait simplement ce que le Seigneur Jésus demande quotidiennement. «Parce que nous sommes des collaborateurs de Dieu ...» (1 Corinthiens 3:9).

Révisez/Application:
Donnez-leur le temps de réfléchir à des exemples pratiques de leur vie quotidienne qui démontrent l'attitude correspondante (les réponses sont à la manière d'exemples).

ENSEIGNEMENT DE JÉSUS	MA RÉPONSE
Attitude d'humilité	• Parler à ceux que je ne me sens pas confortable.
	• Ne pas parler mal des autres et dire plutôt des choses positives
Disposition pour se sacrifier	• Offrir des offrandes au lieu d'acheter quelque chose pour moi.
	• Partager ma nourriture avec un autre jeune.
Action de service quartier.	• Aider aux travaux ménagers d'une personne âgée ou dans un
	• Amasser des fonds pour une famille dans le plus grand besoin.

Défi:
Quelle est ta perspective sur le ministère chrétien? Quelles expériences ou exemples as-tu eu avec tes dirigeants? As-tu déjà eu le désir de servir dans l'église ou le fais-tu déjà? Rappelles-toi que Dieu t'a créés pour un plan spécial, dit-il dans Jérémie 29:11, «Car je connais les projets que j'ai formé sur vous, dit Jéhovah, des projets de paix et non de malheur, afin de vous donner un avenir et de l'espérance». N'hésite pas à partager tes doutes et tes questions avec ton professeur d'école du dimanche.

Une Option?

Leçon 23
Pablo Tello • Argentine

Objectif: Que l'élève compare les caractéristiques du serviteur de Dieu avec les caractéristiques qu'il possède actuellement.

Pour mémoriser: «*Car ceux qui remplissent convenablement leur ministère s'acquièrent un rang honorable, et une grande assurance dans la foi en Jésus Christ.*» 1 Timothée 3:13

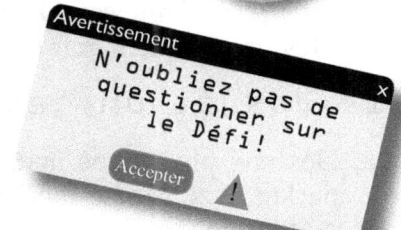

Connecter | Télécharger

Dynamique d'introduction (12 à 17 ans).
- Matériaux: Des feuilles de papier (format rectangulaire 20x10 cm., Blanc ou coloré), des crayons ou marqueurs et suffisamment de pinces à linge pour chaque élève.
- Instructions: Il est important que vous arriviez tôt en classe, que vous vous prépariez à l'avance et que vous ayez en main tout le matériel nécessaire. Disposez les chaises en cercle. À l'arrivée des élèves, invitez-les à demander à chacun de prendre sa place. Choisissez l'un de vos élèves pour l'aider et donnez aux autres une feuille, un crayon et une broche. Demandez à chaque personne d'écrire sur la feuille qu'elle a reçue (à sa discrétion) une caractéristique qu'un serviteur de Dieu doit avoir. Alors qu'ils finissent d'écrire, chacun viendra au devant et placera son papier le fixant sur les vêtements de la personne qu'ils ont désignée comme assistante.

Ce sont les qualités qu'un serviteur de Dieu, selon ses propres pensées, il doit avoir. Comparez votre propre vie avec les caractéristiques ou qualités du serviteur, que vous avez toutes notées. Demandez: Toi, à quoi tu ressembles à lui?

Dynamique d'introduction (18 à 23 ans).
- Matériaux: Des feuilles avec de différentes boîtes où vous écrirez les qualités de chacun de vos élèves (s'il y a 10 élèves, vous ferez une boîte avec 10 casiers) et un crayon.
- Instructions: Donnez à chacun de vos élèves une feuille et demandez-leur de signer chaque personne dans leur casier qui, selon eux, possède cette caractéristique que dit le casier; La première personne qui réussira à remplir le tableau complet des signatures sera le gagnant, mais tout le monde doit remplir chacune des cases avec signatures.

Nous avons tous des caractéristiques spéciales qui nous rendent différents et précieux pour les autres.

Connecter | Télécharger

L'apôtre Paul a écrit que nous sommes des lettres ouvertes lues par tous (2 Corinthiens 3:1-3); en d'autres termes, tout le temps les gens autour de nous lisent nos lettres, ils voient notre témoignage, notre façon de nous comporter. Demandez: Que penses-tu que les gens peuvent dire de nous en tant que chrétiens? Se pourrait-il que les gens voient en nous les qualités d'un serviteur de Dieu?

Demandez: Ne t'est-il pas arrivé, parfois, que lorsque tu travailles, tu n'as pas tout ce dont tu as besoin pour le faire et résoudre la situation en remplaçant une chose par une autre? Quand il s'agit de faire du bon travail, il n'y a rien de plus satisfaisant que d'avoir tout ce dont nous avons besoin, par exemple: si nous allons réparer quelque chose, avoir les outils, ou si nous allons cuisiner, avoir tous

les ingrédients, ou si nous allons fabriquer tous les matériaux à la main. Si nous appliquons cela à la vie spirituelle, nous pourrions dire que Dieu, à chaque fois, a chaque moment, il a des instruments ou des outils choisis, vers lesquels il s'appuiera pour réaliser tout ce qu'il veut faire à ce moment de notre vie. Pour mener à bien ses projets, il a souvent fait appel à des jeunes qui se sont mis entre ses mains. Mais quel genre de jeunesse Dieu a-t-il utilisé? Le Seigneur a utilisé des jeunes hommes dotés de certaines qualités importantes, par exemple:

1. Josué, un jeune homme différent des autres

a. Dès son plus jeune âge, Josué s'est caractérisé par une vie de service consacré à Dieu. «L'Éternel parlait avec Moïse face à face, comme un homme parle à son ami. Puis Moïse retournait au camp; mais son jeune serviteur, Josué, fils de Nun, ne sortait pas du milieu de la tente». (Exode 33:11, VLS).

b. Malgré la pensée négative de ses camarades espions, Josué a démontré que la différence pouvait se faire au milieu d'une génération rebelle, ingrate et incrédule. C'était une personne dévouée à Dieu, qui avait une perspective différente des autres face aux différentes situations de la vie. Dans cette perspective, il a atteint les objectifs fixés. U 'Josué et Caleb, qui étaient deux de ceux qui étaient partis explorer le pays, ont également déchiré leurs vêtements de douleur. Ils ont dit à tous les Israéliens: «Le territoire que nous avons vu est assez bon; il y aura toujours beaucoup de nourriture. Dieu nous aime; cela nous aidera à y entrer et à nous le donner. L'important est qu'ils ne se rebellent pas contre Dieu et ne craignent pas les gens qui vivent sur ce territoire. Ce sera très facile de les battre, car ils n'ont personne pour s'occuper d'eux. Au lieu de cela, nous comptons sur l'aide de notre Dieu. N'ayez pas peur!» (Nombres 14:6-9)

c. Quand Dieu devait chercher le successeur de Moïse, il n'avait pas besoin d'aller très loin, c'était même une transition naturelle de leadership pour le peuple.

d. Pour des moments aussi difficiles qu'aujourd'hui, Dieu profitera de «Josué» qui a appris en servant ses dirigeants et qui ont une pensée contraire commune à tous ceux qui disent aujourd'hui «tu ne peux pas», «Je n'atteindrai pas les objectifs» ou «je n'irai jamais de l'avant au milieu de ma situation». Des gens mis au défi par Dieu, comme Josué, qui se tournait vers Dieu à propos de tous les problèmes.

2. Josias était un jeune homme avec un bon cœur pour Dieu

a. Josias en hébreu signifie «le Seigneur me soutient» ou «Jéhovah a guéri». Il était roi de Juda entre 639 et 608 av. J.-C., et a institué des réformes très importantes pour toute la nation. Josias est monté sur le trône à l'âge de huit ans, en raison du meurtre de son père, Ammon, et a régné pendant trente et un ans. Il n'a pas imité le mal que ses ancêtres ont fait; nous ne voyons en lui aucune excuse pour les mauvaises administrations qui ont été faites jusqu'à présent, mais plutôt, au contraire, inquiet de ce qu'il pourrait faire à ce moment-là. «Josias obéit à Dieu en tout, en suivant fidèlement l'exemple de son ancêtre David» (2 Chroniques 34:2; 2 Rois 22:2)

b. À l'âge de 18 ans, Josias a montré un grand souci pour la maison de Dieu, qui jusque-là avait été abandonnée, sans entretien, il donna l'ordre de la réparer. Il a fait entièrement confiance aux gens qui travaillaient dans la construction, pensant bien à eux (2 Rois 22:7). Mais, par-dessus tout, il avait une grande et profonde crainte de Dieu. Les Écritures illustrent comment il a été attristé et affligé par la lecture de la Parole, qu'il a entendue pour la première fois (vv.10-11).

- Son cœur était tendre
- Il s'est humilié devant Jéhovah
- Il déchira ses robes
- Il a pleuré en sa présence

c. Quelque chose de très intéressant à souligner est qu'en écoutant Dieu, Dieu a écouté Josias (v.19). Il s'est tourné vers le Seigneur de tout son cœur, et à la suite d'une telle consécration, il a été fait un instrument qui a apporté un grand réveil spirituel à une nation entière. Pourtant, Dieu continue d'utiliser des outils utiles pour produire des réveils, ces gens comprennent qu'en fonction de l'impact qu'ils ont eu avec la parole et la présence de Dieu dans leur cœur, ce sera l'ampleur de la bénédiction de Dieu sur une nation entière (2). Chroniques 34:3, 14-33).

Combien de fois nous nous sommes demandés: le ministère sera-t-il une option pour moi? Est-ce moi, Seigneur, la personne appropriée pour développer ce travail? J'ai entendu un jour un auteur dire: «Les gens ne rejettent pas le message, mais rejettent le messager». Se pourrait-il qu'en raison du mauvais témoignage de certains messagers, l'image d'un bon serviteur de Dieu ait été perdue, qui illustre concrètement ce que signifie être un bon pasteur, un diacre ou un bon évangéliste?

Aujourd'hui, Dieu veut t'utiliser: pour chaque travail, Dieu utilisera un outil efficace pour mener à bien sa mission. Comme Josué qui a appris du grand leader Moïse, il a imité ses pas et s'est tenu droit aux yeux de Dieu, ou comme Josias qui a tourné son cœur vers Dieu, au-delà de tout ce que ses ancêtres avaient fait et reçu la faveur de Dieu, pas seulement pour lui, mais pour toute sa nation. Aujourd'hui, Dieu veut continuer à utiliser des jeunes qui sont prêts à lui obéir.

Révisez / Application:
Demandez-leur d'identifier, dans toute la Bible, les personnes qui ont dit oui au ministère comme mode de vie.

- Il est né à Tarse, il était un persécuteur de l'église, il a prêché aux Gentils. (Apôtre Paul)
- Homme rempli du Saint-Esprit, de la foi et de la sagesse. (Étienne)
- Jeune pasteur, de bon témoignage, disciple de Paul. (Timothée)
- Il était l'un des compagnons de Paul, en qui il avait beaucoup confiance, il était génial. (Tite)
- Prophète et législateur hébreu, fondateur d'Israël ou du peuple juif. Appelé par Dieu pour libérer son peuple. (Moïse)
- Originaire de Bethsaïda, il s'appelait Siméon et aussi Simon, le fils de Jonas; Frère d'Andrés, il était pêcheur, il a refusé son maître à trois reprises. (Pierre)
- Il a parlé du Royaume de Dieu, il a fait beaucoup de miracles, il est né dans une crèche, il est le fils de Dieu. (Jésus)
- Il était le deuxième roi d'Israël, il était le plus jeune fils d'Isaïe, il était un berger de Bethléem, il est devenu célèbre pour ses talents musicaux et pour sa bravoure dans sa confrontation contre le géant philistin Goliath. (David)

Défi:
Regarde attentivement les personnes impliquées dans le ministère de l'église locale et pose à certaines d'entre les questions suivantes:

Comment ont-ils décidé de consacrer leurs temps et leurs talents à l'œuvre de Dieu? Etaient-ils toujours clair qu'ils avaient ce ministère? Ont-ils été mis au défi par d'autres personnes de se lancer dans cette tâche? Partage tes réponses avec d'autres camarades de classe lors de leur prochaine rencontre.

Des Témoins

Leçon 24

Anna Melva Chávez • Argentine

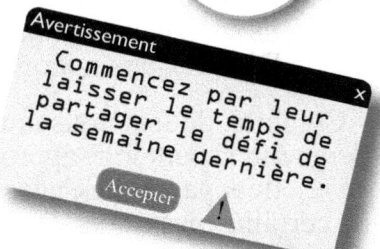

Objectif: Que le jeune homme reconnaisse que l'appel à accomplir la Grande Commission revient à tout le monde.

Pour mémoriser: «*Allez, faites de toutes les nations des disciples, les baptisant au nom du Père, du Fils et du Saint Esprit,*» Matthieu 28:19

Connecter | Télécharger

Dynamique d'introduction (12 à 17 ans).
- Matériaux: Des crayons, des feuilles de papier vierges, horloge, trois bonbons et une boîte aux lettres (cela peut s'agir d'une boîte en carton emballée).
- Instructions: Distribuez une feuille vierge et un crayon à chaque participant et demandez à chaque participant d'écrire autant de noms et prénoms que possible pour leurs amis; Ils peuvent être des amis de leur école, de leur quartier, etc. Donnez-lui une demi-minute et une fois le temps écoulé, demandez-leur de mettre la feuille avec leur prénom et leur nom dans la boîte aux lettres. À la fin, demandez à chacun d'ajouter le nombre d'amis qu'ils ont écrits sur leurs feuilles. Les trois participants qui auront rédigé la plus longue liste d'amis gagneront. Demandez: As-tu annoncé l'évangile à ces gens? Comment as-tu pu exprimer le message de Jésus à chacun d'eux?

Dynamique d'introduction (18 à 23 ans).
- Matériaux: Boîte avec des objets: une Bible, une lettre, des dévotions, une ampoule, du papier, une radio, un téléphone portable, etc. Des marqueurs et un tableau noir.
- Instructions: Demandez-leur de se diviser en deux groupes et que chaque groupe soit organisé en paires. Ensuite, chaque paire doit se tenir dos à dos, de sorte que le joueur de «A» fasse face au groupe et le joueur de «B» devant le plateau, avec un marqueur à la main. La personne qui dirige le jeu doit donner au joueur «A» un objet de la boîte. Il devrait le décrire au partenaire, sans lui dire de quoi il s'agit. Le joueur «B» devra le dessiner sans le voir. Il ne vaut pas la peine de dire à quoi il sert. Contrôlez le temps qu'il faut à chaque paire pour décrire l'objet et le dessiner. Les paires qui l'obtiennent en moins de temps gagneront leur groupe.

  À quelle vitesse devons-nous partager l'Évangile et témoigner de sa Parole? Le monde a besoin de lumière, chaque objet dessiné exprime un message.

Connecter | Télécharger

Le livre des Actes raconte l'histoire de la première église. Le Saint-Esprit est l'auteur de tous les événements de chacune de ses histoires.

La première église a été fondée par les apôtres, par des personnes qui au fil des ans ont supposé être des témoins du Christ. Cette histoire est une narration d'événements, de miracles, de vies changées. Jésus nous demande d'être ses témoins afin qu'à travers son histoire nous présentions son message et apportions le salut (Matthieu 28:19).

1. Un témoin qui attend la promesse et la reçoit

Les disciples ont vécu de nombreuses expériences avec Jésus, mais le moment est venu où ils devraient continuer seuls. Jésus avait accompli ses desseins et quittait la terre pour aller au ciel. Il avait de nombreux projets pour ses disciples et un appel spécial pour leur vie; il voulait qu'ils soient ses témoins. Les disciples ont relevé un grand défi afin de réaliser les plans que Jésus avait pour eux.

Les disciples devaient apprendre à «attendre». Jésus leur avait promis qu'ils auraient la direction du Saint-Esprit, et que dans les plans qu'ils ont entrepris et les projets qu'ils ont assumés, étant leurs témoins, l'Esprit Saint serait là pour les aider et les réconforter en tout. L'attente nous coûte, nous avons également confiance, mais si nous apprenons à expérimenter cette demande, Jésus nous utilisera et nous fera participer à ses grands projets.

Il est temps d'être disciples du Christ. Que nous ne nous laissions pas emporter par notre propre conscience ou par nos propres décisions, mais plutôt que nous apprenions à consulter Dieu chacune de nos décisions, et bien plus encore concernant le service à Dieu. Suivons l'exemple des disciples (Actes 1:13-14) qui ont appris à attendre tout en s'unissant pour prier le Seigneur.

2. Un témoin qui défend son rôle et porte ses fruits

Faire des «disciples» n'était pas une tâche facile, c'était un grand défi et les disciples devaient le relever avec un grand engagement de leur part. Leur tâche était essentielle, ils devaient être des témoins (Actes 1:8), ils devaient partager l'histoire de Jésus, l'histoire du salut. Mais «faire des disciples» ne parlait pas seulement de l'Évangile, il comprenait également le partage des enseignements de Jésus, au point que les gens supposaient publiquement qu'ils appartenaient au Christ par le baptême. Nous devons reconnaître que ce grand défi de «faire des disciples» n'a pas été abandonné dans le passé. C'est un engagement qui n'est pas seulement donné aux disciples qui étaient au temps de Jésus. C'est une tâche que nous qui nous considérons enfants de Dieu, ceux qui ont assumé le message de Jésus-Christ, nous devons le considérer et l'appliquer à nos vies.

Nous devons être des témoins, assumant le rôle de disciples, portant le nom de Christ en haut. En partageant sa Parole, travaillant plus sérieusement, pour que les gens acceptent Jésus, qu'ils apprennent de Lui et cherchent à être baptisés. Aussi, nous devons les motiver afin que nos disciples soient encouragés à continuer de partager ce grand défi avec les autres et à former de nouveaux disciples.

3. Un témoin convoqué et jouant son meilleur match

Être appelé à faire partie d'une équipe, assumer le rôle qui nous est assigné là-bas, s'identifier à l'équipe et partager le même but, nous amène à avoir un sentiment d'appartenance et nous motive à atteindre des objectifs et des défis.

Les disciples faisaient partie de l'équipe de Jésus et ils savaient qu'ils étaient une grande équipe. Quand Jésus est parti et est revenu les appeler, ils ont cru en lui et ont été encouragés à venir à l'endroit où Jésus les avait commandés: «Les onze disciples allèrent en Galilée, sur la montagne que Jésus leur avait désignée» (Matthieu 28:16). Mais tous ne sont pas venus à l'appel, l'un des douze était absent, il n'était plus (Actes 1:16-19).

Dans le monde séculier, le plus grand nombre d'équipes est entraîné par le sport. Être un joueur appelé à appartenir à une équipe nationale est un grand privilège. Mais tous les joueurs ne sont pas encouragés à tout donner, n'assument pas tous leur rôle, ne laissent pas tous le meilleur d'eux pendant le match. Seule la meilleure équipe ramène à la maison le trophée du vainqueur, le meilleur ou l'un des meilleurs.

Jésus nous a appelés à donner le meilleur de nous-mêmes; nous devons jouer le rôle de témoins. Jésus sait à quel point nous sommes talentueux et est convaincu que nous pouvons jouer le meilleur jeu. Il est intéressant de noter que dans Matthieu 28:17, il est dit que «Quand ils l'ont vu, ils l'ont adoré ...», mais il est triste de lire aussi» mais certains doutaient»

Jésus nous fait confiance et a de l'espérance, ne doutons pas des grandes choses qu'il peut faire avec nous; supposons et jouons le meilleur jeu. Répondons avec confiance à l'ordre qu'il nous a laissé: «Allez, et faites des disciples de toutes les nations.»

Souvenons-nous que marcher avec Jésus, c'est apprendre de Lui chaque jour, c'est expérimenter sa grâce, apprécier sa bonté. Mais supposer être ses témoins, c'est aider les autres à vivre la même expérience, avoir la grande opportunité de voir des vies transformées avec son message et de bénir chaque personne qui le rencontre.

Révisez/Application: Demandez à la classe de rechercher les citations bibliques et de trouver les noms des témoins du Christ qui étaient leurs disciples:

Actes 2:14 (Pierre)

Actes 3:1 (Pierre et Jean)

Actes 6:8 (Étienne)

Actes 8:26 (Philippe)

Actes 9:36 (Tabitha)

Actes 16:1 (Timothée)

Actes 17:10 (Paul et Silas)

Colossiens 4:12 (Epaphras)

Ephésiens 6:21 (Tychique)

Défi: Comment peux-tu exprimer que tu es un témoin de Jésus? Pense à des façons créatives d'être un témoin du Christ. Partage tes idées avec la classe lors de leur prochaine rencontre.

Nouveau Peuple

Leçon 25

Viviana Ortega • Argentine

Objectif: Que l'élève comprenne que nous sommes le peuple de Dieu, choisi et acquis par amour et qu'il est donc de notre responsabilité de respecter ses commandements.

Pour mémoriser: «*Car tu es un peuple saint pour l'Éternel, ton Dieu; l'Éternel, ton Dieu, t'a choisi, pour que tu fusses un peuple qui lui appartînt entre tous les peuples qui sont sur la face de la terre, Ainsi, observe les commandements, les lois et les ordonnances que je te prescris aujourd'hui, et mets-les en pratique*» Deutéronome 7:6,11

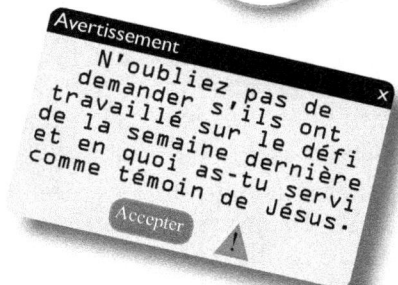

Connecter | Télécharger

Dynamique d'introduction (12 à 17 ans).
- Matériaux: Une feuille de papier et un crayon pour chaque élève.
- Instructions: Dessinez sur la feuille de papier une boîte avec plusieurs casiers et écrivez dans chaque boîte des choses que vos élèves peuvent avoir en commun (nom, âge, taille, poids, nombre de chaussures, mois de naissance, sexe, nombre de frères, etc.). À l'intérieur de chaque boîte, laissez un espace à remplir et un autre à signer par leurs camarades de classe. Lorsque vos élèves arrivent en classe, donnez-leur la feuille et un crayon pour remplir les casiers. Ensuite, dites-leur que vous leur accorderez un temps fixe, afin qu'ils puissent se demander mutuellement et trouver la personne qui correspond à ce qu'ils ont écrit dans la boîte et leur demander de signer. À la fin, demandez: Combien d'entre vous connaissaient ceux qui avaient des caractéristiques similaires aux vôtres sans demander? Il y a beaucoup de choses que vous avez en commun et que vous ne saviez peut-être pas parce que vous ne vous connaissez pas en profondeur ou parce que vous ne l'avez jamais dit. Mais oui, il y a quelque chose que nous tous ici avons en commun. Commencez ensuite la leçon.

Dynamique d'introduction (18 à 23 ans).
- Matériaux: Une Bible, de grands vêtements, c'est-à-dire un pantalon et une rame ou un plongeur où deux personnes peuvent entrer. Une petite table, une chaise, quelque chose à boire, un verre, une assiette, quelque chose à manger; Ce peut être un sandwich, un gâteau ou un dessert, ou juste un paquet de biscuits. Ils auront également besoin d'argenterie et de serviettes.
- Instructions: Demandez trois volontaires qui veulent vous aider avec une dynamique et venir en avant. Demandez à deux d'entre eux de s'habiller avec les vêtements qu'ils ont apportés et expliquez qu'ils feront partie d'un corps et que la troisième personne sera la tête de ce corps. Cette troisième personne se positionnera au milieu d'eux, c'est-à-dire qu'elle se tiendra derrière eux et sa tête sera au milieu des deux, il devra également leur donner quelques ordres et ceux qui font la partie du corps devront les exécuter. Pendant qu'ils se préparent, avancez la table et la chaise avec tous les objets. Expliquez ensuite à la troisième personne (qui sera la tête de ce corps) que vous devrez donner à votre corps certaines instructions (je suis très fatigué, je veux m'asseoir, j'ai soif, je veux boire, j'ai envie de manger, que dit la dévotion? aujourd'hui? Deutéronome 7:6-11). Les deux personnes qui composent le corps essaieront de s'asseoir sur la chaise et parviendront à manger et à chercher dans la Bible la citation de la Bible pour que la tête puisse la lire à haute voix. Une fois la dynamique terminée, demandez à vos élèves ce qu'ils peuvent apprendre de ce qu'ils ont vu. Commencez ensuite la leçon.

Connecter | Télécharger

Demandez: As-tu arrêté un instant pour réfléchir combien tu es important et spécial pour Dieu? La Bible nous dit dans Genèse 1:26-27 que nous avons été créés à son image et à sa ressemblance et nous a fait régner sur toute la création. Il nous dit aussi dans sa Parole qu'il nous a fait un peu plus petit que les anges et qu'il nous a couronnés de gloire et d'honneur (Psaume 8:5-8).

Au moment ou nous l'acceptons dans notre cœur, il nous a donné une place très privilégiée et il a même fait de nous ses enfants bien-aimés, nous faisons partie de sa famille et de son peuple spécial.

Peut-être tu pourras te demander, comment se fait-il que nous soyons si importants pour Dieu? Pourquoi? Pour quelle raison? Dieu nous a donné ce grand honneur et cette place, avec un grand dessein; Voyons ce que dit sa Parole.

1. Nous faisons partie de son peuple

Lisons Deutéronome 7:6-11 et 1 Pierre 2:9. Dans ces versets, nous trouvons un mot qui est courant dans les deux passages; le mot qui est souligné est «peuple».

Dans l'Ancien Testament, le concept de «peuple de Dieu» est né. Son origine était avec Abraham, patriarche du peuple d'Israël. Il a été appelé par Dieu pour tout quitter, quitter sa terre et se rendre dans un lieu inconnu, et c'est là que Dieu lui a fait la promesse (Genèse 12:2). Dieu a choisi Israël comme peuple pour garder sa loi, ses commandements et pour être un instrument de rédemption, afin qu'à travers lui les nations connaissent Dieu.

Dieu voulait qu'Israël soit un phare pour les nations, comme il l'a mentionné dans Ésaïe 42:6-8. Mais nous savons tous comment l'histoire a continué, le peuple que Dieu a choisi, il lui a été infidèle à plusieurs reprises. Ils ont désobéi à sa loi, ont adoré d'autres dieux et ont graduellement tourné le dos à Dieu et ont oublié le but auquel Dieu les avait appelés.

Avec le temps, Dieu a suscité des prophètes, des juges et des rois pour conduire son peuple, mais à maintes reprises, ils sont tombés dans le péché et se sont détournés de Dieu.

Cependant, Dieu qui est miséricordieux et son grand amour est incomparable, finalement, il a envoyé Jésus-Christ pour sauver le monde (Luc 19:10). Jusqu'avant la venue de Jésus, on aurait pu penser que pour Dieu cela n'avait pas plus d'importance qu'Israël; Cependant, en Jésus-Christ, le plein amour de Dieu pour toute la race humaine a été démontré.

Jésus-Christ n'est pas venu seulement pour racheter ou sauver Israël, mais pour toute l'humanité, comme il est dit dans Jean 3:16.

La seule façon de faire partie du peuple de Dieu est de mettre notre foi en Jésus-Christ, qui par le sacrifice sur la croix, nous avons été réconciliés avec Dieu. Le péché nous a séparés de Dieu, nous étions esclaves du diable; pourtant il nous a regardés avec amour et nous a pardonnés.

Grâce à son sang versé sur la croix, nous faisons partie du peuple de Dieu, non d'une nation, ni des Juifs, mais du peuple de Dieu.

2. Les privilèges qu'il nous a accordés

Deutéronome 7:6-11 nous montre clairement l'amour de Dieu pour son peuple, et aujourd'hui ses paroles nous sont étendues, nous qui faisons partie de ce peuple élu. Permettez à vos élèves d'expliquer, dans leurs propres mots, chaque phrase du texte et si nécessaire de clarifier certains des concepts qu'ils ne comprennent pas: nous sommes des gens saints, nous sommes choisis, pour être des gens spéciaux, nous étions insignifiants, il nous aimait et nous sauvait de la servitude, afin que nous gardions ses commandements.

Dans 1 Pierre 2:9, nous trouvons quatre caractéristiques ou privilèges que Dieu a accordés à ses enfants, à ceux qui croyaient en Lui comme leur Sauveur et Seigneur.

a. Race élue: la race doit appartenir à une famille, à une descendance, c'est-à-dire que nous sommes des descendants de Dieu (Genèse 12:1-9).

b. Sacerdoce royal: Selon certains érudits, cela peut indiquer que «appartient ou sert le roi, Dieu». Ou cela peut aussi signifier «une vraie maison» ou «une vraie résidence». C'est-à-dire que Pierre a exprimé à ses lecteurs qu'ils sont une maison ou un palais où réside Dieu le Roi. Tout comme le sacerdoce de l'Ancien Testament doit être exempt de contamination, il doit être une personne sainte, consacrée à ce service, de la même manière que Dieu nous appelle à vivre une vie sainte afin que nous puissions également être un sacerdoce sacré.

c. Sainte Nation: Indique que nous faisons partie d'une nation, et non d'une nation, mais d'une nation spécialement dédiée ou consacrée à Dieu, car il nous a séparés du monde pour son honneur et sa gloire.

d. Un peuple acquis par Dieu: Cela signifie que nous sommes l'appartenance exclusive de Dieu, Il nous a achetés avec à prix du sang de son fils Jésus. Nous n'étions personne, nous ne méritions pas à son amour et sa miséricorde, pourtant il nous a choisis comme son peuple; Cela signifie qu'il nous a donné une identité, maintenant nous sommes ses enfants et en échange de ce que Dieu a fait pour nous, nos vies sont à son service complet.

Révisez/Application: Donnez-leur le temps d'écrire par eux-mêmes ce que signifie le texte de 1 Pierre 2:9. _____

Défi: Ce serait formidable s'ils pouvaient s'organiser avec leur professeur et planifier une journée ou un après-midi, dans un endroit spécifique de ton quartier, ou près de l'église, pour mettre l'évangélisation en pratique. Peut-être que vous n'en avez pas encore eu l'occasion, il existe de nombreuses façons de partager l'évangile: à travers un livret, une pièce de théâtre, une chorégraphie, etc. Ne manque pas cette occasion de partager ce que Dieu a fait pour toi!

Cœur Missionnaire

Leçon 26
Consuelo Siliézar • EUA

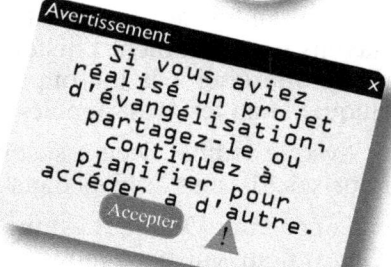

Objectif: Que le jeune sente qu'il fasse partir d'une église avec appel missionnaire, prêt a se compromettre avec Dieu pour accomplir la Grande Commission donnée par Jésus le Christ.

Pour mémoriser: «Comment donc invoqueront-ils celui en qui ils n'ont pas cru? Et comment croiront-ils en celui dont ils n'ont pas entendu parler? Et comment en entendront-ils parler, s'il n'y a personne qui prêche.» Romains 10:14

Connecter

Dynamique d'introduction (12 à 17 ans).

- Matériaux: Des morceaux de journaux, magazines ou brochures de sites touristiques nationaux ou étrangers, un clip pour 5 ou 4 étudiants; une ou deux feuilles et des crayons.
- Instructions: Présentez à vos élèves les jattes et laissez-les choisir l'endroit qu'ils aimeraient visiter. Rassemblez-les par groupes selon le lieu choisi, fournissez-leur du papier et un crayon pour faire un budget approximatif pour les dépenses, y compris le coût du passeport à l'étranger, le processus de visa, les éventualités, etc. Faites ensuite une analyse, avec les élèves, des obstacles à la réalisation d'un voyage comme celui qui était supposé. Faites une liste et enregistrez-la pour la fin du cours.

Dynamique d'introduction (18 à 23 ans).

- Instructions: À l'avance, préparez deux jeunes (peut-être de la classe) pour jouer une expérience lors d'un voyage missionnaire. Demandez à l'un de partager toutes les difficultés dont il a été témoin (y compris les frais de voyage personnels) et à l'autre de mentionner ce qui a été accompli. Faites ensuite le point avec le groupe. (Recommander aux dramaturges qu'ils sont d'accord pour que ça vaille le détour). Si quelqu'un dans l'église a fait l'expérience d'un voyage ou d'une activité missionnaire, invitez-le à le partager et à ne pas jouer le jeu de rôle. Enfin, vous pouvez planifier une activité supplémentaire en classe avec les étudiants, ce pourrait être dans un hôpital, une maison de soins infirmiers, apportant quelque chose à partager.

Télécharger

Sans aucun doute, les résultats d'un voyage récréatif ne sont pas toujours entièrement satisfaisants, malgré le fait qu'il s'agissait d'une activité de repos, de la précipitation du voyage et de certains événements imprévus (maladie, accidents, vol, etc.) peuvent éclipser la marche et entraîne de la fatigue. Cependant, la satisfaction d'avoir mené des activités autres que la routine demeure. Peut-être, le facteur économique se retrouve dans une situation d'insolvabilité, pour avoir fait un prêt, ou si les paiements ont été effectués par carte de crédit, et plus a été dépensé que prévu. Dans certains cas, certains voyageurs reviennent battus ou malades en raison des changements climatiques et alimentaires, ce qui implique des dépenses et des désagréments. À d'autres moments, il se peut que rien de tout cela n'arrive et tout se révèle excellent.

Qui serait prêt à investir le même temps et l'argent dans un voyage dans des lieux non touristiques et sans le résultat du voyage? Par exemple, un voyage pour évangéliser, sans le confort des hôtels avec des lits très confortables, des toilettes, des douches, des lavabos, des restaurants, des transports, des jeux récréatifs. Demandez: Y aurait-il une volonté d'investir le coût d'une excursion pour un service, plutôt que de partager avec la famille ou les amis? Partager avec des gens avec très peu de ressources, dormir par terre, utiliser des latrines, manger différemment, recevoir certaines personnes marginalisées de la communauté?

Le sens du mot «évangile» n'est rien d'autre que «bonne nouvelle», lorsque nous partageons cette bonne nouvelle avec les autres, nous disons ce que Jésus-Christ a fait pour nous donner le salut, nous présentons l'évangile aux autres, nous prêchons sa Parole, accomplissant «la Grande Commission» confiée à ceux qui sont disciples de Jésus.

1. La Grande Commission

Le Seigneur Jésus a dit à ses disciples de faire plus de disciples, et si nous sommes ses disciples, nous devons obéir ses ordres (Marc 16:15-18). Cette lecture correspond à ce qu'on appelle «la Grande Commission», car c'est l'ordre que Jésus-Christ a laissé pour accomplir. L'église est composée de nous tous qui avons cru que Jésus est né en tant qu'homme; Étant Dieu, il est mort crucifié pour donner le salut à l'humanité, il s'est levé le troisième jour et est monté au ciel, où il est notre intercesseur. L'église doit continuer à partager le message du salut à tous ceux qui ne le connaissent pas encore et qui marchent dans les ténèbres.

2. Une église missionnaire

L'église qui remplit la tâche qui lui est confiée est une église missionnaire, donc ceux qui lui appartiennent sont des missionnaires, du plus vieux au plus jeune. Lorsque le Seigneur Jésus allait terminer sa mission sur terre, il a promis de ne pas laisser ses disciples seuls, il a fait la promesse d'envoyer le Saint-Esprit qui, en tant que membre de la Trinité, comblerait le vide qu'il laisserait. La présence de Dieu par son Esprit apporte réconfort, paix, force, autorité et tout le nécessaire pour accomplir la Grande Mission. Il est celui qui distribue les dons pour l'édification du corps de Christ; Dans 1 Corinthiens 12, Paul a fait référence aux dons et à leurs fonctions, et spécifiquement au verset 11, il a mentionné que c'est le Saint-Esprit qui distribue à qui Il veut et comment Il veut. Chacun possède une fonction spécifique au sein du corps, c'est donc dans l'unité que la mission de l'église est accomplie.

3. Des étapes à suivre

De la même manière que la diversité des dons est nécessaire au fonctionnement du corps, il doit avoir une procédure. Pour réussir la mission, il est important de considérer les étapes suivantes:

A.) PRIÈRE. C'est la clé qui ouvre les portes. Cela fait partie de l'armure avec laquelle un chrétien doit être habillé. (Éphésiens 6:10-18).

Là, on invoque la prière à tout moment, ce qui implique en toutes circonstances, à tout moment, dans les bons et les mauvais moments (Philippiens 4:6).

Demandez: Y a-t-il différents types de phrases? Oui, entre autres, nous pouvons mentionner la prière de gratitude, la prière d'intercession, la prière de demande, de supplier et de mendigoter. Pour réussir dans la prière, il faut le faire avec «action de grâce», c'est-à-dire avec gratitude, rendre gloire à Dieu dans chaque situation. Cela devrait aussi être fait avec foi, croyant que ce qui est demandé sera reçu (Matthieu 21:22) et comme l'apôtre Paul l'a fait avec joie (Philippiens 1:4). Quiconque rejoint la mission de partager la Parole ne peut laisser de côté la prière. Grâce à elle, nous communiquons avec notre Dieu, nous pouvons lui parler, lui dire tout ce que nous ressentons et demander ce dont nous avons besoin.

B.) APPRENDRE: L'apprentissage est l'un des éléments pour se rendre sur le champ de bataille. Il est essentiel de connaître les stratégies qui vont être utilisées et d'apprendre à manipuler les armes que nous avons à notre portée pour lutter contre l'ennemi (Ephésiens 6:10-18).

C.) ENSEIGNER: Les connaissances acquises doivent être utilisées pour le bénéfice personnel et de l'église. Nous ne devons pas oublier la Grande Commission et faire plus de disciples. Ce qui a été appris est partagé avec les autres, afin que l'évangile continue de se répandre, comme l'a établi le Seigneur Jésus.

D.) DONNER, PARTAGER: C'est la stratégie que Jésus a utilisée pour donner le message de la bonne nouvelle. Il a utilisé son pouvoir pour restaurer la santé physique par des miracles de guérison, nourrir les foules et ses disciples et apporter la paix à ceux qui ont été trompés par le diable. Les œuvres que nous faisons sont le résultat de notre foi en Jésus-Christ (Jacques 2:14-16). La Bible nous enseigne à être généreux, Paul a également enseigné ce principe (Actes 20:35). Jésus était si généreux qu'il a renoncé à sa propre vie en sacrifice pour sauver tous ceux qui croyaient en lui.

On peut contribuer aux missions en donnant des ressources économiques, en argent ou en nature, en se souvenant que ce qui est apporté est le meilleur (Colossiens 3:23). Beaucoup ne peuvent peut-être pas physiquement aller en mission, mais ils peuvent donner pour soutenir les missionnaires.

Il est urgent que les jeunes participent également aux missions. Le Seigneur Jésus était préoccupé (et l'est sans aucun doute toujours) lorsqu'il a dit à ses disciples que «la moisson est grande, mais les ouvriers sont peu nombreux» (Luc 10:2). Les travailleurs sont de plus en plus rares et de nombreuses personnes meurent sans avoir entendu le message du salut. Aujourd'hui, beaucoup sont formés dans divers métiers et métiers, mais uniquement pour leur bénéfice personnel. Certains se contentent d'aller au temple et d'écouter des sermons, mais ils ne veulent pas s'engager à partager la bonne nouvelle.

Dieu a donné à Ézéchiel une parole très dure (Ézéchiel 3:18-19) et même l'apôtre Paul en a tenu compte (Actes 20:26). Nous ne devons pas faire la sourde oreille à la Parole du Seigneur, nous devons mettre en pratique tous ses commandements afin de bien faire. Personne n'a dit que ce serait facile, mais on se débat alors qu'il y a de l'espoir, on cherche Dieu pendant qu'on peut le trouver, dans la vie terrestre. Utilisons toutes nos ressources pour aller sur le champ de bataille et apporter la nouvelle de l'Évangile à ceux qui ne la connaissent pas encore. Notre mission est de partager, pas de convaincre car c'est la tâche du Saint-Esprit. Nous devons être mis au défi d'utiliser la force, la vitalité, l'enthousiasme et le désir de servir des jeunes, de les rendre à Dieu.

Révisez/Application: Accordez-les le temps de placer Faux ou Vrai.

1. Les prédicateurs sont très peu nombreux. (V)
2. Seuls les pasteurs doivent être missionnaires. (F)
3. Les œuvres n'ont pas besoin de foi. (F)
4. La générosité est également nécessaire dans le travail. (V)
5. Je peux me consacrer à l'enseignement sans avoir appris. (F)
6. La prière est la clé pour ouvrir les portes. (V)
7. Jésus ne se soucie pas beaucoup des âmes perdues. (F)
8. Nous pouvons tous participer aux missions. (V)
9. C'est en voyageant seulement qu'on peut-être missionnaire. (F)
10. Nous devons seulement prêcher aux chrétiens. (F)

Soulignez les mots incorrects dans le texte du passage biblique suivant: Ézéchiel 3:11

«Et va et entre chez les (sages), vers les (pères) de ton peuple, et (écris-leur) et dis-leur: Ainsi parle Jéhovah le (Christ); qu'ils écoutent ou arrêtent d'écoute».

Défi:
Il existe actuellement 194 pays officiellement reconnus dans le monde (mise à jour jusqu'en 2014): 54 en Afrique, 35 en Amérique, 14 en Océanie, 50 en Europe (7 Eurasiens), 48 en Asie (7 Eurasiens). La somme donne 201 mais il y a 7 pays qui partagent l'Europe et l'Asie, donc la somme des pays est de 194 http://www.saberespractico.com/estudios/%C2%BFcuantos-paises-hay/.

Suis-Je Une Brebis?

Leçon 27
Lemuel Sandoval • Mexique

Objectif: Que le jeune voit l'église comme le troupeau de Jésus qui dépend de ses soins et de son guide.

Pour mémoriser: *«Je suis le bon berger; et je connais mes brebis, et les miens me connaissent.»* Jean 10:14

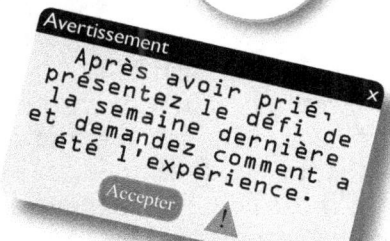

Avertissement
Après avoir prié, présentez le défi de la semaine dernière et demandez comment a été l'expérience.
Accepter

Connecter | Télécharger

Dynamique d'introduction (12 à 17 ans).
- Matériel: De grand papier ou tableau noir, des marqueurs en couleur (vers le bas) ou gris (craie). Vous pouvez également utiliser des coupures d'illustrations ou des photos de moutons, béliers, prairies, chiens, bergers, clôture et autres éléments d'un troupeau.
- Instructions: (Formez deux équipes) Demandez aux élèves s'ils ont vu ou connu des bergers et leurs troupeaux. Il y a de fortes chances que vous l'ayez au moins vu dans des films ou des photographies. Sur le papier ou le tableau, demandez-leur de dessiner ou de coller les illustrations des animaux et des personnes participant à un troupeau. Il peut s'agir des moutons, du berger avec son bâton, des chiens de berger et peut-être même des loups qui attaquent les agneaux. Ensuite, donnez à chaque groupe le temps de décrire ce que doit faire chaque personnage et l'image qu'ils ont réunie au tableau. Le groupe avec la description la plus complète sera le gagnant.

Demandez-leur s'ils connaissent des bergers célèbres qui apparaissent dans la Bible.

Dynamique d'introduction (18 à 23 ans).
- Matériaux: De grand papier ou du tableau noir, dictionnaires et / ou tout matériel de référence, des marqueurs colorés ou gris (stylos-feutre).
- Instructions: Nous nous adapterons avec certains concepts importants de la leçon. Demandez aux élèves de trouver la signification des mots dans la liste ci-dessous; qu'ils tentent également d'expliquer ce que fait chaque personne ou animal enrôlé. Si les documents de référence ne sont pas disponibles, encouragez les jeunes à exprimer leurs significations dans leurs propres mots; dans tous les cas, il est important que l'enseignant se prépare à donner une explication de chaque mot.

Écrivez cette liste au tableau.

Brebis, berger, gourdin, bâton, roulette, troupeau, pâturage, herbage, déraillement, pacage, voleur et porte.

Connecter | Télécharger

Qu'est-ce que l'église? L'église est le groupe de personnes qui croient en Christ et se réunissent pour l'adorer. Mais quoi d'autre est l'église? Jésus, et plus tard les apôtres Paul et Pierre ont utilisé des figures métaphoriques, ou des exemples, pour expliquer l'église, la relation entre ses membres et la position de Jésus en elle. Parfois, ils appellent cela un corps, d'autres fois une ville et même un bâtiment. Mais le plus connu est la figure du troupeau et du bon berger.

Sans aucun doute, la métaphore de l'église en tant que troupeau est la plus utilisée aujourd'hui, et souvent sans s'en rendre compte. Par exemple, nous appelons «bergers» les hommes et les femmes que Dieu a nommés pour diriger et enseigner l'église.

Comme nous le verrons dans les paragraphes suivants, ce concept est né dans l'Ancien Testament; mais Jésus lui-même l'a utilisé pour décrire les croyants et pour enseigner à quoi devrait ressembler notre relation avec lui. Lisez ensemble l'évangile de Jean 10: 7-21; sûrement vous apprécierez d'écouter une autre version dont ils disposent. À quoi ressemble le troupeau de chrétiens? Qui est le vrai berger de ce troupeau?

1. L'Église: le troupeau de Dieu

Pratiquement tout chrétien connaît le Psaume 23 par cœur (ils devraient tous le réciter ensemble), qui parle de Jéhovah comme d'un berger qui prend soin de ses brebis et leur fournit de la nourriture. Et puisque nous sommes dans les Psaumes, 100:3 dit dans la traduction de la langue actuelle: «Reconnaissez qu'il est Dieu; il nous a faits, et nous lui appartenons. Nous sommes son peuple: il est notre berger et nous sommes son troupeau!» Toujours dans les écrits des prophètes, nous pouvons voir le peuple de Dieu décrit comme un troupeau: Ézéchiel 34 et Michée 7:14.

Dans le Nouveau Testament, dans le passage de Jean 10:7-21, Jésus a présenté la parabole du troupeau; au verset 14b, il est dit: «Je connais mes brebis et ils me connaissent» (VLS). C'est-à-dire que les moutons qui connaissent Jésus appartiennent à leur pli ou à son pâturage. Le verset 4 de Jean 10 dit que les brebis suivent le berger parce qu'elles reconnaissent sa voix. Cela signifie que tout le monde n'appartient pas à l'église de Jésus, ni à sa famille, mais seulement aux hommes et aux femmes qui connaissent si bien le Christ, si intimement, qu'ils peuvent reconnaître sa voix et le suivre.

Les moutons distinguent également les voix qui ne sont pas de leur berger; Voici comment Jean 10: 8 dit: «Tous ceux qui sont venus avant moi sont des voleurs et des brigands; mais les brebis ne les ont point écoutés» (VLS). En d'autres termes, le troupeau chrétien ne suit que et exclusivement le bon berger, qui est le Fils de Dieu. De plus, en Lui, nous avons la vie éternelle et en abondance de toutes les manières. Nous n'avons pas à attendre d'être au ciel, mais sur terre, nous pouvons profiter des riches bénédictions que Dieu nous donne (v.10).

Jean 10:16 dit qu'il y a des brebis qui n'appartiennent pas à son troupeau, qui sont perdues, mais Jésus ira les chercher pour les ramener. C'est donc une bonne nouvelle! Ceux qui ne connaissent pas Jésus-Christ comme leur berger, lorsqu'ils entendront sa voix et viendront à lui, feront partie de son troupeau.

2. Jésus, le bon berger

Jésus lui-même s'est présenté comme le berger qui appelle les brebis par leur nom et ils l'entendent (Jean 10:3). Demandez: Que fait un berger pour ses brebis? Regardons le Psaume 23:

a. Fournit de la nourriture et du soutien (v. 2). Le Seigneur fournit la nourriture physique et spirituelle (la Parole), qui aide à mûrir et à grandir dans la foi et à étancher notre soif avec de l'eau de vie (Jean 4:13-14).

b. Il nous guide sur le bon chemin (v. 3). Jésus a dit: «Je suis le chemin ...» (Jean 14:6) si nous le suivons, nous ne serons jamais perdus.

c. Il nous sauve et nous protège (v. 4). Le bâton du berger est une longue perche courbée à une extrémité, comme s'il s'agissait d'un crochet. Cela a été utilisé pour tirer les moutons qui s'éloignent ou tombent dans des trous et se font attraper. Il a également été utilisé pour défendre les moutons des animaux sauvages. Jésus nous sauve lorsque nous avons des ennuis et des difficultés, mais il nous ramène également au troupeau si nous sommes capricieux. Défendez-nous également contre les attaques de l'ennemi.

d. Il nous encourage et nous donne de la force (vv. 3-4). Le Christ se soucie de nous et nous ne devons pas avoir peur. Il nous aide à vivre en toute confiance et nous encourage à continuer. Dans toutes les situations, nous pouvons être sûrs que Jésus est à nos côtés.

Il est beau de savoir que notre berger a donné sa vie pour nous (Jean 10:11). Il n'y a pas de plus grand acte d'amour que ce que Jésus a fait pour nous! Il a donné sa vie en paiement de nos péchés, et maintenant nous pouvons avoir la vie éternelle. Il se soucie de nous des trompeurs (Jean 10:1-2) qui sont des voleurs: «Bien-aimés, n'ajoutez pas foi à tout esprit; mais éprouvez les esprits, pour savoir s'ils sont de Dieu, car plusieurs faux prophètes sont venus dans le monde.» (1 Jean 4:1 VLS)

3. Un troupeau et un berger

Aujourd'hui, chaque église locale a son propre berger. Nos pasteurs prient chaque jour et cherchent Dieu pour suivre l'exemple de Jésus. Ils nous fournissent la nourriture de la Parole de Dieu et nous amènent à nous rapprocher de lui. Si nous partons, ou si nous avons des ennuis, ils s'inquiètent pour nous et essaient de nous aider; ils nous encouragent à suivre la vie chrétienne.

Si quelqu'un veut nuire ou enseigner quelque chose qui n'est pas correct, il est sage de le distinguer et de protéger ses brebis. Ces hommes et femmes de Dieu ont donné leur vie pour servir le Seigneur et son église. Et bien que dans le monde il y a beaucoup de bergers, il y a un berger qui est plus âgé qu'eux, qui est parfait et qui les guide dans leur travail, Jésus, le bon berger.

De la même manière, bien qu'il existe de nombreuses églises locales à travers le monde et que chacune soit différente des autres, tous les chrétiens appartiennent à un seul troupeau. Dans ce troupeau, nous sommes ceux qui connaissent Jésus et le suivent seulement, quand nous entendons sa voix et lui obéissons, nous avons le salut et la vie éternelle. Nous sommes ses brebis et nous dépendons pleinement de Jésus-Christ. Mais aussi ceux qui ne sont pas encore du troupeau peuvent devenir membres de Lui, ils n'ont qu'à écouter la voix du bon berger qui les appelle à Le suivre.

Révisez/Application: Laissez le temps pour qu'ils relient les colonnes: les concepts que nous avons étudiés en classe apparaissent dans la première et celles qui se représentent dans la seconde.

A. Troupeau	(B) Nourriture physique et parole de Dieu pour grandir et mûrir dans la foi.
B. Alimentation et moyens de soutien	(F) Ce sont ceux qui n'écoutent ni ne suivent Jésus.
C. Roulette et bâton	(E) Le Saint-Esprit nous guide pour suivre Jésus.
D. Porte	(A) Groupe de personnes qui connaissent Jésus, qui croient en lui, ils écoutent sa voix et le suivent.
E. Chemin	(G) Jésus est mort sur la croix pour payer nos péchés et nous donner la vie éternelle.
F. Brebis égaré	(D) Jésus est la seule porte vers le salut.
G. Donne la vie	(C) Le bon berger nous sauve des dangers et nous protège de l'ennemi.

Maintenant, après avoir été au parfum que l'église est l'exemple d'un troupeau, comment changerais-tu ton attitude envers les autres frères?

Est-ce que tu crois que les brebis peuvent se soigner sans l'aide de personne d'autre?

Défi: Dieu t'appelle-t-il à être l'un des bergers de son troupeau? Ou veut-il que tu sois la voix qui appelle les moutons perdus? Dans les troupeaux, les moutons les plus expérimentés aident également à guider les autres. Est-ce que tu aides les petits dans la foi au sein de ta congrégation? Tu as peut-être pensé que l'œuvre de Dieu est presque terminée, mais il reste encore beaucoup à faire. Si tu ne l'as pas déjà fait, mets-toi au service de ton église, que ce soit pour aider, enseigner, accompagner, conseiller les autres. Et souviens-toi du modèle de Jésus.

Pas Du Monde

Leçon 28
Wendy López • Panama

Objectif: Que le jeune homme comprenne qu'en tant qu'enfant de Dieu il est dans le monde mais pas du monde.

Pour mémoriser: *«Vous, au contraire, vous êtes une race élue, un sacerdoce royal, une nation sainte, un peuple acquis, afin que vous annonciez les vertus de celui qui vous a appelés des ténèbres à son admirable lumière»* 1 Pierre 2:9

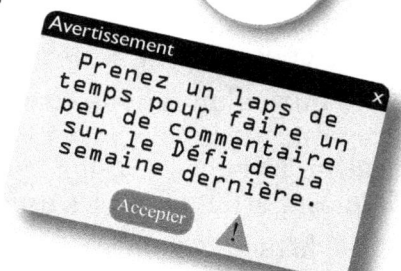

Avertissement: Prenez un laps de temps pour faire un peu de commentaire sur le Défi de la semaine dernière. Accepter

Connecter

Dynamique d'introduction (12 à 17 ans).

- Instructions: Une fois que tout le monde est dans la classe, sélectionnez quelques jeunes seulement de façon très dramatique. Distinguez-les du reste du groupe et dites-leur quelque chose en secret et félicitez-les. Laissez le reste du groupe se plaindre du traitement spécial que les «Élus» reçoivent. Regroupez-les ensuite et demandez-leur ce que les «élus» ont ressenti face à un traitement spécial. Demandez aux autres ce qu'ils ont ressenti lorsqu'ils n'ont pas été choisis.

La Bible nous dit que nous sommes le peuple élu de Dieu.

Dynamique d'introduction (18 à 23 ans).

- Matériaux: Du tableau noir et de la craie ou des marqueurs.
- Instructions: Demandez aux élèves d'énumérer les choses dont ils s'occupent lorsqu'ils choisissent (exemples: des vêtements de fête, chaussures, petits amis). Écrivez les résultats au tableau. Demandez-leur ensuite de classer chaque chose en donnant un nombre de 1 à 5. Les 5 signifient qu'ils prennent un soin extrême à choisir cette chose. Le 1 signifie qu'ils n'y prêtent pas beaucoup d'attention.

Dans la vie, nous devons choisir entre plusieurs choses. Dieu a choisi un peuple très spécial et lui a confié une tâche unique.

Télécharger

Dans le plan parfait de Dieu, Il a choisi un peuple très spécial, les Israélites. Ils ont été sortis de l'esclavage et mis à part des autres peuples. Dieu leur a demandé de ne rien faire qu'ils aient vu en Egypte, ni ce qu'ils ont vu dans les autres nations païennes qui seraient autour d'eux (Lévitique 18:1-5). Demandez: Pourquoi Dieu a-t-il demandé à son peuple de se mettre à part? Pourquoi Dieu voulait-il les garder au milieu de la culture de cette époque, mais les rendre différents? Dieu l'a demandé pour que le peuple reste sous sa direction et ses commandements et ne s'égare pas après d'autres fausses croyances et dieux.

Nous pouvons apprendre beaucoup du peuple d'Israël. En tant que chrétiens, nous devons vivre au milieu de ce monde et de sa culture. Demandez: Quelle devrait être notre attitude? Comment devons-nous nous comporter? Faut-il assimiler la culture ordinaire ou faut-il être différent? Ne serait-il pas plus facile de nous séparer complètement de ce monde et de former une communauté complètement «chrétienne»?

En tant que peuple de Dieu, nous avons été appelés à vivre dans ce monde; mais, pour ne pas faire partie de ce monde, 1 Pierre 2:9 nous aide à déchiffrer ce mystère: «Mais vous êtes une race choisie, un sacerdoce royal, une nation sainte, un peuple acquis par Dieu, afin que vous annonciez les vertus de celui qui vous a appelé des ténèbres à son admirable lumière,...».

Voyons comment ce verset de 1 Pierre 2:9 s'applique à notre vie.

1. Race élue

Race: «ensemble des ancêtres ou des descendants d'une personne ou d'une famille» (http: // www. wordreference.com/définition / lignage).

Demandez aux élèves de parler de leurs ancêtres. En tant qu'enseignant, recherchez une histoire (la vôtre ou celle de quelqu'un d'autre) quelqu'un que vous connaissez) qu'elle soit intéressante votre grand-père ou arrière-arrière-grand-père et le partage avec le groupe.

Demandez aux élèves de réfléchir à quel point qui serait merveilleux d'être le descendant d'un héros ou d'une personne célèbre. Demandez: Quel caractère historique aimerais-tu chez tes ancêtres? Et si nous découvrions que nous sommes des descendants de la royauté?

Bien que nous, chrétiens, venions de différents ancêtres et pays, notre race spirituelle est la même. Par Jésus, nous avons été adoptés dans la famille de la foi (Éphésiens 1:5 et Galates 4:4-5). Nous faisons maintenant partie d'une «race élue», notre comportement et notre conduite doivent honorer cette race. Dans nos promenades quotidiennes, à l'école, au travail ou au marché, nous devons bien représenter notre race avec nos attitudes et nos actions. Il y a des moments où cela est difficile car ce qui prévaut dans ce monde sont l'impolitesse, l'insolence, les jurons et les plaisanteries doubles. Mais nous devons nous rappeler que Dieu nous a appelés à être différents. Nous sommes un peuple et une lignée choisie. Nous ne pouvons pas agir selon les normes de ce monde. Nous devons être différents. En faisant cela, nous vivrons selon notre race, plantant des graines d'amour, d'espoir et de foi dans ce monde. Demandez: Quelles sont les choses culturelles et qui nous affectent?

2. Sacerdoce royal

Sacerdoce royal: Le monde dans lequel nous vivons nous dit, à travers la culture et les médias, que notre but dans la vie est la préservation de soi. Tout se résume à la façon dont nous pouvons avoir du plaisir et satisfaire les grands «Moi». Les actions des êtres humains sont basées sur un concept totalement égoïste.

Mais, les Écritures nous indiquent quelque chose de différent, dans Apocalypse 1:5b-6, nous lisons qu'en tant que croyants, nous sommes des sacrificateurs, mais pas à la manière du sacrificateur de l'Ancien Testament, dont la fonction était d'offrir des sacrifices pour l'expiation des péchés. Jésus-Christ est venu dans ce monde pour être le Souverain Sacrificateur et porter nos péchés une fois pour toutes, et a ainsi ouvert pour nous un accès direct à Dieu (Hébreux 10:19-22). Dans 1 Pierre 2:4-5, on nous dit que notre fonction sacerdotale est d'offrir des sacrifices spirituels. Demandez: Comment est-ce Notre fonction principale, en tant que sacrificateurs spirituels, est de vivre des vies qui honorent Dieu et servent notre Dieu et rapprochent ainsi les autres de Dieu. Notre service à Dieu s'étend à notre attitude envers les autres.

Ainsi, en tant que chrétiens et faisant partie du peuple de Dieu, nous devons comprendre que notre objectif d'être sur cette terre n'est pas conforme à la définition de ce monde. Notre rôle dans ce monde n'est pas pour la gloire et la conservation de soi. Chrétiens, peuple de Dieu, nous sommes un sacerdoce royal.

3. Une nation sainte

Nation sainte: Dieu recherche un peuple saint (Exode 19:5-6). Lévitique 11:45 dit: «Car je suis l'Éternel, qui vous ai fait monter du pays d'Égypte, pour être votre Dieu, et pour que vous soyez saints; car je suis saint». Dieu est saint et il veut que son peuple soit saint. La vie de sainteté est complètement opposée à ce que ce monde exige. De plus en plus cela est considéré comme le monde flatte la vie pécheresse, mais condamne la vie de sainteté. Les athlètes qui décident de «sortir du placard» et de rendre leur vie homosexuelle publique sont flattés et encouragés. Alors que les athlètes qui mettent leur foi en Dieu sont marginalisés sur une plateforme publique.

Pourtant, Dieu nous demande d'être un peuple saint. Notre sainteté a un effet dans ce monde. Lorsque le peuple de Dieu va à contre-courant du monde et marche dans la sainteté de Dieu, la création est libérée. Le péché et le mal perdent leur emprise sur les gens et le salut est inévitable. Romains 8:19-22 nous dit que la création elle-même attend sa liberté. Peuple de Dieu, commençons à marcher dans la sainteté!

Demandez: Comment pouvons-nous vivre une vie de sainteté dans ce monde? Est-il possible? Quel genre d'opposition qu'aurons-nous? Comment surmonter ces obstacles?

Peuple acquis par Dieu: Dieu ne nous a pas seulement choisis comme son peuple. Il a payé un très bon prix pour nous. Jean 3:16 nous dit que Dieu a donné son trésor le plus spécial pour nous, à son fils Jésus-Christ. Il nous a rachetés de nos péchés (Éphésiens 1:7), nous a sauvés et nous a donné la vie éternelle. Nous pouvons nous demander, en tant que psalmiste: «Qu'est-ce que l'homme ...?» (Psaume 8:4). Pourquoi nous? Pourquoi Dieu met-il tant d'énergie et tant d'attention sur de simples êtres humains?

Dans sa grâce infinie, Dieu nous a choisis pour répandre son amour sur nous. Notre réponse à cet amour doit d'être de gratitude et de proclamation. Notre désir devrait être de partager cette bonne nouvelle avec tout le monde.

Annonce: En tant que jeunes chrétiens, nous devons comprendre que nous vivons dans ce monde, mais que nous ne sommes pas de ce monde. Dieu nous a choisis comme son peuple, il nous a adoptés et a fait sa lignée, nous sommes du sacerdoce royal, une nation sainte et un peuple acquis par Dieu ... Pour quoi? Simplement pour «annoncer les vertus de celui qui nous a appelés des ténèbres à sa merveilleuse lumière» 1 Pierre 2:9.

Dieu ne veut pas que nous nous enfermions dans une communauté sainte physiquement séparée du monde. Dieu veut que nous reflétions notre race à ce monde, que nous pratiquions le sacerdoce royal dans des sacrifices spirituels aux autres; que nous soyons une nation sainte qui a un impact sur la création et enfin qu'en raison du grand amour de Dieu, avec lequel il nous a acquis comme peuple, nous proclamons au monde entier les grandes vertus de Dieu.

Dieu recherche un peuple qui restera saint et pur au milieu de ce monde. Mais, il veut aussi un peuple qui a un impact sur le monde par la sainteté. Les jeunes et les adolescents ... sont mis au défi d'être le peuple de Dieu ... D'être dans ce monde, mais pas être de ce monde.

Révisez/Application: Donnez-leur le temps d'écrire.

1. Quelles sont les choses fais-tu jusqu'à présent, qui sont du monde?
2. Quelles sont les choses dans le monde que vous avez cessées de faire?

Défi: Il est important que nous appliquions ce que nous avons appris. En tant que prêtres, nous avons été appelés à offrir des sacrifices spirituels. Faites une liste des façons dont tu peux offrir des sacrifices spirituels. Choisis quelque chose dans la liste sur lequel tu te concentres la semaine prochaine. Trouve un camarade de classe et prie avec lui pour demander de l'aide à Dieu dans ce sacrifice spirituel que tu ailles lui offrir. Lorsque tu les rencontres dans la classe suivante, tu dois te préparer à partager tes expériences.

Vivre Et Grandir

Leçon 29
Joël Castro • Espagne

Objectif: Que le jeune homme comprenne que l'église est la communauté des croyants qui ont reconnu Jésus-Christ comme leur sauveur.

Pour mémoriser: «*Vous aussi, comme des pierres vivantes, soyez édifiés comme une maison spirituelle et un sacerdoce sacré, ...*» 1 Pierre 2:5a

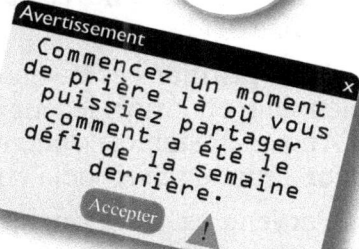

Avertissement
Commencez un moment de prière là où vous puissiez partager comment a été le défi de la semaine dernière.

Connecter

Dynamique d'introduction (12 à 17 ans).
- Matériaux: Du papier et du crayon.
- Instructions: Écrivez le mot ÉGLISE au tableau en gros caractères. Mettez les papiers sur une table pour qu'ils en attrapent un. Demandez ensuite à chaque élève d'écrire sa définition de l'église sur chaque feuille de papier et de la coller au tableau. Lisez les définitions et expliquez à la fin qu'ils auront plus de lumière biblique dans la leçon qu'ils n'en ont écrit.

Dynamique d'introduction (18 à 23 ans).
- Matériaux: Du tableau noir, ruban adhésif, papiers et crayon.
- Instructions: Formez et attribuez à chaque groupe une lettre du mot ÉGLISE pour écrire une phrase faisant référence à l'activité que Dieu exige de nous en tant qu'église. Soulignez ensuite qu'en travaillant ensemble, nous pouvons voir des progrès dans notre vie spirituelle, ainsi qu'entre tous, nous avons réussi à faire la phrase. Dans cette leçon, nous verrons certains paramètres qui détiennent le privilège de faire partie de la famille qu'est l'église.

Télécharger

Dès le début, il y avait dans l'esprit de Dieu le désir de communier avec l'humanité, mais malheureusement, le péché a frustré ce plan initial. Depuis lors, Dieu a cherché un moyen de restaurer la communion avec l'homme, pour cela, il a envoyé un intercesseur. Aujourd'hui, grâce au Christ, nous avons le privilège d'appartenir à la famille de Dieu.

Ephèse était une ville de l'Empire romain, aujourd'hui elle est située dans l'ouest de la Turquie. L'apôtre Paul a visité cette ville au passage à la fin de son deuxième voyage missionnaire (Actes 18:19); cependant, il a prévu son séjour à l'ordre du jour de son troisième voyage de mission (Actes 19).

Quand il est arrivé à Éphèse, il n'a pas été facile pour lui de prêcher l'Évangile dans cette ville portuaire, alors il a été là pendant environ trois ans jusqu'à ce qu'il réussisse à implanter et à organiser l'église. Il est très probable qu'il soit resté à Éphèse plus longtemps que dans d'autres endroits, jusqu'à ce qu'il quitte le jeune Timothée comme pasteur.

Après quelques années, l'apôtre a envoyé une lettre à l'église d'Ephèse (Éphésiens 2:11-22); Il y décrit, en plusieurs sections, le rôle de l'Église du Christ. Il a commencé par décrire qui s'y trouve et quel est son objectif. L'église du Christ, nous devenons tous ceux qui ont reconnu le Christ comme notre sauveur personnel. Et pour expliquer comment il fait partie de son église, Paul a d'abord enseigné ce que l'église n'est pas, puis ce qu'est l'église, et ensuite quelle est sa dynamique.

1. Ce que l'église n'est pas

Selon l'Ancien Testament, le seul peuple de Dieu était le peuple d'Israël en raison de son histoire et de ses alliances. Cependant, dans cette lettre, Paul a fait allusion à l'universalité de l'Évangile en affirmant que quiconque avait reçu Christ dans sa vie automatiquement et par grâce faisait partie du peuple de Dieu, l'Israël spirituel qu'est l'Église (v. 19).

La ville d'Ephèse n'était pas située politiquement au sein de la nation israélite; et ils se voyaient toujours comme des étrangers, mais Paul a carrément dit à l'église qu'ils n'étaient plus des étrangers. La nouvelle alliance écrite avec le sang de Jésus a permis à chacun de faire partie de son peuple. Avec cela, Paul leur a fait enlever de leur tête la mentalité des étrangers, maintenant ils faisaient partie du peuple de Dieu.

Pour justifier cet enseignement, il leur a écrit une lettre (Éphésiens 2:11-13). Le terme «incirconcis» dénotait, comme il le leur dira plus tard, à quel point ils étaient «éloignés» et «étrangers»; car les Juifs de l'Ancien Testament étaient ceux de la circoncision. Mais Paul leur a expliqué que par le sang du Christ leur situation avait déjà changé; ils n'étaient plus des étrangers, des étrangers ou éloignés de Dieu.

Parvenu est dit à quelqu'un inconnu, à quelqu'un qui ne correspond pas à une certaine position ou qui ne remplit pas les conditions appropriées pour être dans un certain endroit; Selon la Royal Spanish Academy en ligne, il est écrit «Que, étant d'origine modeste et ayant réuni une certaine fortune, il a l'intention de figurer parmi les personnes de statut social supérieur». Paul a écrit non seulement que le sang du Christ leur a permis d'être son peuple, mais aussi que ce sang a le pouvoir de nous positionner comme héritiers de son Royaume, «proches du sang du Christ» (v.13).

2. Ce que nous sommes

Face à des affirmations selon lesquelles nous ne sommes pas des étrangers ou des parvenus, il vient maintenant le bon côté de ce que nous sommes:

L'intention de Paul de nous faire comprendre va au-delà de la croyance en la citoyenneté physique; Il nous amène à comprendre que notre citoyenneté est spirituelle et fait de nous des participants dans la patrie des saints (Éphésiens 2:11-14). L'apôtre nous guide à travers les privilèges d'un enfant de Dieu, exprimant que nous appartenons à une nation céleste parce que nous sommes des concitoyens des saints, (v. 19) selon la sainte semence de Dieu.

Et non seulement les concitoyens des saints, mais aussi les membres de la famille de Dieu. Quel grand privilège! Vous et moi faisons partie de sa famille. C'est le plus grand de tous les privilèges, le plus grand que nous trouvons dans la Parole. Avant de mourir (2:1), loin (2:13,17) et nous étions étrangers, sans espoir et sans Dieu (2:12). De là, le Seigneur nous a fait sortir et a fait de nous des membres de sa famille. C'est par sa grâce qu'il nous a adoptés comme ses enfants (1:5), nous a bénis de chaque bénédiction spirituelle (1:3), nous a acceptés dans son amour (1:6), nous a fait héritiers (1:11), et nous ont fait de nous scellé de son Saint-Esprit (1:13).

Probablement dans notre passé, nous avons été battus, brutalisés, maltraités ou ignorés et nous avons été sans valeur, sans l'amour de nos êtres les plus proches. Aujourd'hui, nous avons la bonne nouvelle que nous sommes très spéciaux pour Dieu. Mais nous avons gagné ce privilège grâce à notre Seigneur Jésus-Christ; «Parce que, c'est par la grâce, que vous êtes sauvé, par le moyen de la foi; et ce n'est pas de vous-mêmes, c'est un don de Dieu» (Éphésiens 2:8).

3. La dynamique de ce que nous sommes

Dans Éphésiens 2: 19-22, nous trouvons trois objectifs spéciaux que nous devons prendre en compte dans la dynamique en tant que peuple de Dieu.

A. Une dynamique de construction

Tout comme dans un atelier de menuiserie, le menuisier utilise tous les outils pour fabriquer un beau morceau de bois; ou en tant que chef pour cuisiner un ragoût riche vous avez à votre disposition tous les ustensiles nécessaires à votre art; il en serait de même du corps du Christ, où nous avons tous besoin que nos membres s'édifient spirituellement sur le fondement biblique (v.20).

Nous nous construisons:

- À travers des talents, les dons et les ministères que Dieu nous a donnés. Paul mentionne cinq ministères qui servent à nous édifier: les apôtres, les prophètes, les évangélistes, les pasteurs et les enseignants (Éphésiens 4:11-12).

- À travers de l'amour (Éphésiens 4:16).
- À travers des mots qui encouragent sagement (Éphésiens 4:29).
- À travers les enseignements hérités des prophètes et des apôtres et qui sont dans la Parole (Éphésiens 2:20).

Comme tous les bâtiments de la ville qui reposent sur de gros rochers et des coins; la même chose que l'église, qui est nous, n'a qu'un seul angle qui est le Christ (Éphésiens 2:20) et qui est sur le Rocher inamovible. Aussi, la mention des apôtres et des prophètes, qui sont les colonnes qui soutiennent l'église.

Les prophètes qui ont joué un rôle de premier plan dans l'Ancien Testament et les apôtres dans le Nouveau Testament. Pour cela, l'apôtre voulait dire que la Bible est notre élément fondamental pour notre édification.

B. Une dynamique de coordination

Cela a à voir avec les attitudes d'unité qui doivent être entre nous en tant qu'église. Quand un maçon veut construire un mur, il ne se contente pas de mettre de la brique sur la brique, ce serait illogique, il utilise le mélange ou la pâte de ciment. Paul, dans Éphésiens chapitre 4, nous enseigne sur l'unité et nous donne quatre attitudes essentielles pour nous garder ensemble ainsi que le mélange dans les briques: l'humilité, la douceur, la tolérance et la patience, tout cela doit être basé sur l'amour de Dieu. (v. 2). Ces quatre essences d'unité s'opposent à l'orgueil, à l'amertume, à l'inflexibilité et à la nervosité qui font beaucoup de tort aux relations interpersonnelles.

C. Une dynamique de croissance

L'unité non seulement nous maintient ensemble, mais nous donne une croissance spirituelle. La vie chrétienne ne concerne pas la monotonie, mais une croissance bien structurée (Éphésiens 4:15).

L'Église est appelée à croître en nombre et en qualité, mais elle doit surtout se préoccuper de sa croissance de qualité spirituelle, et la caractéristique remarquable de sa croissance réside dans l'amour qu'elle pratique. Notre croissance en qualité nous fera grandir en nombre. Paul a exhorté les Éphésiens à être «ancrés dans l'amour pleinement capables de comprendre avec tous les saints quelle est la largeur, la longueur, la profondeur et la hauteur» de ce même amour (Éphésiens 3:17-18). Des années plus tard, le Seigneur Jésus est allé dans cette même église et lui a fait voir qu'ils ne grandissaient plus dans cet amour; pour cela, il a exigé qu'ils se repentent (Apocalypse 2:4-5).

Révisez/Application: Selon l'étude, résolvez les questions suivantes:

1. Où était situé Ephèse et où est-elle maintenant? (Il était situé au Sud occidental de la région de Galacie, qui est maintenant le pays de la Turquie.)

2. Que signifient les termes «étrangers» et «parvenu» dans le contexte biblique? (Un étranger était quelqu'un qui ne faisait pas partie du peuple de Dieu et un parvenu, un étranger, sans position dans le royaume de Dieu.)

3. Qu'est-ce que nous sommes maintenant en Jésus-Christ? (Sur la base des prophètes et des apôtres, mais l'angle principal est Jésus-Christ.)

4. Selon Éphésiens 4:2, quelles sont les quatre attitudes fondamentales pour nous garder unis et coordonnés? (Humilité, douceur, tolérance et patience.)

Défi: Ce serait bien de te demander, où es-tu? Est-ce que tu te sens comme un étranger et parvenu? Je te conjure à faire partie des privilégiés qui siègent à la table du Seigneur en tant que membres spéciaux. Si tu fais déjà partie, partage cette semaine avec quelqu'un que tu penses avoir déménagé il y a quelque temps.

Que Sommes-Nous?

Leçon 30

Macario Balcázar • Pérou

Objectif: Que le jeune comprenne la figure du sacerdoce et la responsabilité de l'église d'exercer la fonction sacerdotale.

Pour mémoriser: *«Car nous n'avons pas un souverain sacrificateur qui ne puisse compatir à nos faiblesses; au contraire, il a été tenté comme nous en toutes choses, sans commettre de péché»* Hébreux 4:15

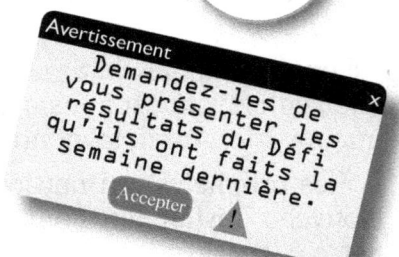

Connecter | Télécharger

Dynamique d'introduction (12 à 17 ans).

- Instructions: Divisez la classe en deux groupes ou plus et que chacun écrive une liste des caractéristiques qu'ils ont observées chez un prêtre catholique. Certains étudiants n'ont peut-être pas vu un prêtre catholique; Dans ce cas, demandez-leur de lister les caractéristiques qu'ils ont observées chez leur pasteur. Ensuite, ils partageront ce qu'ils ont écrit avec l'ensemble du groupe. Le moment sera donné de poser des questions, ce qui vous donnera l'occasion de répondre à certains puis d'annoncer le titre de la leçon, en leur disant qu'au cours de la leçon, d'autres seront répondus.

Dynamique d'introduction (18 à 23 ans).

- Matériaux: De la feuille de papier et du crayon.
- Instructions: Réalisez un drame du moment. Portez une robe et un col de cardinal; une cravate et un panier. Demandez à la classe de choisir qui se déguisera en prêtre et qui se déguisera en pasteur. Demandez-leur de mettre les vêtements, puis de distribuer des feuilles de papier à tout le monde. Demandez-leur d'écrire quelque chose pour le prêtre ou le pasteur. Recevez les papiers dans le panier. Une fois que chacun a déposé ses feuillets, vous les retirez un par un et les remettez au «prêtre» et au «pasteur», qui les liront ensuite à toute la classe. Cela va sûrement générer des discussions et des questions, un moment idéal pour annoncer le titre de la leçon et ensuite le développer.

Connecter | Télécharger

Dans le monde, il existe différentes nations. À de nombreuses reprises, il y a des guerres entre deux nations ou plus. Lorsque la situation le permet, des médiateurs ou un médiateur sont utilisés. Le secrétaire du général de l'ONU, les présidents des nations les plus puissantes, le pape ou d'autres personnages célèbres.

Dans certains pays, il existe des bureaux de conciliation, qui sont des centres de résolution des conflits familiaux, etc. De nombreux conflits humains sont résolus par le biais de médiateurs ou de conciliateurs.

1. Les sacrificateurs humains

Dans toutes les religions, il y a des sacrificateurs. À l'époque de l'Ancien Testament en Israël, la séparation entre les humains et Dieu exigeait des médiateurs, ceux-ci étaient appelés sacrificateurs (Hébreux 5:1-4).

A. À quoi ressemblaient les sacrificateurs israélites?

Lisez Hébreux 5: 1-4 et énumérez les caractéristiques des sacrificateurs juifs. Verset un:

1. Ils devaient agir en faveur des hommes et des femmes.
2. Sa relation avec Dieu était spéciale.
3. Ils ont présenté des offrandes et des sacrifices pour les péchés du peuple.

Verset deux:

- 4. Ils étaient patients, surtout avec les ignorants et les perdus.
- 5. Ils ont reconnu qu'ils étaient (les sacrificateurs) des êtres humains avec des faiblesses.

Verset trois:

- 6. Ils devaient offrir des sacrifices pour leurs propres péchés.
- 7. Ils devaient offrir des sacrifices pour les péchés du peuple.

Verset quatre:

- 8. Au sein du peuple juif, un prêtre était appelé par Dieu. Exode 28:1 dit que c'est Dieu qui a ordonné qu'Aaron et ses fils fussent ses sacrificateurs pour le peuple d'Israël.

B. Autres caractéristiques du sacerdoce israélite

L'Ancien Testament propose de nombreux enseignements sur les sacrificateurs. Voyons voir:

1. Dieu a choisi Aaron et ses fils pour être des médiateurs entre Dieu et le peuple d'Israël (Exode 28:1). Après la captivité babylonienne, ce choix s'est concentré sur la progéniture du sacrificateur Sadoc (Ézéchiel 44:15-16).
2. En offrant des sacrifices et des offrandes saintes au Seigneur, ils devaient vivre saints, sans être contaminés par rien, sauf avec des cadavres, sauf pour une sœur vierge ou ses parents (Lévitique 21:1-4).
3. Ils devaient éviter les coiffures et les tatouages qui menacent l'intégrité et la pureté de leur corps (Lévitique 21,5).
4. Ils ne devaient épouser qu'une femme vierge (Lévitique 21:13) ou une veuve de sacrificateurs (Ézéchiel 44:22).
5. Ils devaient enseigner au peuple à faire la différence entre le bien et le mal, le saint et le profane, et le propre et l'impur (Ézéchiel 44:23-24).
6. Enseignant la loi du Seigneur Sagement (cinq premiers livres de l'Ancien Testament, appelés PENTATEUQUE), se considérant comme des messagers de Dieu pour son peuple (Malachie 2:7).
7. Ils n'ont jamais été des femmes, toujours des hommes. Dieu merci, dans le christianisme, les hommes et les femmes ont le privilège de servir le Seigneur (Actes 2:18).
8. Ils étaient soutenus par le peuple par des offrandes, des dîmes, des prémices et d'autres droits que Dieu lui-même a établis (Nombres 18:8-32).

2. Le Christ, le Souverain Sacrificateur parfait

Le sacerdoce qui est descendu d'Aaron (Exode 29:9), frère de Moïse, (Exode 4:14) était imparfait et temporaire, aboutissant au sacrifice de Christ sur la croix. Jésus-Christ était le Souverain Sacrificateur qui a remplacé le sacerdoce israélite (Hébreux 4:14-16; 7:22-28). Voyons quelques-unes des caractéristiques de Jésus en tant que Souverain Sacrificateur:

A. Le Christ peut parfaitement nous assister

Par le moyen du Christ, nous sommes pris en charge (Hébreux 4:14-16):

1. Parce qu'il est le Fils de Dieu, divin et humain à la fois (v.14). Il connaît notre faiblesse humaine et l'intimité de Dieu; c'est pourquoi il peut nous guider pour plaire à Dieu (v.15a).
2. Il a traversé toutes les expériences humaines, en particulier les tentations (v.15b). Les tentations les plus dures et les plus difficiles ont été endurées par notre Seigneur en tant qu'homme. Il peut donc nous comprendre et nous aider afin de surmonter les tentations.

B. Porteur ou garant d'une meilleure alliance que celle de la loi (Hébreux 7:22-28).

1. Jésus-Christ est unique, il est éternel; les sacrificateurs d'Aaron étaient nombreux, parce qu'ils n'étaient pas éternels (vv. 22-24).
2. La rédemption qu'il offre est éternelle (v. 25).

3. Il intercède en permanence pour nous (v. 25).

4. Il est saint, innocent, sans tache et mis à part des pécheurs. Nous résumons ce qui précède dans l'expression:

5. «Un Souverain Sacrificateur saint et parfait» (vv. 26,28).

6. Vous n'avez pas besoin d'offrir des sacrifices pour les péchés chaque jour, car vous n'avez déjà offert qu'un seul sacrifice parfait et éternel (v. 27).

En résumé, le sacerdoce d'Aaron était imparfait, c'était une figure du sacerdoce du Christ. Ce sacerdoce était nécessaire jusqu'au sacrifice de Christ, mais quand Christ est mort, ressuscité et monté au ciel, il est devenu notre souverain sacrificateur parfait et permanent, qui intercède en permanence pour nous.

3. Les chrétiens sont aussi des sacrificateurs

Dans 1 Pierre 2:4-9, nous trouvons ce qui suit.

A. Notre condition comme chrétiens

Nous sommes des pierres vivantes, en recevant la vie de la pierre vivante qu'est Jésus-Christ (v. 4-5a) et appelés à construire la maison de Dieu (nous) et en même temps nous sommes de saints sacrificateurs pour notre Dieu (v. 5). En tant que chrétiens, nous croyons en Dieu et en Jésus-Christ, il est pour nous LE PLUS («précieux»), le joyau le plus beau et le plus cher (v. 7). D'un autre côté, dans notre condition de croyants en Christ, Dieu nous déclare élus lignée, sacerdoce royal, nation sainte et peuple acquis par Dieu (vv. 9-10).

B. Notre sacerdoce chrétien

Principalement, le sacrificateur est un médiateur et un intercesseur. Nous avons déjà vu que les sacrificateurs d'Aaron faisaient la médiation entre le peuple et Dieu; mais son ministère a été perdu lorsque Christ est mort comme le sacrifice parfait pour les péchés de toute l'humanité. Depuis lors, Christ est notre Souverain Sacrificateur. Il est notre médiateur et intercesseur permanent (1 Timothée 2:5).

La Bible affirme que nous, les croyants en Christ, sommes également sacrificateurs:

1. Nous sommes sacrificateurs parce que nous offrons chaque jour des offrandes et des sacrifices de louanges et d'adoration au Seigneur, soit personnellement, soit en communauté dans l'église (Hébreux 13:15).

2. Parce que nous intercédons devant le Seigneur par la prière. Nous intercédons pour notre famille, les malades, etc., mais surtout pour les pécheurs, parce que nous les aimons et voulons qu'ils se repentent (Philippiens 1:4; Colossiens 4:12).

3. Parce que nous sommes appelés à consacrer notre vie totale à Dieu et à vivre dans la sainteté. Un sacrificateur aaronique devait être saint, Christ notre Souverain Sacrificateur était et est parfaitement saint; C'est pourquoi nous devons être saints, totalement consacrés au Seigneur (1 Pierre 1:15-16).

C. Le but de notre sacerdoce

Servir Dieu chaque jour de notre vie, dans tous les aspects, avec tout ce que nous avons, sans nous évanouir dans notre foi ni imiter le monde.

Le Christ nous appelle à Le servir quotidiennement, dans la sainteté et la justice, à être des intercesseurs pour les incroyants, afin qu'ils croient et soient sauvés.

Révisez/Application:

Comment était le sacerdoce dans les temps de l'Ancien Testament selon Hébreux 5:1-4?

Quelles sont les vérités sur le sacerdoce du Christ que vous trouvez dans Hébreux 7:22-28?

Qu'est-ce que cela t'a fait, en pensant que tu es sacrificateur?

Défi: Sur ton Facebook, envois à tes amis un excellent cadeau: 1 Pierre 2:5, 9 et 10. Essai d'envoyer au moins dix amis. Fais-le lundi et mardi. Jeudi et vendredi, invite-les à ton groupe de jeunes.

Des Nouveaux Défis

Leçon 31
Denis Espinoza • Nicaragua

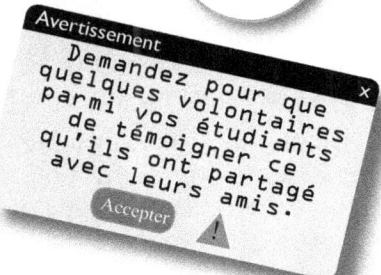

Objectif: Permettre aux jeunes de réfléchir au privilège et à la responsabilité d'être membre de l'église.

Pour mémoriser: «*Vous êtes le corps de Christ, et vous êtes ses membres, chacun pour sa part.*» 1 Corinthiens 12:27

Connecter

Dynamique d'introduction (12 à 17 ans).

- Matériaux: Des petites plaques avec le corps humain avec le nom des pièces (vous pouvez les trouver dans un livre de biologie humaine ou les obtenir dans une librairie), des journaux, des marqueurs permanents.
- Instructions: Veillez organiser vos élèves en trois groupes, donnez-leur une feuille de journal et un marqueur. Demandez-leur de nommer un coordinateur et une secrétaire. Demandez-leur de dessiner un corps humain sans nommer les parties, demandez-leur de répondre aux questions suivantes:
  1. Selon l'enseignement de l'apôtre Paul, que signifie ce corps?
  2. De combien de membres le corps est-il composé?
  3. Quelle est l'importance de l'unité du corps?
  4. Pouvons-nous, chrétiens, dire que nous n'avons pas besoin d'autres membres du corps? Pour quoi?
  5. Utilisez la terminologie biblique ou ecclésiastique et nommez les parties du corps que vous avez dessinées en fonction des différents ministères qu'ils ont au sein de l'église (exemple: leader, diacre, etc.).

Dynamique d'introduction (18 à 23 ans).

- Matériaux: Des feuilles imprimées avec des passages bibliques.
- Instructions: Demandez à des volontaires de peindre des images avec l'encre puis placez-les dans une position visible depuis des figures du papier.

  Parlez avec vos élèves du fait que bien que ce soit une marque personnelle et temporaire, il a des effets à l'endroit où nous passons Veillez organiser vos élèves en deux groupes. Encouragez chaque groupe à choisir un modérateur et une secrétaire. Demandez-leur de lire les textes bibliques imprimés et de compléter ce qui suit:

  Matthieu 16:18. Le fondateur de l'église est. ____.

  1 Corinthiens 12:12. Le corps est _____, le corps a plusieurs _____, tous les membres du corps sont un seul _____.

  Éphésiens 1:22. Le chef de l'église est_____.

  Éphésiens 5:24. L'église est soumise à_____

  Éphésiens 5:27. L'église est_____

  Colossiens 1:18. Paul utilise la figure de_____ pour se référer à l'église.

  Dans 1 Timothée 3:15, Paul utilise une autre figure, la _____ pour revenir à l'église.

Télécharger

L'église chrétienne est l'organisme vivant que Jésus-Christ a fondé et celle-ci est composée de toutes les personnes qui ont donné leur vie au Seigneur. «L'église de Dieu est composée de toutes les personnes régénérées spirituellement, dont les noms sont écrits dans le ciel» (Manuel de l'Église du Nazaréen. 2009-2013, MNP, USA: 2010, p.35). Il est donc primordial de le savoir et de savoir qu'en tant que membres de celui-ci, nous avons des fonctions à remplir.

L'appartenance à l'église de Jésus-Christ est une expérience puissante dans la vie de chaque personne. En se ressentant une partie d'elle, c'est être sûr que Dieu nous a atteint par sa grâce et nous a donné le salut par son fils béni Jésus-Christ. Le livre des Actes des Apôtres nous dit que «le Seigneur ajoutait chaque jour à l'Église ceux qui devaient être sauvés» (Actes 2:47). Nous sommes donc dans l'église du Seigneur, non par hasard ou par volonté humaine, mais par l'action souveraine de Dieu. Il nous a appelés, et lorsque nous avons écouté son appel, il nous a pardonné et nous a incorporés au corps glorieux du Christ.

1. Être membre de l'église est un privilège

L'avantage est la grâce ou la prérogative qu'un supérieur accorde à une personne. Dans celui qui nous concerne, nous nous référons à cette grande bénédiction que Dieu nous donne d'appartenir à son église.

Il y a des gens qui ne connaissent pas Dieu, ou qui, après l'avoir connu, se sont détournés de lui, ce sont des hommes ou des femmes qui méprisent l'église, ne la considèrent pas importante, ni ne voient pas la nécessité d'en faire partie ou de travailler avec elle dans l'accomplissement de sa mission.

Beaucoup vivent indifférents à la foi et ne sont pas du tout intéressés par ce qui se passe dans l'église, mais pour ses membres, c'est une grande joie d'appartenir à la glorieuse église que Jésus-Christ a achetée avec son sang. Pour eux, il ne s'agit pas d'être membres de l'église, car ils savent que le Christ l'aimait et se sont livrés à cela, ils savent et croient ce que la Parole en dit (Éphésiens 5:25-27).

«L'église est le corps du Christ. Il est le chef et tous ceux qui croient en lui sont ses membres. L'église est glorieuse grâce au rayonnement de la majesté de sa tête. Il est également glorieux pour la belle harmonie de ses membres». (Le corps glorieux du Christ. R.B. Kuiper, Wm.B. Eerdman. Den Dulk Foundation, USA: 1985, p.90).

Ainsi, en tant que membres, nous devons être heureux, motivés et reconnaissants d'appartenir à l'organisation la plus importante et la plus influente (si nous pouvons appliquer le terme) du monde.

L'un des moments les plus émouvants et les plus bénis que nous avons, pasteurs, est lorsque nous recevons de nouveaux membres dans l'église et que nous leur disons: «Les privilèges et les bénédictions dont nous jouissons lorsque nous nous joignons à l'église de Jésus-Christ sont très sacré et précieux. On y trouve une communion si sainte qu'elle ne peut être vécue d'aucune autre manière». Ce n'est qu'au sein de l'église que l'aide des soins et des conseils fraternels sont reçus.

«En elle est donné le soin pieux des bergers, avec les enseignements de la Parole et l'inspiration bénéfique du culte de la congrégation. L'église encourage la coopération au service des autres, en faisant ce qui ne peut pas être fait autrement» (Manuel de l'Église du Nazaréen. 2009-2013, CNP, USA: 2010, p.212). Nous pouvons créer un environnement de tolérance au sein de l'église indépendamment de notre façon de penser.

2. Être membre de l'église implique la responsabilité

Parler de responsabilités, c'est parler des devoirs que doivent remplir les membres de l'Église. Un devoir est: «l'accomplissement d'une obligation en général». C'est la «dépendance». (Dictionnaire des sciences juridiques, politiques et sociales. Osorio, Manuel. Heliasta, Buenos Aires: 1997, p.274).

Nous étudierons quatre responsabilités, devoirs ou engagements des membres d'église.

A. Contribuer à l'unité de l'église

Il est impératif que tous les membres de l'église vivent et travaillent harmonieusement. Les schismes et les divisions au sein de l'église ne sont pas la volonté de Dieu et ont toujours endommagé le témoignage de l'église d'un monde divisé (Ephésiens 4: 2-3).

À l'église de Corinthe, il y avait une forte division. Quatre partis avaient été formés: les partisans de Paul, les disciples d'Apollos, les disciples de Céphas (Pierre) et les disciples de Christ (1 Corinthiens 1:12).

Face à une situation aussi grave, le grand apôtre a été contraint de lancer un appel fort aux Corinthiens et, par extension, à nous tous aujourd'hui. C'était un appel à l'unité (1 Corinthiens 1:10). Nous sommes donc appelés à favoriser l'unité et la communion au sein de l'Église du Seigneur. Dans 1 Corinthiens 12: 12-27, nous avons un enseignement et une illustration sur l'unité de l'église et les diverses fonctions, activités et dons des membres.

B. Édifier l'église

Édifier est «faire un bâtiment ou l'envoyer pour être construit». (Dictionnaire CODESA. CREDIMAR, S.L, p.322). Strictement et absolument, Jésus-Christ est celui qui construit son église. Il a déclaré à Pierre et au reste des apôtres: «Je bâtirai mon église» (Matthieu 16:18). Il continue de construire son église. Mais, dans un sens relatif et secondaire, chaque membre de l'église contribue à sa construction par son bon témoignage, son travail et l'exercice de ses dons et de ses talents. Voici des enseignements apostoliques liés à l'importance de la construction de l'église: «l'amour construit» (1 Corinthiens 8: 1b); «Tout n'édifie pas» (1 Corinthiens 10:23); «Édifiez-vous les uns les autres» (1 Thessaloniciens 5:11); «Soyez édifiés comme une maison spirituelle» (1 Pierre 2: 5); «Édifiez-vous sur votre très sainte foi» (Jude 20).

Faisons de notre mieux pour édifier et ne pas nuire à l'église du Seigneur.

C. Valoriser et ne pas dénigrer les autres membres du corps

Cela nous conduit à être solidaires, à avoir une attitude compatissante, miséricordieuse et compréhensive envers les autres membres de l'église. Paul est allé encore plus loin en disant aux frères de Philippes de considérer les autres comme supérieurs à eux-mêmes (Philippiens 2:3-4). Nous trouvons cette même ligne de pensée dans sa première lettre aux Corinthiens, quand il a écrit sur les membres mutuellement nécessaires du corps. Il enseigne qu'aucun membre ne doit être méprisé (1 Corinthiens 12:21). La solidarité, l'unité, la camaraderie et les considérations mutuelles entre les membres de l'église sont exprimées dans 1 Corinthiens 12:26.

D. Soutenir le ministère

La méthode de Dieu pour soutenir son œuvre sur cette terre est la dîme et l'offrande. Les membres de l'Église doivent donner la dîme et donner généreusement pendant que Dieu les prospère (Malachie 3:10; 2 Corinthiens 9:7).

3. Être membre de l'église, c'est avoir la possibilité de servir

La vocation la plus élevée, et en même temps la vocation la plus humble de tous les membres de l'Église, est celle du service. Il s'agit de l'action de servir Dieu et le prochain.

Pour cela, nous avons le paradigme, le modèle à suivre: le Seigneur, qui a vécu ici au service du Père et aussi bien au peuple (Luc 22:27; Matthieu 20:28).

Ainsi, en tant que membres de l'église, nous devons profiter des opportunités qu'elle nous offre de servir.

Révisez/Application: Veillez Organiser vos élèves en deux groupes. Demandez-leur de lire les textes bibliques et d'écrire l'enseignement qu'ils leur ont laissé.

Citation biblique	Enseignement
1. 1 Corinthiens 12:12	1. Les membres sont intéressés les uns envers les autres.
2. 1 Corinthiens 12:14	2. Il n'y a pas de désaccord dans le corps.
3. 1 Corinthiens 12:18	3. Les membres se soucient les uns des autres.
4. 1 Corinthiens 12:25	4. Le corps compte de nombreux membres
5. 1 Corinthiens 12:26	5. Nous sommes le corps du Christ et membres les uns des autres
6. 1 Corinthiens 12:27	6. Le corps est uni
7. Philippiens 2: 4	7. Les membres se blessent ou se réjouissent

Défi: Si tu es membre de l'église, assure-toi de connaître tes privilèges et tes responsabilités. Si tu n'es pas déjà membre de l'église, parle à ton pasteur pour connaître les étapes à suivre. Mentionne les noms de ceux qui ont raté le cours aujourd'hui et prévoie de leur rendre visite au cours de la semaine pour découvrir les raisons pour lesquelles ils ne sont pas venus à l'église; Prie pour eux et encourage-les à continuer de servir le Seigneur.

Ton Ami Fidèle

Leçon 32
Lemuel Sandoval • Mexique

Avertissement: Après avoir prié, demandez s'ils ont pensé au terme du groupe des membres de l'église et s'ils ont appelé ou parlé à quelqu'un ou ceux qui ne sont pas en train d'assister. *Accepter*

Objectif: Que le jeune comprenne avec quel genre d'amour Dieu veut que nous aimions nos amis.

Pour mémoriser: *«Celui qui a beaucoup d'amis les a pour son malheur, Mais il est tel ami plus attaché qu'un frère.»* Proverbes 18:24

Connecter

Dynamique d'introduction (12 à 17 ans).
- Matériaux: De grand papier ou du tableau noir, ruban adhésif, coupures de magazines ou de journaux, marqueurs de couleur à écrire sur le papier ou sur le tableau (marqueurs, craie).
- Instructions: À l'aide des marqueurs, écrivez ce qui suit sur le tableau ou le papier: en haut, «meilleur ami»; au milieu, «bon ami»; et en bas, «mauvais ami». Donnez ensuite les revues ou les journaux aux élèves et demandez-leur de dire ce qui fait d'une personne leur meilleur ami. Donnez-leur des idées comme celles-ci: ils pourraient aimer le football ou les jeux vidéo, regarder des films ou lire, rire ou être sérieux. Demandez ensuite à chaque personne de trouver une découpe et de la coller près d'une phrase sur le tableau ou le papier, car elle pense que l'illustration correspond à un mauvais, un bon ou un meilleur ami. Une fois que tout le monde a passé au moins une fois devant, invitez les élèves à se mettre à la place de leurs amis avec cette question: «Si tes amis devaient te qualifier, penseraient-ils que tu es un bon ami?»

Dynamique d'introduction (18 à 23 ans).
- Matériaux: Des grands papiers (un par équipe) ou un tableau noir; marqueurs de couleur à écrire sur papier ou au tableau (marqueurs ou craie, craie).
- Instructions: Divisez la classe en équipes; S'il n'y a pas beaucoup d'élèves, formez des couples ou faites l'activité en groupe. Demandez ensuite: S'il y avait une recette pour se faire des amis, quel serait? Ensuite, précisez qu'en utilisant la contribution de chaque membre de leurs équipes, ils doivent écrire et présenter une recette en cinq étapes qui permet à quiconque de se faire des amis.

Télécharger

Nous aimons tous avoir des amis et plus nous avons d'amis, c'est encore mieux. La Bible nous donne la clé pour avoir des amis.

Demandez: Tu t'imagines un instant que tu pourrais faire un souhait et il t'a été accordé. Que voudrais-tu commander certes, quelque chose que tu as désiré toute ta vie et que tu veux qu'elle demeure éternellement. Jésus avait un tel désir avant qu'il ne soit délivré et crucifié: il a prié le Père en demandant que ses disciples, y compris nous-mêmes, s'unissent les uns aux autres dans l'amour (Jean 17:20-21).

Pour voir le souhait de Jésus exaucé, il n'y a que deux options: la première est que nous attendions que d'autres viennent à nous pour offrir leur amitié; mais il faudrait attendre longtemps pour que cela se produise. L'autre option est que chacun de nous prenne l'initiative d'approcher d'autres pour être leur ami. Si nous adoptons tous cette attitude, l'unité sera une réalité. Jésus nous a donné la clé pour y parvenir, lisez-le dans Jean 15:12-13. Si quelqu'un a une autre version, donnez-lui la chance de la lire.

1. Un nouveau commandement

À une occasion, un enseignant de la loi s'est approché de Jésus pour lui demander ce qu'il devait faire pour hériter de la vie éternelle (Luc 10: 26-28). Ne vous semble-t-il pas étrange que le commandement de Jésus était que nous nous aimions? Il pourrait être considéré comme contradictoire que Dieu nous oblige à nous aimer, l'amour n'est-il pas censé être une décision libre? Cependant, cela nous enseigne que la volonté de notre Père est que nous nous aimions et que nous puissions aimer les autres si nous le voulions.

Il est important pour Dieu que non seulement nous l'aimions, mais aussi que nous aimions notre prochain, et cela inclut aussi bien ceux qui sont nos amis que ceux qui ne le sont pas. Jésus lui-même voulait enseigner cet important principe dans le royaume de Dieu. Ainsi, lors de son dernier souper, le Seigneur a donné à ses disciples un ordre, un nouveau commandement (Jean 15:12).

Quelque chose de très important que nous devons obéir à ce commandement est parce que, ce faisant, nous sommes amis de Jésus (Jean 15:14). Nous pourrions trouver beaucoup d'autres raisons, mais ce que nous voulons comprendre, c'est que Dieu nous demande de nous aimer les uns les autres. Demandez: Qu'est-ce qu'un commandement? Pouvez-vous choisir de lui obéir ou non? Quelles seraient les conséquences dans les deux cas?

En tant que vrais chrétiens qui cherchent à plaire à Dieu, nous devons obéir et aimer les autres.

2. Le meilleur exemple d'amour

Le Christ a vécu sa vie comme le meilleur exemple d'amour pour ses amis. Lorsque Jésus a donné le commandement à ses disciples, il a dit qu'ils s'aiment de la même manière qu'Il les avait aimés (Jean 15:12b). Peut-être avons-nous pensé que la façon dont nous montrons notre amour à nos amis est la meilleure façon; peut-être parce que c'est la chose la plus naturelle de notre vie ou la chose la plus confortable, ou que nous imitons la façon dont ils nous ont montré de l'amour. Nous téléphonons donc à nos amis, leur envoyons des messages électroniques, les invitons chez nous, sortons avec eux et faisons bien d'autres choses pour prouver que nous sommes intéressés par leurs pensées, leurs projets, leurs activités, leur vie, etc. Lorsque nous le faisons, nous sommes sûrement très honnêtes avec eux. Cependant, la volonté de Dieu est bien meilleure que la nôtre et il nous demande d'aimer comme Jésus-Christ. Ci-dessous, nous verrons cinq principes de leur amour.

- a. Le Seigneur nous a aimés le premier (1 Jean 4:19). Cela nous apprend que c'est nous qui devons commencer à aimer nos amis, qu'ils ne manifestent pas initialement d'intérêt à le faire avec nous.
- b. Il est venu pour servir (Matthieu 20:28). L'une des mauvaises raisons de se lier d'amitié avec quelqu'un est de profiter de l'amitié. Jésus nous a enseigné qu'au lieu de chercher à servir nos amis, c'est nous qui devons être à leur disposition et nous offrir à leur profit.
- c. Il est devenu égal à nous (Philippiens 2:7). Nous devons nous mettre à la place de nos amis, ressentir ce qu'ils ressentent, savoir ce qui les intéresse, se réjouir de ce qui les rend heureux.
- d. Il nous a pardonné (Luc 23:34a). Peut-être avons-nous senti qu'ils nous ont fait des choses impardonnables, mais si quelqu'un avait le droit de ne pas pardonner, c'était Christ. De cette façon, le Seigneur nous enseigne à le faire de tout cœur; Quelle que soit l'infraction, nous devons pardonner à ceux qui nous ont fait du mal. Jésus nous a également appris à prier Dieu pour nous aider à le faire.
- e. Il nous a rapprochés de Dieu (Éphésiens 2:13). Grâce à Christ, nous pouvons nous rapprocher de Dieu. De la même manière, nous devons permettre à nos amis de se rapprocher de Dieu, et au-delà de le permettre, nous les encourageons et les invitons avec notre témoignage et notre façon de les aimer.

Ça n'a pas l'air facile du tout, n'est-ce pas? Cependant, lorsque Dieu nous demande d'aimer les autres, c'est parce qu'il va être avec nous pour nous guider et nous aider à faire les choses que nous ne pouvons pas. Au début, cela nous coûtera du travail, et franchement, nous ne pourrons jamais avoir un amour aussi parfait que celui du Christ. Mais petit à petit, avec l'aide du Saint-Esprit, nous apprendrons et mûrirons dans nos relations amicales.

Des actions telles que rendre visite à nos amis; passer du temps avec eux; et d'autres qui ont été mentionnés sont des manifestations secondaires d'amour qui sont également nécessaires. Mais sans ces cinq principes de l'amour de Dieu, de telles actions seraient inutiles. Au contraire, lorsque notre amour pour les amis est similaire à celui de Jésus, les manifestations et les manifestations surgiront de la manière la plus naturelle et la plus sincère.

3. Se présenter à un ami

Quel grand privilège nous avons! Aimer nos amis de la même manière que Jésus nous a aimés est une grande joie. Mais cela nous oblige également à nous y efforcer. Demandez: Est-ce que tu te souviens de quelque chose de très important qu'un ami a fait pour toi? Comment tu te sentais à ce moment-là? Souhaites-tu que tes amis ressentent cela?

Un des principes de l'amour de Jésus est la décision; cela signifie que nous avons l'opportunité de démontrer ce genre d'amour à nos amis avant eux. Cependant, nous devons nous rappeler que nous pouvons les aimer sincèrement, mais il est préférable de toujours leur montrer des actions que nous faisons vraiment. Et il y a plusieurs façons d'exprimer notre amitié: inviter nos amis aux activités de l'église, chercher des intérêts communs, passer du temps avec eux, leur pardonner quand ils nous offensent, jouer avec eux et tant d'autres choses.

Il y a une phrase qui ressemble à ceci: «Les amis sont la famille que l'on choisit». Cela signifie que nous en venons à aimer tellement nos amis que nous les considérons comme une partie importante de notre vie. La Bible elle-même a une phrase similaire ... Est-ce que tu te souviens du verset à mémoriser? Il dit qu'il y a des amis plus unis que certains frères; c'est-à-dire qu'avec nos amis, nous partageons plus de choses que notre ADN. Cela ne veut pas dire que nous aimons moins nos frères, bien au contraire! Cela signifie que nous pouvons aussi chercher à faire de nos frères de sang nos amis.

Aimer nos amis est relativement facile, car ce sont des gens que nous aimons. Cependant, Jésus a dit que n'importe qui peut aimer ceux qui l'aiment, mais que seuls les enfants de Dieu peuvent aimer leurs ennemis. Que pensez-vous de ce que dit Matthieu 5:38-48? Avoir des amis est très important dans notre développement d'adolescents et de jeunes. Et c'est aussi important pour Dieu, car Il nous apprend à aimer notre prochain, que nous l'aimions ou que nous nous blessions. Le Seigneur désire tellement que nous nous aimions qu'il nous a donné l'exemple de son Fils comme modèle. Tout comme Jésus l'a fait, nous pouvons faire le premier pas en montrant de l'amour à nos amis, ou en tendant la main à ceux qui ne semblent pas nous aimer. De cette façon, nous vivrons comme de vrais enfants de Dieu.

Révisez/Application:
Prévoyez du temps pour qu'ils répondent aux questions suivantes, puis partager leurs réponses avec la classe.

Lorsque tu fais des amis, quel est le travail le plus difficile tu confrontes à faire?

Qu'est-ce qui t'est difficile à établir une nouvelle relation d'amitié?

Comment pourrais-tu le changer ou l'améliorer?

Défi:
L'unité dans l'amour est extrêmement importante pour la croissance spirituelle de l'église. Pense à l'un de tes camarades de classe ou à une fille que tu connais qui va à l'église, mais ne les a pas considérés comme faisant partie de ton cercle d'amis. Prend l'initiative et approches-le pour devenir leur ami. Suis l'exemple de Jésus et montres-lui que tu souhaites refléter l'amour de Dieu dans sa vie.

Patience!

Leçon 33
Hilda Navarro • Mexique

Objectif: Que le jeune homme comprenne que, pour l'amour du Seigneur, nous devons nous tolérer les uns les autres et ne pas nous mettre en colère rapidement.

Pour mémoriser: «*Sachez-le, mes frères bien-aimés. Ainsi, que tout homme soit prompt à écouter, lent à parler, lent à se mettre en colère.*» Jacques 1:19

Connecter | Télécharger

Dynamique d'introduction (12 à 17 ans).
- Matériaux: Des feuilles de papier et des crayons.
- Instructions: Donnez à chaque élève une feuille de papier et un crayon. Demandez-leur ensuite de faire un tableau à trois colonnes, et faites remarquer que dans chaque colonne, ils noteront respectivement les titres suivants: Choses que je ne pouvais pas pardonner; types de personnes qui je ne tolère pas et je suis en colère quand on me….

    Il s'agit d'une activité de sensibilisation qui établit le cadre de la classe et conduit l'enseignant à introduire le thème de la tolérance.

Dynamique d'introduction (18 à 23 ans).
- Matériaux: Des feuilles de papier et des crayons.
- Instructions: Donnez à chaque élève une feuille de papier et un crayon. Demandez ensuite à vos élèves de répondre aux questions suivantes avec la première chose qui leur vient à l'esprit.

1. Qu'est-ce qu'on t'a fait que tu penses impossible de pardonner?
2. Avec quel genre de personnes as-tu du mal à vivre et pourquoi?
3. Lorsqu'une personne qui t'a offensé essaie de s'excuser, quelle attitude adoptes-tu?
4. As-tu déjà présenté des excuses à quelqu'un pour quelque chose que tu as dite ou faite? Comment cette personne s'est-elle comportée?

    Accordez-leur environ cinq minutes pour qu'ils répondent et cinq autres pour qu'ils partagent leurs réponses. Il est suggéré qu'au cours de cette dernière partie du partage des réponses, aucune correction ne soit apportée. Avec le développement de la leçon, les élèves élargiront leurs réponses.

    Avec cette dynamique, il s'agit de poser un diagnostic de départ sur la question de la tolérance aux autres. Il ne s'agit pas de chercher des réponses profondes, mais seulement de sensibiliser les étudiants. Si l'enseignant le juge prudent, vous pouvez poser d'autres questions pour contextualiser votre classe.

Connecter | Télécharger

La tolérance est fondamentale pour la coexistence humaine. Mais les différences culturelles, idéologiques, sociales, politiques, le genre et la croyance nous conduisent à avoir des frictions qui, lorsqu'elles ne sont pas traitées avec amour et respect, elles se terminent généralement par des poursuites, des divisions et de la colère.

Demandez: Que recommande la Bible pour résoudre les conflits? Comment faire face aux différences entre nous? La Bible nous donne quelques indices à ce sujet que nous analyserons dans cette leçon.

1. Clé numéro un: Écoutez avant de parler

Jacques nous rappelle que nous devons être prêts à écouter et à prendre la parole sans hésitation (Jacques 1:19). Lorsqu'un conflit survient, les gens expriment souvent leur version des événements et supposent que «leur» version est la version «officielle». Peu envisagent de demander à l'autre d'abord ce qui s'est passé. Peu de gens veulent réellement connaître les motifs des actions qui ont généré le procès. La figure du médiateur du conflit apparaît comme une nécessité pour tenter de régler les différends entre deux parties, en essayant de s'entendre et de parvenir à un accord. Selon l'Association des médiateurs pour les personnes âgées et leur environnement (AMEN), un médiateur cherche une communication efficace entre les deux parties, comprend les besoins et les intérêts de l'autre et clarifie les situations qui ont pu être négligées, entre autres points (consulté:28 juin 2014 sur http://amme-mediacion.org/funciones-del-mediador/).

Pour y parvenir, il est essentiel de savoir écouter. L'autre a également une version et veut être entendu. Probablement dans le problème en question, il y a des circonstances que nous ignorons. Ainsi, il se pourrait que la façon d'agir d'une personne obéisse à des différences culturelles ou sociales. À cet égard, la recommandation de Jacques en 1:19 est claire: écoutez avant de parler. Cela implique d'être disposé à laisser l'autre parler en premier. Mais que se passe-t-il lorsque «l'offensé» est tellement en colère qu'il ne veut pas entendre l'autre, ou ne veut pas le voir ou le voir?

2. Clé numéro deux: Méfiez-vous de la colère

«Car la colère de l'homme n'accomplit pas la justice de Dieu», dit Jacques 1:20 (VLS). Il y a une phrase populaire qui dit aussi: «Celui qui se fâche perd». Quand les gens se mettent en colère, ils sont étourdis et disent et font des choses qu'ils regrettent plus tard. Malheureusement, certaines de ces actions ou paroles ont des conséquences irréversibles. Agir en colère peut entraîner des explosions qui se terminent par des infractions, des agressions physiques ou des actes immoraux.

Demandez: Y a-t-il des groupes de personnes particulièrement qui vous sont difficiles à supporter? Y a-t-il quelques attitudes que vous ne tolérez pas? (Vous pouvez revenir aux questions au début du cours).

Ajouté à ce qui précède, demandez maintenant ce qui suit: Connaissez-vous une raison pour ce comportement que vous n'aimez pas, ou pourquoi il vous est difficile de supporter ce groupe de personnes? Que savez-vous à leur sujet? Connaissez-vous leur histoire, leurs problèmes, les raisons qui les poussent à agir, à s'habiller, à parler ainsi?

Une façon courante d'expliquer cela est de «se mettre à la place de l'autre», mais lorsque les gens sont en colère, ils ne peuvent pas le faire. Par conséquent, avant de laisser la colère assombrir notre compréhension, nous devons chercher à comprendre les raisons qui poussent les autres à agir comme ils le font.

Colossiens 3:8 dit: «Mais maintenant, renoncez à toutes ces choses, à la colère, à l'animosité, à la méchanceté, à la calomnie, aux paroles déshonnêtes qui pourraient sortir de votre bouche» (VLS). Si nous agissons en colère, nous agirons très probablement irrationnellement; et loin de régler le problème, nous ajouterons du carburant au feu. Donc, quand nous nous sentons tellement en colère que nous ne pouvons pas contrôler la situation, il est temps de demander au Saint-Esprit de nous aider et de nous habiller avec amour.

3. Clé numéro trois: s'habiller d'amour

Colossiens 3:12-14 dit: «Ainsi donc, comme des élus de Dieu, saints et bien-aimés, revêtez-vous d'entrailles de miséricorde, de bonté, d'humilité, de douceur, de patience. Supportez-vous les uns les autres, et, si l'un a sujet de se plaindre de l'autre, pardonnez-vous réciproquement. De même que Christ vous a pardonné, pardonnez- vous aussi. Mais par-dessus toutes ces choses revêtez-vous de la charité, qui est le lien de la perfection» (VLS).

Il est impossible de tolérer votre prochain s'il n'y a pas d'amour. L'apôtre Paul savait que les différences entre les gens provoquent de grandes divisions; pour cette raison, il a recommandé aux Colossiens de s'aimer, d'être gentils les uns envers les autres, d'avoir de la patience. Ces recommandations sont valables aujourd'hui. Donc pour faire face malgré nos différences, il faut avant tout s'habiller amoureux. Et lorsque l'amour de Dieu nous remplit, nous pouvons pardonner les offenses, être patient et écouter avant de parler.

Bien sûr, il ne s'agit pas de nous laisser manquer de respect ou de nous nuire, mais plutôt de nous laisser remplir par l'Esprit de Dieu et de lui permettre de travailler en nous pour répondre avec amour et patience à des situations difficiles. La dernière partie du verset 13 met le doigt sur la plaie: «Comme le Seigneur vous a pardonné, pardonnez- vous aussi» (VLS). Aïe!

Comportez-vous bien lorsque vous êtes avec des gens qui ne croient pas en Dieu. Donc, même si ces gens parlent maintenant mal de vous, comme si vous étiez méchant, alors il verra le bien que vous faites, et il louera Dieu le jour où il appelle tout le monde à rendre des comptes (1 Pierre 2:12). Lorsque le peuple de Dieu est revêtu d'amour, Dieu est glorifié.

Révisez/Application:
Selon les passages bibliques vus en classe, répondez aux questions suivantes:
1. Que devez-vous garder devant les incroyants? (1 Pierre 2:12). (Une telle conduite exemplaire que, même s'ils sont accusés de faire le mal, ils observent vos bonnes œuvres et glorifient Dieu en qui il est responsable.)
2. À quoi tout le monde devrait-il être prêt? (Jacques 1:19). (À écouter.)
3. Pourquoi devriez-vous vous vêtir d'une tendre affection et de gentillesse, d'humilité, de gentillesse et de patience? (Colossiens 3:12-13). (Pour qu'ils se tolèrent et se pardonnent s'ils ont une plainte contre l'autre.)
4. Qu'est-ce que la colère ne produit pas? (Jacques 1:20). (La justice de Dieu.)
5. Quel est le lien parfait? (Colossiens 3:14). (L'amour.)

Défi:
Pendant la semaine, pense à certaines personnes difficiles à tolérer ou avec lesquelles tu as eu un conflit. Prie cette semaine pour ces personnes ou cette situation et demande à Dieu de te donner de l'amour pour les approcher et / ou leur donner l'occasion d'expliquer ce qui s'est passé. Ton jeune leader ou un autre adulte devra peut-être servir de médiateur.

Oups Les Conflits!

Leçon 34
Eduardo Velázquez • Argentine

Objectif: Que le jeune apprenne à gérer judicieusement les conflits entre amis.

Pour mémoriser: *«S'il est possible, autant que cela dépend de vous, soyez en paix avec tous les hommes»* Romains 12:18

Avertissement: Commencez en questionnant comment a été la réunion antérieure et comment ont-ils passé la semaine dernière. *Accepter*

Connecter | Télécharger

Dynamique d'introduction (12 à 17 ans).

- **Matériaux:** Des images de piranha en papier (poissons qui semblent l'être), cordes pour la route, matériaux pour transporter différentes tailles et poids.
- **Instructions:** Divisez la classe en deux groupes. Expliquez qu'il faut traverser une rivière pleine de piranhas et transporter certaines marchandises d'une rive à l'autre; mais la seule façon de le faire est de traverser par le chemin (qui sera représenté par la corde). Rappelez-leur que l'équilibre doit être maintenu à la sortie, lors du transport du matériel vers l'autre rive, et au retour lors de la recherche de nouveaux matériaux (en marchant toujours sur la corde). Il peut y avoir plusieurs chemins à traverser (poser plusieurs cordes), mais la seule règle pour le faire est qu'on ne doit pas retirer ses pieds de la corde. Tout le monde doit se rendre sur la rive opposée avec du matériel. Chaque membre du groupe transportera le matériel choisi et le placera à l'endroit indiqué. Si le lieu de réunion est grand, les deux groupes peuvent le faire simultanément, ou un groupe à la fois.

Cette dynamique prendra fin lorsque tout le monde sera passé, ou s'ils sont peu d'élèves, lorsque chaque groupe aura transporté tout ce qui a été attribué à l'autre rive. A la fin, demandez: Quels matériaux étaient les plus faciles à transporter? Ont-ils aidé les autres à passer? Avez-vous ressenti de la colère ou de la frustration à un moment donné? S'ils recommençaient, le feraient-ils de même?

Dynamique d'introduction (18 à 23 ans).

- **Matériaux:** Une liste de 10 matériaux à sauver sur la lune et qui doivent être cachés quelque part dans la pièce.
- **Instructions:** Divisez la classe en deux groupes. Demandez à l'un des groupes de lire la liste des matériaux perdus sur la lune, d'abord individuellement, puis en groupes. Ensuite, ils doivent se mettre d'accord et faire une liste commune et décider lequel des cinq matériaux sera sauvé. Dites au deuxième groupe qu'il observera les caractéristiques suivantes du groupe qui joue: - Les personnes du groupe qui dirigent le développement de la réunion. - Les personnes dont les commentaires n'ont pas d'incidence (ils sont ignorés). - Façons de la façon dont le groupe prend des décisions. - Observer l'atmosphère de la réunion (climat positif, agressions verbales possibles, etc.) Le deuxième groupe en général devrait observer les difficultés rencontrées en groupe pour parvenir à un accord.

A la fin de la dynamique, avec l'ensemble du groupe en commun, il faut réfléchir aux résultats obtenus et observés. La dynamique précédente est une technique pour connaître le fonctionnement du groupe, l'interaction qui a lieu, détecter les conflits, les rôles, etc.

Connecter | Télécharger

Les conflits entre les personnes sont très fréquents et font partie de notre réalité quotidienne.

Vivre des conflits avec des amis, des camarades de classe ou peut-être une famille peut être une expérience frustrante et peut parfois être déstabilisant émotionnellement parce que nous ne savons pas comment y faire face.

Dans cette leçon, nous allons aborder la question des conflits et comment les orienter vers une expérience saine qui nous permet de grandir dans les relations de notre vie chrétienne.

1. Qu'est-ce que le conflit?

La Bible nous montre de nombreux épisodes avec des croyants de l'Ancien et du Nouveau Testament qui ont eu des conflits interpersonnels. Demandez: Comment des enfants de Dieu de grande foi et de communion avec Dieu peuvent-ils affronter ce type de situation?

L'explication est que les conflits font partie de notre vie elle-même. Ainsi, nous avons des conflits avec nous-mêmes, avec nos semblables et le plus grand conflit est celui que nous avons avec Dieu. Cette réalité humaine est une conséquence de la séparation de l'être humain de Dieu en raison de la désobéissance d'Adam et Ève en Eden.

Le conflit survient lorsque deux ou plusieurs valeurs, perspectives ou opinions sont de nature contradictoire ou ne peuvent pas être conciliées; ou se produit également lorsque le suivi des objectifs est incompatible avec différentes personnes ou groupes. Ainsi, le conflit peut survenir lorsque nos valeurs et nos perspectives sont menacées.

Cela se produit également dans les processus de changement social violents ou non violents, lorsqu'il y a différentes positions dans des groupes qui essaient de travailler ensemble et sont incapables de parvenir à un accord entre les parties qui débattent d'une question et essaient finalement d'imposer leurs critères sur un autre ou sur des autres. Nous savons tous où se termine cette situation. Demandez-leur de citer des exemples de conflits qui surviennent ou pourraient survenir dans leur vie.

2. Faire face aux conflits avec sagesse

Demandez: Comment Dieu veut-il que nous gérions les conflits? Voyons quelques directives ci-dessous. L'une des premières choses à garder à l'esprit en temps de conflit est d'établir une relation d'amour et de confiance avec Dieu comme relation principale (Jacques 4:1-10). Qu'est-ce que cela a à voir avec le fait de bien s'entendre avec les autres? Beaucoup! La Bible souligne constamment que la clé du succès dans les relations avec les autres est une relation réussie avec Dieu. Par conséquent, l'échec dans la relation avec les autres est le symptôme d'une relation absente ou déficiente avec Dieu (vv.6-10).

Comment ça marche? Le Dieu de la Bible est le seul à pouvoir satisfaire mes besoins de sécurité, de direction, d'objectif, de pardon, etc. Il est à la fois aimant et souverain; Il est absolument attaché à mon bien-être et est capable de travailler vers ce but dans chaque situation, et il attend également de nous que nous reflétions ce même bien-être dans la vie de notre prochain (Romains 15:1-2; Galates 5:13-16; Éphésiens 4:22-26).

Il y a des conflits qui découlent de l'égoïsme, parce que nous voulons avoir raison et rechercher notre propre avantage sans nous soucier des autres. Ce n'est que lorsque nous mettons nos vies sous la seigneurie de Dieu que nous pouvons nous lier aux autres de manière saine.

Un autre aspect est que nous devons reconnaître si notre attitude envers les autres est correcte. Un bon exercice consiste à nous examiner et à voir si au milieu d'un conflit nous avons la bonne motivation et si nous mettons notre prochain avant nous; et si ce n'est pas le cas, apportez les modifications nécessaires.

Il est également utile et important de reconnaître et de demander pardon pour les attitudes et les actions qui blessent ou ont causé du tort à une personne dans le cadre d'un traitement quotidien.

Quelque chose de très important est la façon dont nous aimons les autres au lieu de la façon dont ils nous aiment (Jacques 3:17-18).

Il est essentiel de se concentrer non pas sur ce qui ne peut pas être contrôlé (comment les autres nous traitent), mais sur ce qui peut être contrôlé (comment nous traitons les autres). Ce faisant, l'Esprit de Dieu nous garantit sa paix, son espérance et sa joie, même si les gens ne répondent pas de la même manière.

3. Grandir dans un conflit

Dans 1 Pierre 3:8-9, l'apôtre Pierre a présenté cinq aspects clés que nous pouvons apprendre à développer dans tout conflit: (1) Harmonie, en recherchant les mêmes objectifs; (2) Compassion, répondant aux besoins des autres; (3) L'amour, en voyant et en traitant les autres comme des frères; (4) la miséricorde, étant sensible dans notre affection et notre intérêt; et (5) l'humilité, en cherchant à encourager les autres et à se réjouir des triomphes des autres. Ces cinq qualités sont d'une grande aide pour que les croyants puissent maintenir de bonnes et saines relations et atténuer les conflits.

Pierre a dû faire preuve de compassion et d'humilité dans sa vie. À ses débuts avec Christ, ces attitudes n'étaient pas naturellement présentes dans sa vie (Marc 8: 31-38 et Jean 13: 6-9 pour avoir une idée de ce à quoi ressemblait Pierre).

Mais le Saint-Esprit l'a transformé, mettant sa personnalité impétueuse à la disposition de Dieu, lui apprendre ce que sont la compassion et l'humilité.

Un autre domaine que nous devons développer est la prière. Généralement, dans nos relations quotidiennes, nous nous blessons verbalement ou sommes blessés par les gens, alors nous tournons le dos ou retirons le salut. Rappelant les enseignements de Jésus pour tourner l'autre joue (Matthieu 5:39), Pierre a encouragé les croyants à répondre par la prière au nom de ceux qui les offensent. Dans le royaume de Dieu, la vengeance est une conduite inacceptable, tout comme l'insulte à une personne, qu'elle l'ait fait intentionnellement ou non. Pour éviter les conflits, nous devons résister à la tendance à blesser ceux qui nous blessent. Au lieu de réagir avec colère, prions pour ces gens.

Révisez/Application:

Demandez aux élèves de dresser une liste des situations où il peut y avoir des conflits avec des amis. Dites-leur qu'ils peuvent penser à certains conflits qu'ils traversent ou ont traversés dans le passé. Demandez-leur ensuite d'écrire ce qu'ils peuvent faire à ce sujet. Pour une meilleure compréhension, voir le tableau ci-dessous qui présente deux exemples.

CONFLITS	QUE PUIS-JE FAIRE?
Jalousie	Prier et faire confiance à l'autre.
Blagues que l'autre n'aime pas	Demander pardon et éviter à les reproduire.

Défi: Réfléchis aux attitudes ou traits de personnalité qui suscitent des conflits avec tes amis. Prend la décision de changer et prie Dieu dans les jours à venir pour qu'il t'aide. Ensuite, partage tes progrès en classe.

À La Conquête !

Leçon 35

Denis Espinoza • Nicaragua

Objectif: Comprendre l'importance de nous rapprocher de nos amis en Christ.

Pour mémoriser: «... *Nous avons trouvé celui de qui Moïse a écrit dans la loi et dont les prophètes ont parlé: Jésus ...*» Jean 1:45

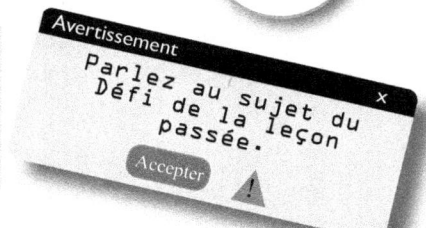

Connecter | Télécharger

Dynamique d'introduction (12 à 17 ans).
- Matériaux: Des cartes cartonnées avec des textes bibliques imprimés; grand papier et marqueurs (stylos).
- Instructions: Veillez organiser vos élèves en petits groupes d'enfants de trois et donnez-leur les cartes avec les textes bibliques imprimés (Job 2:11; Proverbes 17:17; Proverbes 18:24; Proverbes 27:10; Matthieu 19:19; Jean 15:13; Jean 15:14). Aidez-les à lire et à écrire ce qu'ils enseignent sur leurs feuilles concernant l'amitié sur leur tableau.

Dynamique d'introduction (18 à 23 ans).
- Matériaux: Des morceaux de carton rectangulaires, taille normale; et des stylos.
- Instructions: Demandez à vos élèves de s'asseoir en demi-cercle. Ensuite, distribuez-leur les talitres et les stylos en carton. Demandez-leur d'écrire la signification du mot ami. Une fois qu'ils ont terminé, demandez-leur de partager ce qu'ils ont écrit. Notez ensuite les définitions que vous pensez être les plus remarquables au tableau ou sur une feuille de papier. Nous vous suggérons d'ouvrir l'espace pour une petite discussion ou une opinion sur l'exercice.

Connecter | Télécharger

En général, nous parlons de tout avec nos amis et parfois nous partageons le travail, les célébrations, les préoccupations et recherchons ensemble des solutions à certains problèmes. Cependant, avec eux aussi nous avons l'occasion de parler de Jésus-Christ et de sa Parole bénie. Parfois, il se peut que nous soyons tristes ou que nous ayons peur de leur parler de Jésus, parce que nous ne savons pas comment ils réagiront; mais malgré tout, il est de notre devoir de le faire. Aujourd'hui, nous examinerons ce sujet à la lumière de Jean 1:35-51.

1. Jésus-Christ aime nos amis

Nos amis font partie du conglomérat humain que le Seigneur Jésus aime et veut atteindre avec sa puissance salvatrice. Dans son amour et sa grâce, tous les gens sont inclus, parce que Dieu les aime et veut les transformer.

Si nos amis ne connaissent pas Jésus, ils sont esclaves du péché et doivent être libres (Jean 8:34). Quelle que soit leur condition (vices, vol, débauche sexuelle, mal), le Seigneur les aime tels qu'ils sont et a tout le pouvoir de les libérer.

Le poids du péché que Jésus portait sur son corps et son Esprit en étant suspendu à la croix, était aussi pour eux. Il y avait notre bienheureux Rédempteur baignant le bois du Golgotha avec son sang, fournissant ainsi le remède efficace pour les péchés de tous.

L'apôtre Jean dans sa première lettre le dit ainsi: «Il est lui-même une victime expiatoire pour nos péchés, non seulement pour les nôtres, mais aussi pour ceux du monde entier.» (1 Jean 2:2).

Le Seigneur sait que si vos amis continuent sur cette voie, ils sont condamnés à la damnation éternelle. Sans Jésus-Christ, il n'y a aucun moyen d'obtenir le salut (Romains 3:23-24).

2. Nos amis doivent chercher et suivre Jésus-Christ

A. Ils ont besoin d'entendre parler de Lui

Jean, apôtre du Seigneur, a écrit que Jean-Baptiste a fait une déclaration énergique sur Jésus (Jean 1:36). Deux de ses disciples ont entendu des paroles si puissantes et ont par conséquent décidé de suivre Jésus (v. 37). Demandez: Que signifie suivre Jésus? Cela signifie renoncer à soi-même et permettre au Seigneur de prendre la première place dans notre vie; c'est être disposé à souffrir pour lui et à tout abandonner, afin de lui offrir l'amour et la fidélité continuellement. Demandez: Selon moi, qu'est-ce que me renier signifie aujourd'hui? Nous devons moins aimer (haïr) les autres, les biens matériels, l'argent, la renommée, les plaisirs, les délices et même la vie elle-même (Luc 14:26-27).

B. Ils doivent faire une recherche honnête

Nos amis doivent être conscients et convaincus de leur besoin de Dieu et entreprendre leur recherche de manière sincère et urgente. Ils doivent aussi savoir que s'ils le recherchent, ils le trouveront, car le Saint-Esprit les aidera. Cela fait partie du ministère qu'Il accomplit (Jean 16:8).

Lorsque Jésus s'est rendu compte que les deux disciples de Jean-Baptiste le suivaient (Jean 1:35-42), il leur a demandé: «Que cherchez-vous?» (v. 38). Avec cette question, il a ouvert la porte pour établir un dialogue, une conversation et un échange sincères et opportuns avec lui.

Nous pourrions nous demander ce qui suit aujourd'hui: que cherchaient-ils vraiment? Quels motifs et objectifs avaient-ils? C'était très important pour Jésus, car il ressortirait de ses réponses qu'ils ne cherchaient pas des choses, mais une personne. Les deux disciples voulaient connaître Jésus et être avec lui, ils ne cherchaient pas quelque chose pour eux-mêmes; car sa recherche n'était pas motivée par des intérêts égoïstes et mesquins. C'est-à-dire qu'ils ne sont pas venus pour profiter et gagner personnellement, ce n'était pas un désir de satisfaire leurs propres appétits, ils ne voulaient pas d'une formation de disciple facile, bon marché, impénitente et sans compromis.

«Rabbi,… où habites-tu?» (Le terme rabbin apparaît fréquemment dans l'Évangile selon Saint Jean). Avec cette expression, ils ont affirmé leur véritable intérêt. Jésus savait que les deux disciples étaient sincères dans leur recherche; Il les a vus bien intentionnés et sûrement assoiffés d'avoir une expérience à côté de Lui comme l'Agneau de Dieu qui enlève le péché du monde et l'accomplissement des prophéties bibliques. C'est pourquoi le Seigneur a lancé une invitation cordiale à l'accompagner. Une invitation accompagnée d'un impératif: «Viens et voir» (v.39). C'était une opportunité que les disciples ont saisie avec joie. Ainsi, la Bible nous dit ce qui suit: «Venez, leur dit-il, et voyez. Ils allèrent, et ils virent où il demeurait; et ils restèrent auprès de lui ce jour-là. C'était environ la dixième heure» (Jean 1:39).

C. Vous devez le partager avec les autres

L'Évangile selon Saint Jean mentionne l'un des hommes qui ont entendu Jean-Baptiste et qui est devenu plus tard un disciple de Jésus, et qui est devenu plus tard un apôtre. Cela indique que l'œuvre de Jean-Baptiste n'a pas été vaine. Il l'a préparé à suivre Jésus. Ceci est un exemple de formation de disciple productive.

Andrés a commencé son ministère de partager Jésus avec les autres. Il a commencé chez lui, avec l'un de ses proches parents. Nous savons que dans nos maisons, il y a des gens qui ne connaissent pas le Christ et qui ont besoin de lui. C'est un terrain fertile pour semer la Parole dans vos cœurs.

André a partagé ce qu'il a trouvé avec son frère, Simon (Jean 1:41) .Le témoignage était clair et convaincant. Le Messie tant attendu, annoncé par les prophètes comme la promesse de Dieu, était enfin arrivé! Elle était déjà identifiée. Il n'y avait pas le moindre doute dans ses paroles. C'était vrai.

Andrés a transmis le message à son frère, mais a également «amené Jésus vers lui». C'était une décision audacieuse par laquelle il a été amené au Sauveur. Le Seigneur le regarda avec amour et changea son nom en Céphas, c'est-à-dire Pierre (v. 42). Le Seigneur a vu non seulement qui il était, mais qui il pouvait devenir par la puissance transformatrice de Dieu.

La transformation de Simon Pierre est un exemple de ce que Dieu est capable de faire dans la vie de tous ceux et celles qui lui répond avec sincérité, humilité et soumission.

Pierre était-il avant le futur pape de l'église? Non. C'était un humble pêcheur, perdu dans ses crimes et ses péchés; mais recherché et trouvé par son frère André et transformé par Jésus.

3. Nos amis ont besoin de notre aide

Au cours de son ministère, Jésus a rencontré Philippe et l'a invité à le suivre (Jean 1:43). Cette invitation de Jésus, ainsi que la disposition de Philippe, en ont fait un disciple. L'étape suivante, Philippe a procédé à partager sa foi. Nathanaël était la personne avec qui Il a parlé et a communiqué la bonne nouvelle. Dont la personne il parlait exactement de ce dont parlaient les Écritures (v.45).

Moïse et les prophètes, divinement inspirés par le Saint-Esprit, ont annoncé la venue du Messie qui viendrait «inaugurer» une nouvelle étape dans la relation de Dieu avec les êtres humains. Philippe a identifié le Messie en Jésus de Nazareth, et c'est ce qu'il a communiqué à son ami. La tâche de partager Jésus n'est pas toujours facile, mais l'insistance laisse de bons résultats (Galates 6:9).

Philippe a dû faire face avec fermeté au scepticisme de Nathanaël, qui n'était pas facilement convaincu. «Quelque chose de bon peut-il sortir de Nazareth?», a demandé cet homme (v. 46). Et c'est que chez la personne sceptique, le doute et l'insécurité dominent son esprit. Aujourd'hui, nous nous posons la question suivante: quel aurait été le concept de Nathanaël du Messie?

Philippe n'était pas découragé, il a invité son ami à se décevoir. Par conséquent, il a dit: «Viens et voir.» À partir de cette façon,

Philippe a invité Nathanaël à agir et à observer avec une extrême attention.

Lorsque Nathanaël s'est approché du Seigneur Jésus (Jean 1:47), il a fait une déclaration qui l'a surpris et également choqué. Cela est démontré dans ce qu'il a répondu au Messie: «D'où me connais-tu?» «Jésus lui a dit qu'avant que Philippe l'appelle, quand il était sous le figuier, il l'a vu (Jean 1:48). C'était assez pour Nathanaël. En fait, cela montre clairement l'omniscience de Jésus pour le reconnaître, et par conséquent, Nathanaël a décidé de devenir son disciple (Jean 1:49).

Les vrais amis veulent toujours bien nous traiter et sont prêts à faire des choses pour nous. Ils ne nous souhaitent pas de mal, mais sont prêts à se défendre contre ceux qui essaient de nous nuire. Nous pouvons certainement faire confiance à nos amis, car ils ne feront jamais cause commune avec nos détracteurs. Eh bien, le plus grand et le meilleur bien que nous puissions faire à nos amis est de partager le Christ.

Révisez/Application: Veillez organiser vos élèves en petits groupes, puis demandez-leur de lire les versets suivants: (Job 2:11; Proverbes 17:17, 18:24, 27:10; Jean 15:13,14). Demandez-leur ensuite d'écrire dans la colonne de gauche les Écritures qui leur ont été données; et dans la colonne de droite, l'enseignement donné par chacun de ces passages.

CITATION BIBLIQUE	ENSEIGNEMENT
Job 2:11	Les amis viennent à sympathiser et réconforter.
Proverbes 17:17	Un ami aime en tout temps.
Proverbes 18:24	Celui qui a des amis doit montrer à un ami.
Proverbes 27:10	Nous ne devons pas quitter nos amis.
Jean 15:13	Donner la vie pour des amis est le plus grand amour.
Jean 15:14	Jésus nous considère comme ses amis si nous faisons ce qu'Il nous dit de faire.

Défi: Cherche des amis et forme un groupe de visites dans ton église locale, et vas rendre visite à tes amis, parle-leur de Christ et invite-les à le recevoir dans leur cœur comme Sauveur et Seigneur. Ou tu peux également écrire tes idées sur les façons de partager Jésus avec tes amis. Dis-les à tes camarades de classe et commence à les pratiquer.

Pardonner...?

Leçon 36
Wendy López • Panama

Objectif: Que le jeune comprenne que le pardon est un commandement, ce n'est pas une option.

Pour mémoriser: «... *Si vous pardonnez aux hommes leurs offenses, votre Père céleste vous pardonnera aussi; mais si vous ne pardonnez pas aux hommes, votre Père ne vous pardonnera pas non plus vos offenses.*» Matthieu 6: 14-15

Avertissement: Commencez un dialogue avant d'initier la classe. Parlez au sujet de la manière que vous pouvez partager le Christ dans ce moment auquel nous vivons. Accepter

Connecter | Télécharger

Dynamique d'introduction (12 à 17 ans).
- **Matériaux:** Des papiers, marqueurs et ruban de papier à adhérer.
- **Instructions:** Écrivez des mots opposés sur les papiers, mais un seul mot par papier (par exemple: Aimer-Haïr, Froid-Chaud, Réfrigérateur-Réchaud, etc.). Tracez ensuite une ligne de division au milieu de la pièce et placez les papiers sur une table en les mélangeant à l'avance. De plus, avec du ruban adhésif, tracez un diagramme sur le sol comme sur la photo ci-dessous et séparez les élèves en deux groupes. Chaque groupe doit faire une rangée derrière la ligne centrale (rouge ou bleu selon l'équipe). Soulignez ensuite que sur le nombre de trois, la première personne en ligne dans chaque groupe doit courir vers le pôle Nord et jouer un rôle, et immédiatement après, courir vers le pôle Sud et rechercher le mot opposé correspondant (par exemple, la répartition des mots dans chaque pôle peut être la suivante: Amour, Froid et Réfrigérateur doivent aller au pôle nord, Haine, Chaud et Réchaud doivent aller au pôle sud). Le premier groupe à trouver tous les mots opposés gagnera.

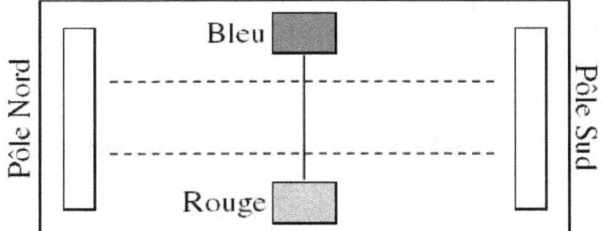

Dynamique d'introduction (18 à 23 ans).
- **Matériaux:** Un appareil pour mettre de la musique (radio, Ipod, etc.), de la musique instrumentale douce, des feuilles de papier et des crayons.
- **Instructions:** Préparez la salle dans une atmosphère très solennelle. Demandez ensuite aux élèves d'entrer discrètement dans la salle. Lorsque tout le monde est assis, dites-leur de réfléchir à leur vie. Demandez-leur s'ils ont déjà subi une blessure ou une déception d'une autre personne (que ce soit un petit ami, un parent, un grand parent). Distribuez des feuilles de papier et des crayons et demandez-leur d'écrire les noms des personnes qui les ont blessés de manière très personnelle, et écrire également comment ils se sont sentis au moment de la déception et comment ils se sentent maintenant envers cette personne. Assurez-les qu'ils conserveront ces documents et qu'ils ne seront pas lus en public.

À la fin du cours, demandez à vos élèves de prier Dieu et de pardonner à ces personnes. Dites-leur ensuite de conserver ou de déchirer les papiers comme bon leur semble.

Connecter | Télécharger

Le 2 octobre 2006, Charles Carl Roberts, 32 ans, est entré et a kidnappé des élèves de la West Nickels Mines School d'une paisible communauté amish (ils sont un groupe ethno-religieux anabaptiste chrétien, connu principalement pour son style de vie simple). Roberts a alors abattu dix des filles kidnappées avant de se suicider. Cinq des filles sont décédées des suites de leurs blessures. «Un jour après le massacre, le grand-père de l'une des victimes a été entendu avertissant les jeunes membres de la famille de ne pas haïr le meurtrier», en disant: «Nous ne devons pas penser du mal de cet homme». Un autre père a dit: «Il avait une mère, une femme et une âme et maintenant il se tient devant un Dieu juste». Jack Meyer a expliqué: «Je ne pense pas qu'il y ait quelqu'un ici, je ne veux rien de moins que pardonner et non seulement aider ou tendre la main à ceux qui ont subi une perte de cette manière, mais aussi à la famille de l'homme qui a commis cet acte». (Http: // en.wikipedia. org / wiki / Amish_school_shooting).

1. Contexte de l'histoire de Joseph

Les parents de Joseph étaient Jacob et Rachel (Genèse 37-44). Joseph était le préféré de son père. Dix de ses demi-frères l'ont vendu à une caravane d'Ismaélites et il a été emmené comme esclave en Égypte. Là, il a souffert de solitude car il a été forcé de passer un long moment loin de sa famille. Il a également été victime de calomnies et de mensonges et a été emprisonné sans motif. Enfin, sous la fidélité de Dieu, la vie de Joseph a pris un tournant. Pharaon a eu un rêve, et Joseph, sous la direction de Dieu, l'a interprété, et c'est ainsi qu'il est devenu le «deuxième commandant» de toute l'Égypte. Dieu a béni Joseph. Tout ce qu'il touchait était donc prospère. Au cours des sept années de bien-être, Joseph a aidé les gens à utiliser et à épargner en cas de famine et de besoin. Lorsque la famine est arrivée, Joseph a conduit l'Égypte à être l'un des pays les plus puissants de cette époque et est devenu quelqu'un de renommée. Mais bien que Joseph ait accompli beaucoup, son cœur était toujours affecté par les blessures que ses frères lui avaient causées. Joseph a dû faire face à ses sentiments d'amertume, ses désirs de vengeance et ses liens par manque de pardon; et ainsi être en mesure d'atteindre la plénitude de tout ce que Dieu avait préparé pour lui et sa progéniture.

Comme Joseph, beaucoup d'entre nous ont traversé des moments difficiles. Nous avons été frappés par les coups de la vie, dont beaucoup de proches. Demandez: Est-ce que nous nous identifions avec Joseph? Y a-t-il quelque chose dans notre vie qui nous affecte et dont nous ne voulons pas nous souvenir?

2. Le pardon, un commandement

Dans l'histoire de Joseph, le pardon méritait d'être noté (Genèse 45:1-8). Si nous regardons Genèse 44:18-33, nous pouvons remarquer l'évidence de la vraie repentance des frères de Joseph. Contrairement à quand ils ont vendu Joseph, quand ils se sont revus, ils ont pris en compte les sentiments de leur père, Jacob. Ils avaient appris la leçon. Dans Genèse 45:1, nous voyons que Joseph a remarqué ce repentir authentique; il ne pouvait donc pas se contenir et a demandé que tous ceux qui étaient présents (à l'exception de ses frères) partent. Voyant les fruits du repentir de ses frères, Joseph a pu manifester son pardon.

Genèse 45:1-2 nous révèle une puissante vérité. Joseph ne voulait pas faire connaître ou traîner le péché de ses frères en public; mais en même temps, cela ne le dérangeait pas d'enseigner ses émotions aux Égyptiens. Joseph pleura et cria si fort que même dans la maison de Pharaon, ils l'entendirent. Joseph voulait faire face en privé à l'infraction et à l'offre de pardon entre la famille. Lorsque nous sommes blessés par d'autres, nous devons prendre cette réaction très au sérieux. En ces temps, il est facile de retirer les «chiffons sales» des «frères» via les médias sociaux.

Joseph a réalisé que ses frères avaient peur quand il a révélé qui il était, et au lieu de «mettre le doigt sur la plaie» et de souligner la douleur et les blessures, Joseph leur a demandé de s'approcher de lui (vv.4-6). Il est intéressant de noter que Joseph, en se révélant à ses frères, a pu aller au-delà de tout reproche ou jugement (v.5). Il les a rassurés en disant: «... ne sois pas triste». Ici, nous pouvons voir le fruit d'un cœur qui était vraiment exempt d'amertume et de ressentiment. Il est évident que Joseph avait vraiment pardonné à ses frères.

Dans Genèse 45:7-8, nous voyons que Joseph a décidé de se concentrer sur le dessein de Dieu au lieu de sa douleur ou de ses sentiments de vengeance. Il a concentré ses énergies sur la découverte du plan et du dessein de Dieu au milieu de toutes ses souffrances. De même, Dieu a donné à Joseph la force de pardonner à ses frères.

La vie irréprochable de Joseph au milieu de l'adversité a conduit à l'accomplissement du plan de Dieu. Lorsque le moment est venu de retrouver sa famille et de la sauver de la faim, Joseph a pardonné à ses frères et a permis au plan de Dieu de continuer à s'accomplir dans la formation et la préservation du peuple d'Israël.

3. Comment offrir le pardon?

Dans Matthieu 6:9-15, nous trouvons la prière de notre Père, et quelque chose de très intéressant à propos de cette prière est l'insistance sur le pardon. Les versets 12-15 mettent l'accent sur la nécessité de pardonner; Mais la chose la plus intéressante à propos de ces versets est qu'ils sont réciproques. Comme nos dettes sont remises, nous devons donc pardonner à nos débiteurs.

Habituellement, lorsque nous parlons de blessures ou de maux qui nous ont été causés, nous nous concentrons sur l'autre personne. Mais ... et nous? Nous avons également offensé. Nous sommes également coupables d'infractions. Jésus, le seul qui n'a pas offensé, le seul qui n'a jamais fait de mal à personne; quand il a été offensé, il a pu pardonner (Romains 5:8). Par conséquent, notre première étape pour offrir le pardon devrait être de détacher nos yeux de la personne qui nous a blessés et de fixer nos yeux sur Jésus, le plus grand exemple de pardon (Éphésiens 4:31-32). Ensuite, nous devons prier pour nous-mêmes et pour celui qui nous a offensés, sachant que seul Dieu peut nous donner la force de pardonner. Si tu continues à penser à l'infraction, cela t'apportera plus de douleur et d'amertume. Ce ressentiment te donnera un désir de vengeance qui ne te laissera pas tranquille jusqu'à ce que tu agisses. L'amertume d'engraissement est comme une boule de neige glissant sur le flanc d'une montagne; Il commence petit, mais se termine par une grosse balle qu'il atteint lorsqu'il atteint sa destination. Continuer à revivre l'infraction vous liera au passé et ne te permettra pas de vivre et de profiter du présent ou de te déplacer vers l'avenir. Lorsque les pensées de l'infraction te viennent à l'esprit, amenez-les à Dieu.

Choisis le pardon, le bonheur et la liberté; la décision t'appartient. Comprenons que pardonner ne signifie pas que ce que la personne a fait était bien ou que nous l'oublierons. Pardonner, c'est remettre la situation entre les mains de Dieu; ne réprimande pas et laisse Dieu prendre le contrôle.

Demande: Et si la personne qui m'a offensé n'est pas intéressée pour le pardon? N'oublie pas que tu ne pardonnes pas uniquement pour le bien-être de l'autre personne; tu pardonnes, parce que c'est un commandement de Dieu et parce qu'il est nécessaire pour ton bonheur et ta liberté spirituelle et émotionnelle. Le pardon est un commandement de Dieu qui apportera la liberté à ta vie.

Révisez/Application: Donnez-leur le temps de rechercher les versets suivants et d'écrire ce qu'ils disent sur le pardon.

1 Jean 1:9 (Le pardon vient de Dieu.)

Éphésiens 1:3,7 (Le pardon vient de Dieu.)

Matthieu 18:21-22 (Nous devons pardonner.)

Marc 11:25; Éphésiens 4:32; Colossiens 3:13 (Nous devons pardonner comme Dieu nous a pardonnés.)

Défi: Lis la prière de notre Père trois fois: Matthieu 6: 9-15. Pense aux personnes qui t'ont blessé. Fais une liste des façons dont tu peux offrir le pardon:

Fais une liste des personnes que tu as blessées. Fais une liste des actions que tu peux entreprendre pour lui enseigner ta repentance:

Mon Meilleur Ami!

Leçon 37

Rosarion Xuc • Mexique

Objectif: Que le jeune homme comprenne qu'en Jésus-Christ il trouvera son meilleur ami.

Pour mémoriser: *«Je suis la vigne, vous êtes les sarments; celui qui demeure en moi, et moi en lui, il porte beaucoup de fruits; car en dehors de moi, vous ne pouvez rien faire.»* Jean 15:5

Avertissement: Commencez en demandant comment se portaient-ils avec le Défi de cette semaine. Accepter

Connecter

Dynamique d'introduction (12 à 17 ans).
- Matériaux: Des feuilles de journaux.
- Instructions: Jetez des feuilles de papier de journal sur le sol. Lorsque les élèves arrivent en classe, l'instruction à donner est d'imaginer qu'ils sont sur un navire qui a commencé à couler et que ces feuilles de journaux représentent des bateaux en mer qui vont être sauvés selon l'ordre donné. L'ordre est le suivant: «Les bateaux sont enregistrés avec 4…». Lorsque cet ordre est entendu, les participants doivent se tenir debout sur les feuilles de papier 4 en 4; les gens qui n'ont pas trouvé de place sur les bateaux perdront. Le nombre de sauvegardes variera selon l'ordre donné par celui qui dirige la partie. Enfin, les participants commenteront comment ils se sont sentis quand ils n'ont pas trouvé de place dans le «bateau», ou comment ils se sont sentis quand ils n'ont pas pu aider leurs collègues et amis à «se sauver».

Dynamique d'introduction (18 à 23 ans).
- Matériaux: Lecteur de musique.
- Instructions: Invitez les élèves à former deux cercles (l'un à l'intérieur de l'autre) avec le même nombre de personnes et demandez-leur de se faire face. Ensuite, jouez de la musique de fond. Demandez-leur ensuite de se présenter à la main et de dire leurs noms, ce qu'ils font et ce qu'ils aiment. Donnez ensuite le signal de faire tourner les cercles chacun dans la direction opposée; de cette façon, ils auront une autre personne devant eux. Demandez-leur ensuite de s'embrasser et de poser les mêmes questions que celles posées auparavant, mais maintenant à l'autre personne; demandez-leur de se retourner et de se saluer avec leurs pieds, puis avec leurs coudes, leurs épaules, etc. En fin de compte, ils doivent donner leurs propres applications et conclusions.

Télécharger

Demandez: Combien de fois ont-ils dit, se référant à quelqu'un, qui était leur meilleur ami? Ou, combien de fois ont-ils dit directement à quelqu'un: «Es-tu mon meilleur ami»? Certes, plusieurs fois. Avoir des amis est merveilleux, c'est quelque chose de spécial. Nous partageons avec eux et ils le font avec nous; nous marchons ensemble, nous échangeons des idées; et plusieurs fois nous avons des choses en commun. Mais nous devons garder à l'esprit qu'à un moment donné, ils peuvent nous échouer, tout comme nous pouvons les échouer. Et c'est que nous sommes et serons humains, et par conséquent, nous avons tendance à échouer. Certaines personnes disent que «le meilleur ami de l'homme est le chien». Demandez: qu'en penses-tu (permettez à vos élèves d'en discuter). Ce jour et dans cette leçon, nous parlerons de quelqu'un qui est un ami que nous pouvons certainement appeler «mon meilleur ami». Une fois que nous aurons Jésus dans nos cœurs et deviendrons notre meilleur ami, nous devrons prendre en compte les aspects suivants que nous étudierons ensuite.

1. Nous demeurerons en lui

Dans Jean 15: 1-17, nous voyons le résultat de cette relation étroite, et c'est la production de fruits abondants qui satisfait l'attente du Père. Voyons ce que Jean 15: 5 nous dit. Jésus clarifie qui Il est en disant:

«Je suis la vigne»; mais cela indique aussi qui nous sommes: «... vous êtes les sarments». L'idée est que nous, en comprenant que nous sommes les sarments, faisons ce qui suit:

A. Nous demeurerons en Lui et Lui en nous

On raconte qu'une fois, lorsque le missionnaire Hudson Taylor a passé la nuit chez un ami, il lui a demandé: «Es-tu toujours conscient de rester en Christ?»; Taylor a répondu: '«Hier soir, pendant que je dormais, est-ce que j'ai arrêté de demeurer en lui parce que je n'étais pas conscient. De la même manière, nous ne devons jamais penser que nous ne nous y conformons pas parce que nous n'en sommes pas conscients» (Commentaire biblique Mundo Hispano, Jean. Volume 17, Mundo Hispano, USA: 2005, p.321). Demeurer en Christ est cette union vitale qui existe entre les chrétiens et Jésus-Christ. Le mot «demeurer» signifie essentiellement «rester». Chaque chrétien est inséparablement lié au Christ dans tous les domaines de sa vie. Il obéit donc à sa Parole (elle lui apprend comment vivre); lui offre une profonde adoration et des louanges; et se soumet à son autorité. Rester en Christ est la preuve d'un véritable salut. Les gens qui restent en Christ ont une foi authentique; ce sont eux qui resteront, ne se retireront pas, ne nieront pas ou n'abandonneront pas le Christ. Les vrais disciples de Jésus sont ceux qui continuent de vivre ce que la Parole commande (Jean 8:31).

B. Nous porterons beaucoup de fruits

En demeurant en Lui, nous porterons beaucoup de fruits et reconnaîtrons que sans Lui nous ne pouvons rien faire (Jean 15: 5). Le désir de Jésus-Christ, en tant que notre meilleur ami, c'est que nous ne nous séparions jamais de Lui; que nous partageons avec Lui, que nous apprenons de Lui et que par-dessus tout, nous Le connaissons, et que comme la branche, nous sommes collés à la vigne pour porter du fruit. Demandez: Quels fruits seront vus en nous? Tout comme la vigne a de nombreux raisins qui se reproduisent, notre vie en sera de même si nous restons en lui: nous pouvons être des disciples qui forment d'autres disciples. Ces fruits nous permettront de parler de Lui avec liberté et sécurité. Si nous demeurons en Lui et que Ses paroles demeurent en nous, en demandant tout ce que nous voulons sera fait (Jean 15:7); Bien sûr, tant que ce que nous demandons est selon sa volonté.

Jésus, dans ce passage de Jean 15, mentionne le verbe «demeurer» 10 fois. Ce mot décrit la relation de Jésus avec le Père, la relation de Jésus avec ses disciples et vice versa.

2. Nous serons aimés de lui

Christ a un modèle d'amour, et ce modèle d'amour est son Père; Comme son Père l'aime, il nous aime (Jean 17:23-26) et nous invite à rester dans son amour (Jean 15:9-11). Si nous demeurons en Lui, sa joie sera en nous.

Si le Christ parle de ces choses très spéciales, douterons-nous qu'il est notre meilleur ami? Ou plutôt, Allons-nous douter qu'il puisse être notre meilleur ami? Bien sûr que non! Jésus-Christ veut notre bien-être total. Aucun ami ne souhaite le pire à quelqu'un; au contraire, il doit toujours souhaiter le meilleur, et s'il ne le fait pas, j'ai peur de te dire qu'il n'est pas ton ami. Jean 15:13 dit: «Personne n'a un plus grand amour que cela, celui-là donne sa vie pour ses amis». Il est impressionnant de voir comment Jésus, en tant qu'ami fidèle, montre son amour pour nous.

3. Son amour est universel

Le Christ, en tant que meilleur ami de l'humanité, nous invite à nous aimer les uns les autres, comme il nous a aimés (Jean 15:12).

Cette expression: «Que vous vous aimiez», traduit un verbe au présent, décrivant une attitude et une action constantes et durables. Jésus nous commande non seulement de nous aimer les uns les autres parmi les disciples, mais il précise également la qualité de l'amour qui doit exister parmi nous: «Comme je vous ai aimés». Avec cette déclaration, il décrit la qualité et la dimension de son amour.

Le Christ veut être le meilleur ami de l'humanité. Il nous enseigne que la joie de la communion entre les croyants est l'un des grands dons de Dieu. Peu importe où nous sommes, nous pouvons être en famille lorsque nous sommes avec des frères dans la foi. Dans Jean 15:17, nous trouvons le onzième commandement; Là, on nous dit que la chose la plus importante pour Christ est que ses disciples s'aiment. Christ nous a manifesté son amour, même si nous étions pécheurs: «Mais Dieu montre son amour pour nous, en ce que pendant que nous étions encore des pécheurs, Christ est mort pour nous». (Romains 5:8); et bien ... «C'est l'amour: non pas que nous ayons aimé Dieu, mais qu'il nous aimait ...» (1 Jean 4:10).

Si notre meilleur ami aime l'humanité, nous devons aussi l'aimer. Nous aimons les gens parce que nous avons connu le plus grand: l'amour de Dieu. Alors, Christ, en tant que notre meilleur ami, nous devons partager. Ça c'est de l'amour!

Fais de Christ ton meilleur ami. Il nous aime et l'a montré en allant à la croix pour toi et pour le monde entier. Je t'invite à dire aujourd'hui avec certitude: «Jésus-Christ m'est fidèle, sa puissance m'a été donnée par Jésus-Christ, il est mon réconfort, ma paix parfaite».

Révisez/Application: Demandez-leur de répondre aux questions suivantes:

1. Qui est un ami? (Un ami, un terme que nous utilisons largement dans notre langue, c'est cette personne avec qui nous gardons une amitié.)
2. Quel type d'ami qu'on t'a présenté dans cette leçon? (Le meilleur ami.)
3. Comment les amis devraient-ils rester? (Unis.)
4. Qu'est-ce que la vigne? (Une plante dont le fruit est le raisin.)
5. Quelles sont les sarments? (Rameaux verts, tendres et fins de la vigne.)
6. Mentionnez les qualités de Jésus comme ton meilleur ami (tu peux répondre à cette question avec tes propres mots).(C'est un ami sincère, qui écoute, tendre, bon, discret, généreux, etc.)

Défi: Pendant la semaine, réfléchis au type de relation que tu entretiens avec Jésus; s'il est vraiment ton meilleur ami et si tu restes en lui. De même, nous te suggérons de planifier avec ton moniteur et tes camarades de classe une visite à quelqu'un cette semaine et de partager avec ton meilleur ami. Dieu veut t'utiliser pour le bien des autres qui ont besoin de le connaître.

Sans Limites

Leçon 38
Wendy López • Panama

Objectif: Que l'élève apprenne que le Saint-Esprit est la troisième personne de la Trinité et qu'il remplit la mission confiée par le Père de construire l'église.

Pour mémoriser: *«Il n'y a pas de plus grand amour que de donner sa vie pour ses amis.»* Jean 15:13

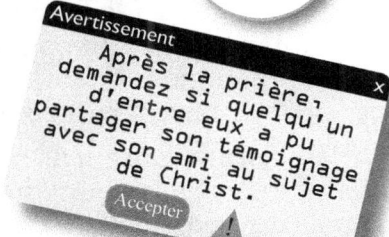

Connecter

Dynamique d'introduction (12 à 17 ans).

- Instructions: Commencez par demander aux jeunes combien d'amis ils ont sur Facebook. Posez ensuite les questions suivantes:

De tous tes amis sur Facebook

Avec combien en parles-tu régulièrement?

Combien en as-tu vu plus d'une fois?

Qui irais-tu sauver si leur voiture manquait de pétrole sur l'autoroute?

À combien donnerais-tu un rein?

Souhaiterais-tu donner ta vie à certains de tes amis Facebook?

Le mot «ami» est utilisé très légèrement à notre époque. Nous n'avons pas vraiment conscience de ce que signifie être un véritable ami.

Dynamique d'introduction (18 à 23 ans).

- Matériaux: Des papiers et des crayons.
- Instructions: Veillez distribuer un crayon et du papier à chaque élève. Demandez ensuite à chaque jeune homme d'écrire deux vérités et un mensonge sur lui sur le papier. Par exemple: Vérités: je suis né à Porto Rico; J'ai grandi aux États-Unis. Mensonge: J'ai vécu au Mexique. Lorsque tout le monde les a déjà écrits sur leurs papiers, demandez à chaque élève de lire leurs trois phrases. Les autres élèves essaieront de dire laquelle des trois phrases n'est pas vraie.

Télécharger

À notre époque, nous avons tendance à appeler quiconque «ami», alors qu'en réalité, ils sont «connus» dont nous connaissons très peu. Aujourd'hui, nous ne prenons pas le temps de nous faire connaître et de nous faire des amis profonds.

Cependant, il existe des phrases bien connues sur l'amitié, telles que:

- «Les amis sont la famille de choix».
- «Un ami est celui qui connaît tous tes défauts, et malgré eux il t'aime».
- «Dans la phrase: «Un vrai ami», le mot «vrai» est trop».

1. Un ami

Le mot «ami» est utilisé très légèrement à notre époque. Avec la popularité des réseaux sociaux, nous avons tendance à classer toute personne connue comme notre «ami». Nous ne nous arrêtons pas à analyser en profondeur le sens de ce mot.

Demandez: Que dit la Bible sur l'amitié? La Parole de Dieu nous donne-t-elle un exemple d'une véritable amitié sans limites?

Dans 1 Samuel 18: 1, nous trouvons le récit de deux jeunes hommes, Jonathan et David. Ils venaient de deux «mondes» très différent et ils se sont rencontrés dans une circonstance inhabituelle.

Jonathan est né comme prince d'Israël. Son père était le roi Saül. Il a grandi dans le palais et a été exposé aux meilleurs enseignements et formations du pays. En tant que fils aîné, Jonathan a été le premier à hériter du règne d'Israël.

D'un autre côté, la vie de David était très différente de celle de Jonathan. David est né dans la ville de Bethléem.

Il était le plus jeune de huit frères. Il était «blond, aux yeux magnifiques et beau» (1 Samuel 16:12). De même, David était le berger des moutons de son père. Lorsque ses frères sont entrés au combat, David a dû rester à la maison pour garder les moutons. Mais l'humble expérience de David ne l'a pas empêché d'avoir de grandes qualités. Il avait un cœur droit devant Dieu et était un garçon courageux qui n'avait pas peur de faire face à ceux qui menaçaient ses moutons (1 Samuel 17:34-36).

C'est cette valeur qui a amené ces deux garçons si différents à se rencontrer. Il arriva qu'un jour David alla apporter de la nourriture à ses frères qui étaient dans la bataille contre les Philistins. Là, il a appris la menace de Goliath. Comme nous le savons tous, David a tué Goliath et a remporté la victoire pour Israël. 1 Samuel 17:57 nous dit que David tenait toujours la tête de Goliath quand il a comparu devant le roi Saül. C'est là que Jonathan et David se sont rencontrés. Ce fut un rassemblement si impressionnant que leurs âmes furent désormais liées (1 Samuel 18:1).

De ce compte, nous pouvons apprendre plusieurs choses:

Les amis peuvent provenir d'horizons différents; Il y a des qualités communes qui unissent les amis; L'amitié ne se limite pas à être une connaissance. Pour avoir une véritable amitié, il doit y avoir une profondeur de cœur et d'âme.

À ce stade de la leçon, encouragez vos élèves à parler de l'un de leurs amis spéciaux. Demandez: Quelles différences ont-ils? Quelles similitudes ont-ils? Qu'est-ce qui leur a incité à se rencontrer? Comment ont-ils cultivé l'amitié?.

2. Les caractéristiques d'une amitié sans limites

Le récit de l'amitié entre Jonathan et David a été détaillé dans sept chapitres de la Bible (1 Samuel 19-24). Encouragez vos élèves à lire les sept chapitres au cours de la semaine prochaine.

Aussi, mentionnez-leur que dans ces chapitres, nous trouvons cinq caractéristiques exemplaires d'une véritable amitié, une amitié sans limites.

AMOUR: L'amour était la base de l'amitié entre Jonathan et David. Entre ces deux jeunes hommes, il n'y avait ni envie ni jalousie. Dès le début, les deux ont laissé régner l'amour entre eux (1 Samuel 20:17).

L'amour de Jonathan pour David était si grand qu'il avait même sa vie à portée de main en intercédant pour David auprès de son père (1 Samuel 20:32). L'argument entre Jonathan et Saul était tel que Saul non seulement l'a insulté, mais a également tenté de tuer Jonathan, son propre fils. Cependant, cela n'a pas arrêté l'amour de Jonathan, car il continuait à soutenir David. Alors même que son propre père chassait David dans le désert, Jonathan a cherché David pour l'encourager (1 Samuel 23:16). C'était la dernière fois que David et Jonathan se voyaient; Peu de temps après, Jonathan est décédé.

Nous pouvons apprendre beaucoup de cet amour vertueux. Jonathan ne s'est jamais accroché à sa position de prince ni n'a tenté de manipuler David. Il ne l'a pas non plus humilié ni tenté de s'imposer à lui. Très bien,

Jonathan a utilisé le principe biblique de l'amour pour maintenir son amitié avec David. Demandez: l'amour est-il quelque chose qui se dit ou se reflète dans les actions?

ENGAGEMENT: Jonathan et David étaient des hommes de parole. À divers moments de l'histoire, nous voyons comment ils ont fait des alliances les uns avec les autres (1 Samuel 18:3, 20:16, 23:18). Jonathan et David étaient attachés à leur amitié. Ils n'ont pas permis à des circonstances ou à d'autres personnes d'intervenir dans leur relation. Même eux ont constamment renouvelé leur engagement les uns envers les autres.

Prenez un moment dans la leçon pour revoir ce concept avec vos élèves. Parmi les amitiés des jeunes, il existe de nombreux conflits. Aujourd'hui, ils peuvent être amis, mais pas demain. Il est important qu'ils comprennent le besoin et la bénédiction qui découlent d'une amitié qui a de la profondeur et de l'engagement entre deux personnes.

RESPECT: Dès le début, Jonathan a reconnu l'appel de Dieu dans la vie de David (1 Samuel 18:4). Cela peut être difficile à comprendre. Mais l'action de Jonathan était très symbolique. Il se dépouillait de son règne, de sa prétention de prince au trône, et il reconnaissait et respectait l'appel de Dieu sur la vie de David. La Bible va plus loin pour clarifier ce point (1 Samuel 23:17).

Dans une amitié, le respect est primordial, surtout quand il y a des changements de croissance. À mesure que les jeunes grandissent, des changements se produiront dans leur vie. L'un peut être accepté dans une meilleure université, tandis que l'autre ami est laissé pour compte. Il se peut que l'un des amis ait la possibilité de voyager dans d'autres endroits, tandis que l'autre ne le fait pas. Il est important que les jeunes apprennent à se respecter plutôt qu'à s'envier à cause des changements dans leur vie.

Parlez-en aux jeunes. Demandez: Avez-vous déjà vécu ce genre de respect dans une amitié?

CONFIANCE: Jonathan et David ont vécu des moments très difficiles. Des persécutions, des déceptions d'amour (1 Samuel 18:19), des calomnies (1 Samuel 18:24), des tentatives contre leur vie, etc., se sont produites. Ce furent des moments très tendus et émotionnels; mais l'amitié de ces deux jeunes gens était si profonde qu'ils n'avaient pas peur de se faire confiance. Leur confiance était si forte qu'ils pouvaient montrer ouvertement leurs émotions (1 Samuel 20:41). Il est impératif que les jeunes comprennent que dans une véritable amitié, il est important d'avoir une confiance mutuelle. Les amis ne doivent pas craindre d'être totalement ouverts les uns aux autres. Mais pour pouvoir recevoir la confiance, il faut la donner.

Encouragez les jeunes à parler des moments où un ami les a déçus. Comme c'est mauvais! Mais, que c'est bon d'avoir quelqu'un en qui vous pouvez avoir confiance, quelqu'un qui ne nous déçoit pas, quelqu'un avec qui nous pouvons être complètement ouverts. Encouragez les jeunes à gagner la confiance de leurs amis.

FIDÉLITÉ: L'amitié entre Jonathan et David a eu une fin tragique. Jonathan a été assassiné à côté de son père. David a beaucoup souffert de la mort des deux (2 Samuel 2:11-12). Bien que Jonathan ne soit plus aux côtés de David, l'engagement de leur amitié n'a pas diminué. À plusieurs reprises, Jonathan avait demandé à David de prendre soin de sa famille si quelque chose lui arrivait (1 Samuel 20:15). David n'a jamais oublié cette promesse; il était fidèle à leur amitié.

La Bible nous dit dans 2 Samuel 9 que l'une des premières choses que David a faites en tant que roi a été de rechercher la progéniture de Jonathan. En trouvant son fils, Mephiboscheth, David a non seulement rendu toutes les terres qui avaient appartenu à Saul (son grand-père), mais lui a également invité à toujours faire partie de la table du roi (v.7). En raison de sa loyauté envers Jonathan, David a offert sa miséricorde et sa gentillesse à Mephiboscheth. L'amitié sans limites ne prend pas fin à la fin de la vie. La véritable amitié dure des générations.

Encouragez vos jeunes à rechercher ce type d'amitié. Aidez-les à comprendre que pour avoir ce type d'amitié, il est important de fournir une amitié pleine d'amour, d'engagement, de respect, de confiance et de loyauté.

`Révisez/Application:` Acrostiche - Prévoyez du temps pour attribuer un attribut ami à chaque lettre du mot amitié. Exemple:

    A - L'amour
    M - Miséricorde
    I - Intensité
    T - Tempérance
    I - Immense
    E - Enthousiasme

`Défi:` Il est temps de nous examiner. Aujourd'hui, nous avons étudié les différentes caractéristiques qu'entraîne une véritable amitié sans limites. Considère ta vie et les amitiés que tu noues. Dans les espaces ci-dessous, écris certaines des caractéristiques sur lesquelles tu devrais travailler.

Je Suis Un Étranger

Leçon 39

Hilda Navarro • Mexique

Objectif: Que les jeunes comprennent les causes de la migration et prennent conscience des problèmes sociaux des migrants.

Pour mémoriser: «*Tu ne maltraiteras point l'étranger, et tu ne l'opprimeras point; car vous avez été étrangers dans le pays d'Égypte.*» Exode 22:21

Avertissement

Permettez que quelques volontaires donnent du témoignage sur comment se trouve leur relation avec leurs amis.

Accepter

Connecter

Dynamique d'introduction (12 à 17 ans).
- Matériaux: De feuilles de travail et des crayons.
- Instructions: Demandez aux élèves de remplir les deux premières colonnes de la feuille de travail avant de commencer la leçon. Pour cela, dans la première colonne, ils écriront ce qui suit: Ce que je sais; dans le second, ce que j'espère apprendre; et dans le troisième, ce que j'ai appris. Commencez ensuite la leçon. Gardez à l'esprit que les étudiants ne travailleront initialement que sur les deux premières colonnes; et à la fin du cours, ils termineront le troisième.

Dynamique d'introduction (18 à 23 ans).
- Matériaux: Des feuilles de papier et des crayons.
- Instructions: Demandez à vos élèves de répondre aux questions suivantes en pensant à la première chose: que signifie la migration? Quelle est la raison de la migration? Qu'est-ce que la mondialisation? Selon toi, quelle est la relation entre mondialisation et migration, s'il y en a une?

Accordez-leur environ cinq minutes pour qu'ils répondent et cinq autres pour qu'ils partagent leurs réponses.

Avec cette dynamique, il ne s'agit pas de chercher des réponses profondes, mais de faire un diagnostic de référence sur la question des migrations. Par conséquent, ne faites aucune correction. Avec le développement de la leçon, les élèves élargiront leurs réponses. À la fin de la leçon, ils pourront remplir la feuille de travail et revoir leurs réponses au début.

Télécharger

Demandez : Combien connaissent-ils des personnes qui ont quitté leur lieu d'origine pour aller travailler ou chercher une vie meilleure ailleurs? Accordez du temps aux élèves pour qu'ils partagent certaines réponses. Indiquez que cela fait partie du phénomène migratoire. Très probablement à l'école, au travail ou parmi les voisins et / ou les frères de l'église ou les étudiants eux-mêmes, il y a des gens qui, pour diverses raisons, ont quitté leur lieu d'origine et se sont installés ici; Ou peut-être que nous sommes nous-mêmes des migrants ou des enfants de migrants. La leçon d'aujourd'hui porte sur la migration; comment la mondialisation a favorisé son développement; et quelle est la mission de l'église face à ce phénomène.

1. Les mouvements migratoires

Les mouvements migratoires peuvent se produire à l'intérieur d'un même pays ou d'un pays à l'autre. En général, elles sont dues, entre autres, à des raisons économiques, politiques, idéologiques et sécuritaires. Si nous revenons au livre de la Genèse, nous avons quelques exemples dans Térach (Genèse 11:31), Abraham (Genèse 12:1), Jacob et sa famille (Genèse 29:1, 46: 1-34).

Techniquement, les chercheurs sur le sujet font la distinction entre émigration, immigration, remigration et transmigration. Ainsi, l'émigration quitte le lieu d'origine pour s'installer dans un autre. L'immigration arrive dans un pays ou une région d'ailleurs. Les sociologues utilisent également les termes remigration (retour au lieu d'origine après avoir émigré) et transmigration (changement de résidence si fréquent qu'il fait partie de la vie quotidienne). (Les migrations internationales en période de mondialisation. Pries, L.Nueva Sociedad, 1999, p.163).

Il est également important de noter qu'il existe une différence entre la migration et le déplacement forcé. La destruction d'Israël (et de sa capitale Samarie) aux mains des Assyriens (2 Rois 18:9-12) et celle de Juda (et sa capitale Jérusalem) aux mains des Babyloniens (2 Rois 25:1-12; 2 Chroniques 36:17-21) avec leur expulsion ultérieure, plus qu'une migration, il est considéré comme un déplacement forcé, car le peuple a été contraint de quitter la Palestine à la suite d'un conflit armé. Pour l'Organisation internationale pour les migrations (OIM), le déplacement se produit parmi les personnes qui «ont été forcées ou forcées de fuir ou de quitter leur domicile ou leur lieu de résidence habituelle, en particulier en raison ou afin d'éviter, les effets des conflits armés, des situations de violence généralisée, des violations des droits de l'homme ou des catastrophes naturelles ou d'origine humaine» (Migration et déplacement, OIM, http: //www.crmsv. org / documents / IOM_EMM_Es / v2 / V2S09_CM consultation .pdf: 16 décembre 2013).

La migration, en revanche, bien que dans la plupart des cas la détérioration économique et la nécessité conséquente d'améliorer les conditions de vie soient enracinées, elle est considérée comme un acte volontaire dans lequel les gens décident de quitter leur lieu d'origine. Les conditions de vie actuelles encouragent les gens de tous les secteurs de la société, de différents pays et groupes ethniques à décider d'opter pour la migration comme moyen de faire avancer leur famille.

Ainsi, la migration a donné naissance à des nations telles que les États-Unis, le Canada, l'Australie et a constitué une partie importante du creuset culturel dans des endroits tels que l'Argentine, le Brésil, le Chili, entre autres.

2. Mondialisation et mouvements migratoires

Les migrations internationales se sont accrues après la révolution industrielle, lorsqu'un grand secteur de la société européenne s'est appauvri et qu'il était nécessaire de rechercher un meilleur avenir économique dans d'autres pays. C'est alors qu'il y a eu un processus multifactoriel connu sous le nom de mondialisation. Normalement, associé aux problèmes économiques et de marché, le terme mondialisation englobe d'autres domaines de l'activité humaine. Aux fins de cette leçon, ce terme sera défini comme le rapprochement entre les nations et leur interdépendance économique, technologique, culturelle et sociale. Ainsi, la mondialisation a contribué au changement de domicile des personnes cherchant à améliorer leurs conditions de vie.

Par conséquent, des personnes de différentes nations, langues et cultures (ou sous-cultures) entrent en contact direct lorsqu'elles se rencontrent dans la même région. Cela amène les gens à modifier une partie de leurs traditions et coutumes dans le nouvel environnement qui les entoure et à incorporer des éléments culturels typiques de leur nouveau lieu de résidence.

Les changements comprennent des questions aussi simples que la modification du régime alimentaire ou la modification de la façon de s'habiller, voire la modification de la langue et une redéfinition de l'identité culturelle et linguistique. Ainsi, il n'est pas étrange de rencontrer des enfants de migrants qui ne parlent pas la langue de leurs parents ou qui ne connaissent pas les traditions de leurs parents. De plus, beaucoup d'entre eux ont de forts conflits internes lorsqu'ils tentent de définir leur identité; tandis que d'autres voient dans leur propre diversité culturelle et linguistique un avantage pour s'adapter aux nouvelles situations migratoires.

Le peuple de Dieu dans l'Ancien Testament a fait face à ces crises d'identité (2 Rois 17:24-41). Ainsi, nous voyons que le Royaume du Nord a assimilé les coutumes des Assyriens, oublié les commandements donnés à leurs parents (Exode 20) et incorporé de nouveaux comportements dans leur vie quotidienne. De même, lorsque les habitants de Juda ont été emmenés captifs à Babylone, ils ont également assimilé une partie de la culture de ce lieu. La langue hébraïque est tombée dans l'oubli et le peuple a incorporé l'araméen comme langue d'usage quotidien.

3. La mission de l'église auprès des mouvements migratoires

Comme beaucoup l'ont probablement vu, il y a des villes, des pays et des régions qui reçoivent des vagues de migrants chaque année. Les points frontaliers sont souvent témoins de ces mouvements de manière plus tangible. Et compte tenu des prévisions économiques difficiles de la Banque mondiale pour l'avenir (http://www.worldbank.org/topics/ rémittences /. Récupéré le 22 décembre 2013). Ces vagues migratoires ne diminueront guère.

Demandez: Que doit faire l'église dans cette situation? Comment l'église peut-elle servir les migrants? Accordez quelques minutes aux élèves pour partager leurs idées. Dites-leur également que les migrants sont des personnes qui, pour la plupart, arrivent dans des conditions difficiles. Quitter son lieu d'origine et traversée épuisante qu'il vive physiquement, émotionnellement et financièrement laisse les gens dans une situation vulnérable.

Certains emportent suffisamment d'argent avec eux pour s'installer dans leur nouveau point de résidence; cependant, la plupart en manquent. D'autres ont dû voyager seuls ou séparés de leur famille pendant le voyage et sont seuls et ne savent pas où ils résideront. Les plus chanceux ont un emploi et d'autres sont mobilisés pour leur emploi; mais ils n'ont pas d'endroit où ils se sentent chez eux.

L'église est appelée à être un instrument de Dieu pour restaurer les gens en ouvrant ses portes et en servant ceux qui en ont besoin. L'église peut être cet endroit que les migrants appellent chez eux. Ainsi, il y a des églises qui décident d'établir des soupes populaires pour les migrants, et d'autres créent des centres de collecte pour aider les abris déjà établis. Il y a aussi des congrégations qui ont des représentations spéciales à Noël ou à Pâques dans les refuges pour migrants; tandis que d'autres se spécialisent dans les questions de migration pour aider à nettoyer les conditions vulnérables.

La plupart peuvent ouvrir leurs portes et présenter le message du salut et de la restauration. Nous pouvons tous nous mettre à la place des migrants. Imaginez votre situation et ce que vous avez vécu et demandez-vous: comment aimerions-nous être traités si nous devions migrer ailleurs? Comme l'apôtre Paul le dit dans 1 Corinthiens 9:19-23, si l'église veut vraiment gagner tout le monde, elle doit être capable de comprendre chaque personne et la situation dans laquelle elle arrive. Après tout, nous-mêmes (qui composent l'église), ou nos ancêtres, avons également migré d'ailleurs et avons trouvé un endroit que nous appelons maintenant chez nous, et un jour nous voyagerons vers notre maison éternelle.

Révisez/Application: Donnez-leur le temps de comprendre le mot caché et d'écrire la définition dans leurs propres mots.

Iotimnlidaosan: (**Mondialisation:** Le rapprochement entre les nations et leur interdépendance économique, technologique, culturelle et sociale.)

Atrnonigsmrati: (**Transmigration:** Changer de résidence si souvent qu'elle fait partie de la vie quotidienne.)

Nimramioigt: (**Immigration:** Elle atteint un pays ou une région à partir d'une autre partie.)

Eltitédn: (**Identité:** c'est le nom donné à l'ensemble des caractéristiques d'une personne ou d'un groupe qui les différencie des autres.)

Aisioamisltn: (**Assimilation:** Incorporer ce qui est appris dans les connaissances antérieures.)

Elturcu: (**Culture:** Ensemble de modes de vie, coutumes, connaissances, développement artistique, industrie scientifique à une époque spécifique, groupe et lieu social, etc.)

Riomigreatn: (**Remigration:** Retour au lieu d'origine après avoir émigré.)

Défi: Pendant la semaine, élabore un plan de travail que ton église peut mettre en œuvre au nom des migrants. Parle à ton pasteur des besoins de ta communauté et de ce que l'église peut faire en matière d'immigration.

Qu'est-Ce Que Je Vois Ou Lis?

Leçon 40

Viviana Pérez • Argentine

Objectif: Que le jeune sache choisir le contenu qui lui convient le mieux dans les médias.

Pour mémoriser: «*Au reste, frères, que tout ce qui est vrai, tout ce qui est honorable, tout ce qui est juste, tout ce qui est pur, tout ce qui est aimable, tout ce qui mérite l'approbation, ce qui est vertueux et digne de louange, soit l'objet de vos pensées.*» Philippiens 4: 8

Connecter

Dynamique d'introduction (12 à 17 ans).
- Matériaux: Du tableau noir, divers magazines jeunesse, journaux et ruban adhésif (à coller).
- Instructions: Divisez la classe en groupes de quatre et demandez aux élèves de revoir les magazines et les journaux et de découper les sections qui leur plaisent le plus. Demandez-leur ensuite de les afficher sur le tableau pour les exposer à toute la classe, en mentionnant pourquoi ces clips leur plaisent.

Cette dynamique est utilisée par les enfants pour identifier les informations qu'ils choisissent et apprendre à juger de leur utilité ou non. Par conséquent, demandez: Vos clips et informations vous fournissent-elles quelque chose de nécessaire?

Dynamique d'introduction (18 à 23 ans).
- Matériaux: Des papiers colorés 10 cm x 10 cm et des stylos.
- Instructions: Demandez à chaque élève d'écrire sur une feuille de papier de couleur le nom d'une émission de radio ou de télévision qu'il aime voir ou entendre, ou le nom d'un site Web qu'il aime fréquenter. Ensuite, rassemblez tous les morceaux de papier et prenez-en un au hasard, lisez-le et demandez à la classe d'expliquer le programme. Lorsque vous avez fini de lire les articles, demandez à la classe ce qui suit: Lequel de ces programmes nous construit, aide-nous à être meilleur; Et lesquels nous nuisent ou ne nous divertissent que sans rien apporter de bon?

Télécharger

Les moyens de communication influencent la façon dont les gens agissent et pensent et peuvent modifier la façon dont ils connaissent et comprennent la réalité qui les entoure.

Par exemple, lorsque nous analysons les programmes de télévision les plus populaires tels que les séries animées, les romans, les émissions de téléréalité, etc., nous remarquerons sûrement que plusieurs des personnes que nous connaissons agissent comme dans les dits programmes ou parlent avec des expressions de là ou s'habillent comme leurs personnages, car sans aucun doute leur vie est influencée par le contenu. En d'autres termes, leur façon de penser ou d'agir est en train d'être modifiée, et donc la réalité dans laquelle ils vivent est affectée.

Les médias, parlant d'émissions de radio et de télévision, représentent 80% de divertissement et 20% d'information. Donc, comme le plus grand pourcentage est divertissant, il va de soi que certaines émissions sont engageantes, agréables et prennent beaucoup de notre temps, qu'elles nous profitent ou non. Demandez: Combien d'heures regardez-vous la télévision, écoutez de la musique ou êtes-vous sur Internet? Ce contenu vous profite-t-il, fait-il de vous une meilleure personne et comment contribue-t-il à la croissance de votre vie?

Les adolescents et les jeunes sont constamment exposés aux médias, et ils constituent un point d'attaque préféré car ils sont les plus gros consommateurs. Pour cette raison, il est important de leur apprendre à filtrer ou à choisir ce qu'ils voient, ce qu'ils entendent ou ce qu'ils lisent afin que la personnalité soit correctement formée et ne soit pas affectée par le contenu négatif des médias. Pour y parvenir, nous devons appliquer ces trois conseils qui viennent de la Parole de Dieu:

1. Penser le mieux

Ce n'est pas tout qui est mauvais et ce n'est pas tout qui n'est pas bon. Mais si les médias influencent notre pensée et modifient notre façon de percevoir la réalité, nous devons filtrer le contenu. Et… comment filtrer ce qu'ils nous offrent? Eh bien, en appliquant le filtre de Philippiens 4:8: «Au reste, frères, que tout ce qui est vrai, tout ce qui est honorable, tout ce qui est juste, tout ce qui est pur, tout ce qui est aimable, tout ce qui mérite l'approbation, ce qui est vertueux et digne de louange, soit l'objet de vos pensées.»

Les médias peuvent diffuser de nombreux messages et contenus divers; mais il faut appliquer ce standard de pensée (lisez-le 2 ou 3 fois).

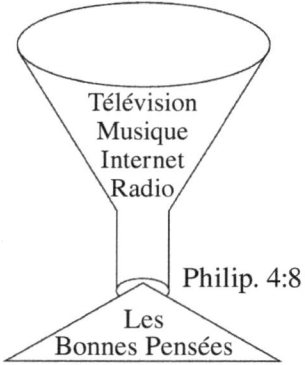

La Bible nous conseille de prendre soin de nos pensées. De nombreux médecins affirment que les gens tombent plus malades des pensées que d'autres facteurs tels que les facteurs biologiques ou alimentaires. Ainsi, Dieu a été sage de dire que nous devons être conscients de nos pensées. Tout ce qui entre dans notre esprit doit être vrai, honnête, juste, pur, de vertu, digne d'éloges, etc.

Analyse le type de contenu que tu reçois des médias et vois s'ils t'édifient; sinon, tu devrais éventuellement les changer. N'oublie pas que ce qui ne te fait pas de bien te détruit. Si tu veux être une meilleure personne, tu dois bien choisir ce que tu laisseras entrer dans ton esprit. Cette astuce te fait peut-être face à un grand défi: dis oui à ce qui te rend meilleur et dis non à ce qui génère de mauvaises pensées, des actions négatives, des mots destructeurs, etc. Tout ce qui est injuste, malhonnête, impur, trompeur, vain, égoïste, mauvais, etc. cela ne fait que corrompre l'esprit et peut amener les gens à agir de manière erronée et nuisible.

Par conséquent, pour être une meilleure personne, il vaut la peine d'essayer de penser et de choisir ce que Philippiens 4:8 commande.

2. Retenir le meilleur

Lisez 1 Thessaloniciens 5:21-22: «Mais examinez toutes choses; retenez ce qui est bon; abstenez-vous de toute espèce de mal». Montrez ensuite à la classe un objet intéressant (ce peut être un cube ou un ornement spécial, une pierre rare, etc.). Ensuite, demandez-leur d'examiner l'objet et de dire ce qu'ils voient, ce qu'ils aiment, ou le matériau dont l'objet semble être fait, ainsi que ses utilités, etc.

Examiner signifie discerner, discriminer, différencier, distinguer entre le bien et le mal. Donc, la Parole nous demande d'examiner tout ce qui nous vient, de la même manière que nous l'avons fait avec l'objet «l'objet». Donc, un programme, une chanson, une image, un contenu, etc. elle doit être examinée afin que nous puissions distinguer si cela est bon ou non, s'il nous bénit ou nous éloigne de la vérité.

Le contenu des médias ne peut être pris à la légère et pense qu'il ne nous affecte pas; car ils influenceront toujours nos vies. Le verset de 1 Thessaloniciens conseille «de retenir le bien»; c'est-à-dire que tout le

contenu n'est pas jetable. Cela ne signifie pas que nous allons nous déconnecter du monde; Mais nous allons agir avec un esprit examinateur qui pourra garder ce qu'il apporte et rejeter ce qui est inutile. Et bien que la phrase suivante du verset mentionné semble évidente: «Mais examinez toutes choses; retenez ce qui est bon; abstenez-vous de toute espèce de mal», il est nécessaire de méditer dessus, car l'abstention implique une action volontaire consistant à appliquer un «non» à quelque chose que je souhaite ou que j'aime. Tu dois t'assurer que tu jettes, éliminer ce qui mène à l'erreur, et que la Bible l'appelle «toutes sortes de mal». Tu dois alors penser à ce que nous allons faire des films d'horreur, des séries violentes, des lettres qui provoquent la débauche, des images sensuelles ou pornographiques, etc. Nous devons sérieusement penser à nous abstenir.

3. Faire de son mieux

Colossiens 4:5 dit: papa «Conduisez-vous avec sagesse envers ceux du dehors, et rachetez le temps». La Bible nous dit ici que notre façon de vivre soit sage, et pas seulement lorsque nous sommes seuls; mais aussi lorsque nous sommes en présence des autres. Nous avons une grande responsabilité d'être un exemple et un bon témoin à tout moment. Parfois, les gens qui approchent ou cherchent le Christ le font plus en voyant les bonnes actions des croyants qu'en écoutant ses paroles.

Considérez la situation suivante: «Javier et tous ses camarades de classe se rencontrent dans une maison pour regarder des films. Soudain, quelqu'un joue un film rauque sans consulter les autres. La plupart sont d'accord et certains savent que Javier est un disciple de Jésus». Demandez: Que ferais-tu en lieu et place de Javier? Présentez les options suivantes:

a.) Tu resterais silencieux et continuerais de regarder le film.

b.) Tu dirais que tu n'es pas d'accord, mais tu resterais pour ne pas perdre tes amis.

c.) Tu expliquerais ton désaccord et tu te retirerais du lieu.

Laquelle de ces options indiquerait une attitude sage qui prend soin de l'esprit et utilise bien le temps?

Définitivement, le troisième. Faire cela est un défi pour les courageux, mais cela rendra le Christ glorifié et tout le monde saura que vous vous souciez plus de ce que Dieu pense de vous que de ce que les gens disent. C'est une attitude de véritable rébellion qui change le monde pour de bon.

Les médias peuvent être utilisés à notre avantage; mais nous devons toujours examiner et sélectionner le contenu que nous choisissons bien. De cette façon, notre esprit restera en bonne santé et notre comportement sera bon à cause de cela. N'oublions pas que nos choix peuvent être un impact et un témoignage pour les autres.

Révisez/Application:
Demandez qu'ils répondent ces questions suivantes avec leurs propres mots:

1. À quoi Dieu veut-il que nous pensions? (Tout ce qui est honorable, tout ce qui est juste, tout ce qui est pur, tout ce qui est aimable, tout ce qui mérite l'approbation, ce qui est vertueux et digne de louange, soit l'objet de vos pensées.)

2. De tout le contenu du verset de mémoire, quelles sont les choses que je fais bien et que dois-je améliorer?

   Pur:

   Honnête:

   Juste:

   Digne de louange:

   Comment dois-je occuper mon intervalle de temps?

Défi:
Que penses-tu si cette semaine nous analysons les programmes que nous regardons, la musique que nous écoutons, les pages que nous parcourons et nous débarrassons du contenu qui ne nous sert à rien?

Faire Des Différences

Leçon 41

Natalia Heavy • États-Unis

Objectif: Faire comprendre au jeune comment son identité chrétienne le sépare du monde.

Pour mémoriser: «*Afin que vous soyez irréprochables et purs, des enfants de Dieu irrépréhensibles au milieu d'une génération perverse et corrompue, parmi laquelle vous brillez comme des flambeaux dans le monde.*» Philippiens 2:15

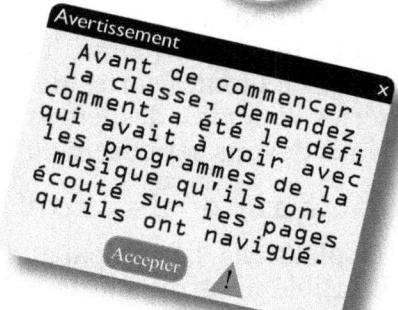

Avertissement: Avant de commencer la classe, demandez comment a été le défi qui avait à voir avec les programmes de la musique qu'ils ont écouté sur les pages qu'ils ont navigué.

Connecter

Dynamique d'introduction (12 à 17 ans).
- Matériaux: Une quantité considérable de bougies (qui peuvent être celles qui soient utilisées pour un gâteau d'anniversaire) et d'allumettes / allumettes ou de flashes / lampes à piles.
- Instructions: Ayez les matériaux cachés et une lumière électrique ou naturelle dans votre classe avant l'arrivée de vos élèves. Après les avoir accueillis, dites-leur que vous voulez faire une expérience et éteignez l'interrupteur d'éclairage. Divisez la classe en deux groupes et demandez à un groupe de dramatiser une situation où un chrétien est léger et à un autre groupe de dramatiser une situation où un chrétien ne serait pas léger.

Dynamique d'introduction (18 à 23 ans).
- Matériaux: Du tableau noir et marqueurs (craie ou plume) ou de gros papier et du crayon.
- Instructions: Demandez à vos élèves de vous aider à faire une description ou une définition du mot identité. Pour cela, ayez cette définition selon l'Académie royale espagnole comme référence: «Ensemble de caractéristiques d'un individu ou d'une communauté qui les caractérisent devant les autres». Demandez-leur ensuite comment Dieu influence le développement de notre identité humaine.

Télécharger

Le mot luminaires a la connotation d'être quelque chose qui a la capacité de briller ou de donner de la lumière. Généralement, ce mot est utilisé en référence aux étoiles que nous voyons dans notre ciel. Dans un cours d'astrologie, il est enseigné que les étoiles n'ont pas réellement leur propre lumière, mais réfléchissent plutôt fortement la lumière du soleil Pendant la journée, lorsque la lumière du soleil est très brillante, nous ne pouvons distinguer aucune étoile dans le ciel; mais au crépuscule et en pleine obscurité, les étoiles se distinguent par la vue et leur lumière est brillante et remarquable au milieu de toute l'obscurité nocturne.

Dans Philippiens 2:15, Paul a qualifié les chrétiens vivant à Philippes de «luminaires» parce que son amour brillait au milieu du mal et de la haine de ceux qui l'entouraient. Dans cette leçon, nous étudierons davantage cette lumière et … comment nous aussi, nous pouvons être des luminaires!

Dans le dictionnaire, le mot identité est défini comme l'ensemble des caractéristiques d'une personne qui les différencient des autres. L'identité comprend des caractéristiques physiques (telles que les empreintes digitales propres à chaque personne) ainsi que des caractéristiques émotionnelles, psychologiques et intellectuelles. De la même manière, il existe des caractéristiques spirituelles et morales qui séparent et désignent une personne comme fils ou fille de Dieu, et l'absence de telles caractéristiques indique le contraire. Dans la leçon d'aujourd'hui, nous verrons que nos vies doivent porter les marques d'une identité chrétienne et que ce sera le seul moyen de faire la différence dans un monde où de telles caractéristiques sont parfois difficiles à trouver. Ce faisant, notre vie ouvrira la voie à Jésus.

1. Une identité qui nous donne la liberté

Dans le passage d'étude de Galates 5:1-5, nous voyons que Paul a écrit sur une liberté très spéciale et l'a comparée à la triste condition de l'esclavage. Dans son message, il a rappelé aux Galates que la vie sans Jésus est une vie d'esclavage au péché.

De nos jours, nous constatons qu'en dépit du fait que de nombreuses personnes luttent pour obtenir leur liberté et que l'esclavage est généralement interdit par les droits de l'homme dans le monde, nous pouvons reconnaître que de nombreuses personnes souffrent encore d'un esclavage encore plus difficile d'abolir; et c'est l'esclavage du péché. Ainsi, il y a des personnes qui subissent les conséquences d'un vice (pornographie ou jeu), les conséquences d'une dépendance à des substances (drogues ou alcool), les conséquences de la délinquance (temps en prison), les conséquences des décisions impulsives (une grossesse non planifiée), etc. À cette liste de conséquences, il est nécessaire d'ajouter les conséquences émotionnelles qu'une personne peut subir, telles que la dépression, l'anxiété, les pensées suicidaires, l'irritabilité et d'autres conflits qui peuvent affecter la personnalité et les relations interpersonnelles.

L'apôtre a utilisé à bon escient le mot esclavage, parce que la personne est finalement incapable d'arrêter de faire les actions qu'elle fait malgré les terribles conséquences; c'est-à-dire que l'ennemi tente et les attrape encore et encore.

C'est pourquoi l'apôtre Paul a clairement fait comprendre aux chrétiens de Galatie qu'en tant qu'enfants de Dieu, ils avaient toute la puissance de Dieu à leur disposition pour qu'ils n'aient pas à continuer d'obéir aux désirs du mal. Ils pourraient être vraiment libres de choisir leurs actions.

En tant que jeunes, nous devons reconnaître que nous sommes également confrontés à des situations qui peuvent facilement nous piéger et nous laisser esclaves pendant longtemps; peut-être avec des conséquences plus importantes que nous ne pouvons l'imaginer. Un prédicateur a dit: le péché paie, et paie mal; et ceci est un enseignement sur le grand mensonge que le diable nous dit: «Faites-le, personne ne va se blesser» ou «rien ne se passe, personne ne vous découvrir». La réalité est que ce sont des mensonges que nous devons reconnaître et ignorer. Nous devons plutôt nous rappeler que Jésus est mort pour nous libérer de toutes les ruses du mal et que nous avons toute la liberté de refuser le péché.

Une caractéristique importante de l'identité chrétienne est celle d'une véritable liberté de choisir le meilleur pour nos vies.

2. Une identité qui nous donne la sécurité

Dans le deuxième passage d'étude d'aujourd'hui (1 Jean 2:18-28), nous lisons que l'apôtre Jean a écrit aux chrétiens sur l'importance de reconnaître Jésus comme celui envoyé par Dieu pour assurer le salut. Cependant, malgré le grand exemple que Jésus nous a donné au cours de sa vie ici sur Terre et tous les miracles et signes qu'il a faits par la puissance de Dieu, il y a beaucoup de gens qui ne l'ont pas reconnu comme le Messie. Malheureusement, cette même situation continue de se répéter aujourd'hui, car de nombreux groupes de personnes nient la place de Jésus dans le salut. Ces groupes comprennent d'autres religions telles que les religions orientales, l'Islam et les Témoins de Jéhovah, pour n'en nommer que quelques-uns.

Au milieu d'un monde où l'insécurité regorge et affecte la vie de nombreux jeunes, le jeune chrétien peut faire la différence. Aujourd'hui, l'insécurité conduit le jeune qui en souffre à prendre des décisions basées sur la peur. Par exemple, il y a des jeunes qui fument de la marijuana ou boivent de l'alcool, motivés principalement par la crainte que s'ils ne participent pas, ils ne feront pas partie du groupe d'amis. De la même manière, l'insécurité conduit les jeunes à avoir des relations sexuelles de peur de perdre une relation amoureuse et de se sentir seuls. Contrairement à ce qui précède, l'identité chrétienne nous donne une merveilleuse assurance dans l'amour éternel et actif de Dieu!

3. Une identité qui nous différencie

L'apôtre Paul a écrit aux chrétiens vivant à Philippes et leur a donné une recommandation qui se trouve dans Philippiens 2:15. L'apôtre a écrit aux Philippiens sur le rôle qu'ils jouaient au sein de la société dans laquelle ils vivaient et les a encouragés à faire la différence. Ainsi, l'apôtre Paul a écrit que les enfants de Dieu sont des gens à qui il n'y a rien à reprocher, rien à réclamer, car ils sont simples et font des choses sans mal ou «sans défaut» (Philippiens 2:15). Ces qualités sont en contraste complet avec ceux de la plupart des autres personnes qui prennent continuellement des décisions de mal et de mal aux autres. Notre vie, caractérisée par la justice et l'amour, devient une lumière qui éclaire au milieu de l'injustice et de la haine de la société.

Nous devons considérer qu'il n'est pas toujours facile d'être une star au milieu d'une «génération maléfique et méchante» (Philippiens 2:15). En tant que jeune, vous avez peut-être connu le ridicule et le ridicule pour certaines des décisions que vous prenez en raison de vos croyances chrétiennes (par exemple, ne pas accepter les soirées où l'alcool est servi, ne pas participer à l'écoute de certains types de musique ou fumer, essayer d'obéir à vos parents ou respecter vos professeurs). Souvent, les jeunes non chrétiens ressentiront de l'envie, de la jalousie ou même de la haine pour le jeune chrétien qui travaille à faire les choses selon le plan de Dieu, et ces sentiments le conduiront à bouleverser le jeune chrétien ou à l'influencer à changer. Cependant, il est très important de se rappeler que Dieu comprend ce que nous traversons et veut nous aider.

Jésus lui-même a subi de grandes conséquences en faisant la volonté de Dieu, notamment en étant tué sur une croix; mais nous voyons que Jésus, même dans ces moments, a montré de l'amour pour les autres et une grande assurance dans l'amour que Dieu avait pour lui. Dieu veut vous aider afin que votre vie puisse être une étoile qui brille de plus en plus dans les ténèbres du monde. L'identité chrétienne est une identité qui fait une différence indéniable. Ne laissez pas votre lumière cesser de briller!

Révisez/Application: Demandez-leur de penser à des moyens pratiques dans lesquels ils peuvent faire une différence dans leur vie quotidienne.

SITUATION	TA RÉPONSE DIFFÉRENTE
MAISON / FAMILLE	Exemple: Répondre avec respect/Aider.
ÉCOLE	Exemple: Travailler pour obtenir de bonnes notes.
TRAVAIL/AVEC DES AMIS	Exemple: Ne pas participer à des activités négatives.

Défi: N'oublie pas que tu peux faire une grande différence dans la façon dont tu vis ta vie. Comment Dieu peut-il t'aider à faire cela? Dieu a de grands projets pour ta vie (Jérémie 29:11) et Il veut te donner tout le pouvoir nécessaire pour que tu puisses l'accomplir. L'important est que tu dépendes de lui chaque jour et que tu lui obéisses en tout. Reste à l'écoute cette semaine des circonstances dans lesquelles tu peux faire la différence et partager avec la classe la prochaine fois que tu leur rencontreras. Dieu ne te laissera pas seul.

Contre-culture Chrétienne

Leçon 42
Yeri Nieto • Mexique

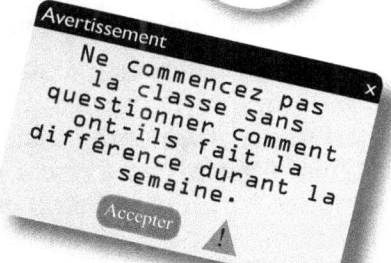

Objectif: Que le jeune reconnaisse que le message chrétien est, en de nombreuses occasions, contraire aux pratiques culturelles.

Pour mémoriser: *«Car ce n'est pas un esprit de timidité que Dieu nous a donné, mais un esprit de force, d'amour et de sagesse».* 2 Timothée 1:7

Connecter

Dynamique d'introduction (12 à 17 ans).
- Matériaux: Des crayons, couleurs, gommes à effacer et feuilles de papier blanc.
- Instructions: Demandez à vos élèves de dessiner le Seigneur Jésus tel qu'ils l'imaginent, en particulier sur la base des lectures qu'ils ont faites de lui.

  L'idée est qu'ils affrontent un Jésus beaucoup plus «humain» que celui que nous avons vu au cours des mois.

  À la fin, montrez-leur un dessin préalablement préparé par vous montrant Jésus en sueur (parce qu'il marchait tout le temps), quelque chose de sale (il marchait toujours dans les rues poussiéreuses), maigre (par les jeûnes), hagard (pour les prières), débraillé et avec ses cheveux et sa peau bronzés par le soleil (ils peuvent être des figures de différentes personnes avec ces caractéristiques; et s'il n'obtient pas de dessins, placez des affiches que les caractéristiques mentionnées disent).

Dynamique d'introduction (18 à 23 ans).
- Matériaux: Du tableau noir et marqueurs (feutres ou craies).
- Instructions: Demandez à vos élèves de venir au tableau et d'écrire les caractéristiques qui devraient identifier une personne chrétienne.

  À la fin, rappelez-leur que bon nombre des caractéristiques ne sont pas physiques, mais éthiques. C'est donc que les chrétiens font une différence au sein d'une société qui favorise les valeurs antichrétiennes.

Télécharger

Jésus-Christ, le seul Seigneur que nous suivons, n'est pas quelqu'un de confortable pour notre époque. Ses paroles, par exemple, ne sont pas des phrases amusantes à copier et coller sur un mur; ses paraboles ne sont pas des histoires pour enfants qui nous appellent à la récréation ... Notre Seigneur est, en plus de bien des choses, un maître de la contre-culture. Sa vie et ses enseignements reflètent que: Il a défié les traditions établies, les habitudes religieuses, Il s'est conformé à la coutume et confronte ainsi notre mode de vie aujourd'hui.

1. Les personnes différentes

Jésus, contrairement aux autres professeurs de l'époque, n'a pas choisi les meilleurs élèves de la loi mosaïque; Il est sorti des plans et a cherché dans les rues et les places ceux qu'il voulait appeler. Ces personnes n'étaient pas une bonne référence sociale ou des exemples à suivre; mais Il les a appelés.

C'est drôle, parce que dans la Bible, nous lisons que Dieu a utilisé tous ses enfants pour faire différentes choses: Paul a prêché l'Évangile aux Gentils (Actes 9:15); Pierre a changé ses préjugés raciaux (Actes 11:15-18); une ex-prostituée a fait partie du peuple de Dieu (Josué 2:12-14); Le nom de Jacob a été changé (Genèse 35:9-11); Et, parmi beaucoup d'autres choses, les premiers chrétiens ne voulaient pas de choses matérielles, mais donnaient une partie de ce qu'ils devaient s'entraider (Actes 2:42-47).

Ce sont des valeurs qui ne sont pas conformes à la norme culturelle, mais qui représentent une contradiction culturelle appelée contre-culture. La chose commune aurait été pour Paul de prêcher l'Évangile aux Hébreux; que Pierre était installé dans un judaïsme réformé rien de plus; que la prostituée Rahab était restée exercer son bureau ailleurs ou était même morte avec son peuple; que Dieu avait renoncé au filou de Jacob et que, finalement, les premiers chrétiens avaient décidé de faire des affaires pour obtenir plus, plutôt que de donner ce qu'ils avaient.

Regardons autour de nous et posons-nous maintenant la question: sommes-nous aujourd'hui des chrétiens vivant selon des valeurs culturelles ou sommes-nous des personnes différentes (comme tant de personnages bibliques) qui envoient un message différent aux pratiques courantes?

2. En faveur d'une culture différente

La critique que de nombreux auteurs chrétiens ont adressée à la même église du Christ est que nous sommes un «Sous-culture»; c'est-à-dire une petite note culturelle au milieu du grand contexte culturel dont nous sommes entourés. Nous sommes donc une expression religieuse de la même culture. La raison de cette critique est que nous ne faisons aucune différence concernant les pratiques que tout le monde pratique et qui offensent Dieu, qui nous a déjà dit sa volonté dans la Parole écrite.

Si les entreprises volent de l'argent, de nombreux chrétiens volent également de l'argent; si plusieurs personnes manquent les cours à l'école, beaucoup de chrétiens le font aussi; si les jeunes mentent à propos de quelque chose, beaucoup de jeunes chrétiens le font aussi; si les gens se disputent, beaucoup de chrétiens le font aussi; Si de nombreuses personnes au travail sont irresponsables, de nombreux chrétiens sont également irresponsables. Nous ne faisons aucune différence!

Il est à la mode de porter une certaine coiffure, c'est aussi ainsi que les chrétiens se coiffent! Les phrases, les habitudes et l'apparence que le monde promeut se trouvent dans l'église du Christ et y résident sans que personne ne remette cela en question.

Une sous-culture chrétienne, qui revient à dire qu'être chrétien ne concerne que certaines habitudes religieuses et l'identité en Christ; mais il ne pénètre pas toute notre vie quotidienne. Nous ne faisons aucune différence!

La mode d'être «emo» est sortie, et beaucoup de chrétiens ont adopté cette mode; la moitié du monde parle et agit comme un tel personnage de télévision, et de nombreux chrétiens parlent et agissent exactement de la même manière; Beaucoup de gens sont impliqués dans des gangs, et malheureusement beaucoup de chrétiens ne voient pas une offense à Dieu en cela, même en imitant des signes et des gestes comme ceux faits par diverses associations criminelles pour s'identifier.

Pourquoi, si Dieu a donné à ses enfants un Esprit différent, essayons-nous d'imiter le monde? Paul a dit à son fils spirituel que «Car ce n'est pas un esprit de timidité que Dieu nous a donné, mais un esprit de force, d'amour et de sagesse». (2 Timothée 1: 7). Et si c'est Dieu qui a fait cela, alors nous pouvons sûrement vivre différemment que le reste des gens.

Attention! Il ne s'agit pas d'être fanatiques et d'aller à l'encontre de tout ce qu'ils nous disent; mais plutôt d'affirmer les valeurs du royaume de Dieu au milieu des questions culturelles qui offensent Dieu.

3. Une culture chrétienne

En tant que chrétiens, nous pouvons nous distinguer du reste du monde par ce que nous faisons au milieu de cette culture que nous avons dû vivre (en paraphrasant un peu le sermon sur la montagne dans Matthieu 5 à 7, et les recommandations pauliniennes dans Romains 12 et 13) en disant:
- Si tout le monde imite la robe et parle des chanteurs et des célébrités, les chrétiens imitent la façon dont le Christ aimait les gens.

- Si tout le monde est en retard au travail ou à l'école, les chrétiens sont ponctuels.
- Si lorsque les gens se disputent, la discussion se termine par un litige, les chrétiens expriment notre point de vue avec amour et essaient de comprendre la perspective des autres.
- Si certaines personnes ne remplissent pas leurs obligations à l'école ou au travail, les chrétiens sont des personnes responsables en tout.
- Si beaucoup de gens vivent dans une maison où règnent les insultes, les chrétiens font de nos maisons des lieux aimables, car là règne la paix de Dieu.
- Si beaucoup se mettent en colère et tiennent leur rancune contre les autres, les chrétiens osent demander pardon et pardonner.
- Si les gens cherchent uniquement à satisfaire leurs propres intérêts, les chrétiens cherchent à aider les intérêts des autres à se réaliser.
- Si les gens sont aveuglés par l'ambition, les chrétiens sont heureux de donner et de servir les autres.
- Si les gens sont infidèles, les chrétiens sont fidèles même avec la pensée.
- Si les gens ne tiennent pas leurs promesses, les chrétiens tiendront ce que nous promettons même si cela n'a été que verbalement exprimé.
- Si d'autres présument l Si les gens recherchent la culpabilité, les chrétiens demandent pardon.

(Autorisez plus d'idées des participants.)

Jésus-Christ ordonne de nous renouveler chaque jour, pas seulement dans la pensée; mais même sur des choses que nous faisons peut-être mal. Aujourd'hui est le jour de la restauration!

Si nous avons laissé nous absorber la culture, aujourd'hui nous pouvons faire vœux devant Dieu d'être chrétiens, les gens qui vivent et entretiennent une vie qui plaît et honore Dieu et profite à ceux qui nous entourent.

Révisez/Application: En vous basant sur l'exemple, demandez-leur d'énumérer dix valeurs culturelles que le monde promeut et de les confronter à celles que Dieu nous a envoyées dans la Bible pour vivre.

VALEUR CULTURELLE	PASSAGE BIBLIQUE	VALEUR DU ROYAUME DE DIEU
Ambition	Luc 6:38	Générosité
1		
2		
3		
4		
5		
6		
7		
8		
9		
10		

Défi: Cette semaine, surveille ta vie et fais un effort pour faire des choses qui honorent Dieu et profitent à ton entourage.

La Corruption?

Leçon 43
Macario Balcázar • Pérou

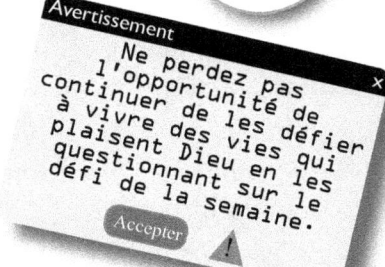

Objectif: Que le jeune comprenne clairement que l'intégrité ne peut pas aller de pair avec la corruption en tant qu'allié.

Pour mémoriser: *«Tout est pur pour ceux qui sont purs; mais rien n'est pur pour ceux qui sont souillées et incrédules, leur intelligence et leur conscience sont souillés.»* Tite 1:15

Connecter

Dynamique d'introduction (12 à 17 ans).
- Matériaux: Des feuilles de papier blanc et des crayons.
- Instruction: Demandez à vos élèves de dresser une liste de ce qu'ils identifient comme corruption dans la famille, au sein de l'église, dans la société ou nation, et aussi en eux-mêmes. Après avoir terminé la liste, demandez qu'ils le lisent et fassent quelques commentaires.

Dynamique d'introduction (18 à 23 ans).
- Matériaux: Six rubans qui identifient six jeunes qui interpréteront six personnages: Un (e) police, un (e) enseignant (e), un (e) politique, un (e) chrétien (e), un (e) médecin, un (e) juge.
- Instructions: Chacun d'eux se présentera devant les autres élèves et cela doit se faire dans deux minutes, ils vous interrogeront au sujet de la corruption dans l'institution que vous représentez. A la fin sous votre tutelle comme enseignant (e), vous ferez une liste d'aspects plus élevés de la corruption dans la société.

Télécharger

Dans le monde, il y a de la corruption. Cependant, il convient de mentionner que le niveau de corruption dans chaque pays n'est pas le même: il existe des secteurs dans le monde où la corruption a pratiquement atteint les secteurs et les personnes, indépendamment de leur statut social, économique, religieux ou intellectuel. Face à tout ce qui précède, Dieu a appelé ses disciples à être droits; Mais ... comment pouvez-vous être entier au milieu d'un monde corrompu? Essayons de comprendre cette contradiction intégrité-corruption.

1. Le dessein de Dieu pour l'être humain: l'intégrité

La Bible affirme que Dieu a créé l'être humain à son image et à sa ressemblance. Cela signifie que les êtres humains ont été créés justes, incorruptibles, pleins d'amour, de bonté, saints et purs; mais le péché a tout changé et maintenant nous ne voyons pas que ce soit le cas.

A. Qu'est-ce que l'intégrité?

Voyons ce que le dictionnaire espagnol dit de l'intégrité: «Qualité de l'intégrité, pureté des vierges». Intégrité signifie: «Qu'il a toutes ses parties. Honnête, droit, désintéressé» (Dictionnaire Sopena. Sopena, 1968, p.595).

L'intégrité a donc trois caractéristiques:

1. Complet ou entier. Une personne intègre est une personne qui n'a pas de fissures, de blessures ou de quelque chose qui manque dans sa vie. L'appliquant au sens spirituel, cela signifie que la présence du Christ est de cette nature telle que sa vie de sainteté est réelle et se voit dans leurs paroles, leurs attitudes, leurs actes et leurs relations saines avec les autres (1 Timothée 4:12). Dieu veut que nous lui donnions toute notre vie et que nous le servions pleinement.

2. Sexuellement pure. Ceci non seulement par rapport aux vierges, mais aussi à tous les hommes. Un chrétien droit est celui qui, dans sa vie sexuelle, adhère strictement au commandement de Dieu. Il ne joue pas avec le sexe opposé ni ne tombe dans l'immoralité sexuelle, appelez cela l'amour libre (fornication, adultère), la pédérastie, l'homosexualité ou toute perversion sexuelle (1 Corinthiens 6: 9). Le Seigneur veut que nous traversions complètement les étapes de la vie. Un garçon, qui initie des relations sexuelles sans être marié, précipite les étapes de sa vie et ne réalisera pas les plans de Dieu.

3. Honnête. La personne droite est quelqu'un en qui on peut avoir confiance, parce qu'on est droit (Psaume 37: 35-37). La justice est propre à ceux qui ont dans leur cœur une source de justice; cette source est le Christ. Le droit ne pense pas seulement à lui-même; Il pense aussi aux autres.

B. Quelques expressions bibliques au sujet d'intégrité

1. Seuls ceux qui sont intègres peuvent être sur la montagne de Dieu, c'est-à-dire dans la maison de Dieu (Psaume 15:1-2).

2. Dieu apprécie la louange des hommes intègres (Psaume 33:1).

3. Celui qui adore Dieu marche avec intégrité au milieu de sa maison (Psaume 101:2).

4. Pour être intègre (droit), il est nécessaire d'apprendre les justes jugements de Dieu (Psaume 119:7).

5. Ceux qui vivent avec intégrité peuvent marcher, voyager, etc. confiant (Proverbes 10:9).

6. Un père droit hérite de la joie de ses enfants (Proverbes 20:7).

7. Devant Dieu, un pauvre homme intègre est meilleur qu'un riche de voies méchantes (Proverbes 28:6).

8. L'intégrité doit nous accompagner toute la vie et même la mort (Job 27:5).

9. Les dirigeants de l'Église doivent enseigner avec intégrité et en être des exemples pour les autres (Tite 2:7).

2. Un cas de corruption dans l'église du premier siècle

Le Seigneur Luc nous raconte ce qui s'est passé en Samarie avec l'homme connu sous le nom de Simon «le magicien» (Actes 8:14-25). En examinant ce cas, nous serons en mesure de mieux comprendre ce qui se passe actuellement dans notre contexte.

A. Qu'est-ce que la corruption?

Selon le dictionnaire espagnol, il s'agit du texte suivant: «Action et effet de la corruption ou de la corruption. Modification ou vice d'un livre ou d'une écriture. Vice ou abus introduit dans des choses immatérielles». Examinons également la signification de la corruption: «Changer la forme de quelque chose. Gâter, endommager, pourrir. Pervertir ou séduire une femme. Ravage, vicie, pervertit. Pot-de-vin ou pot-de-vin. Gêne, agacement, irritation ...» (Dictionnaire Sopena, 1968, p.317).

Au sens spirituel, la corruption altère ou déforme la Parole de Dieu, les commandements de Dieu, la doctrine chrétienne et comportement correspondant à un chrétien.

B. Les signes de corruption chez Simon «le magicien»

Simon «le magicien» avait exercé la magie à Samarie pendant longtemps et avait amené les gens à croire que «sa puissance» était la puissance de Dieu. Plus tard, Philippe est venu en Samarie pour prêcher l'évangile et parmi tant de personnes qui se sont converties au Seigneur, Simon «le magicien» s'est également converti. En entendant ces choses, les apôtres de Jérusalem ont envoyé Pierre et Jean pour confirmer les frères, puis quelque chose d'inattendu s'est produit. Alors que Jean et Pierre posaient leurs mains dans la prière pour recevoir le Saint-Esprit (vv.15,17), Simon, voyant un tel prodige, pensa acheter un tel pouvoir avec de l'argent (vv.18,19). La réaction de l'apôtre Pierre a été écrasante quand il lui a dit que son argent et lui ont péri ensemble; car il n'avait aucune part dans cette affaire (vv.20,21), mais en même temps lui a dit de se repentir de ce mal et de la prison de l'amertume et du mal, auxquels Simon semble s'être repenti (vv.22-23).

Simon «le magicien» a corrompu et voulait corrompre les éléments suivants:

a. Il a corrompu le travail décent (Actes 8:9-11). En utilisant les arts magiques, il gagnait de l'argent contrairement à la volonté de Dieu.

b. Cela a corrompu l'esprit des gens (Actes 8:10). Il a fait croire aux gens que ce qu'il a fait, il l'a fait par la puissance de Dieu. Énorme mensonge: attribuer à Dieu les actions du diable.

c. Il voulait corrompre l'évangile et la transmission du Saint-Esprit (vv.18-19). Il a l'habitude de recevoir de l'argent pour ses anciens arts magiques, cet homme pensait avoir découvert une source plus productive de collecte de fonds.

En ce qui concerne Simon, nous ne savons pas comment cela s'est terminé; mais il y a des indications historiques qui semblent indiquer qu'il était le père d'une hérésie au sein du christianisme au cours des premiers siècles. De même, son nom a toujours été lié à la pratique de l'achat de postes ecclésiastiques. C'est ce qu'on appelle la «simonie», une pratique de corruption qui a fait tant de dégâts à l'Église chrétienne, en particulier au Moyen Âge; mais dont nous ne sommes pas libres pour le moment non plus.

Vivre avec intégrité au milieu d'un monde corrompu est un défi pour les chrétiens. N'importe quel domaine de notre vie peut être corrompu. Nous devons être capables d'obéir à Dieu et de vivre purs; c'est-à-dire directement devant le Seigneur et ainsi contribuer à la transformation de l'humanité à l'image du Christ.

Révisez/Application: Laissez-leur le temps de répondre. Les réponses se trouvent dans la leçon.

De quelles manières Simon a-t-il été corrompu selon Actes 8: 9-19?

a. Actes 8: 9-11 _____ Actes 8:10 _____ Actes 8: 18-19 _____

Qu'est-ce que les passages suivants t'enseignent sur l'intégrité?

1. Psaume 15: 1-2 _____ Psaume 33: 1 _____ Psaume 101: 2 _____

Défi: Pendant la semaine, fais attention aux cas de corruption que tu entends ou vois autour de toi ou dans les médias et réfléchisses aux enseignements de la Bible que tu dirais aux personnes impliquées. Partage bientôt avec la classe.

Mot-clé

Leçon 44
Joel Castro • Espagne

Objectif: Que le jeune homme examine son comportement et forme un caractère responsable dans chaque domaine de sa vie.

Pour mémoriser: *«Tout ce que vous faites, faites-le de bon cœur, comme pour le Seigneur et non pour des hommes»* Colossiens 3:23

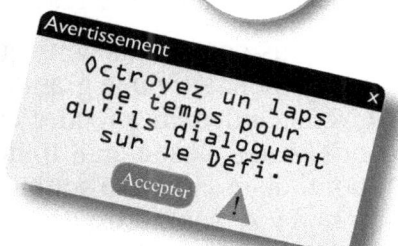

Connecter | Télécharger

Dynamique d'introduction (12 à 17 ans).
- Matériaux: Préparez deux ensembles de lettres distinctes de 8 cm x 6 cm qui forment le mot «responsabilité».
- Instructions: Formez un ou deux groupes, selon le nombre d'élèves. Ensuite, repartez les jeux de lettres séparés (les lettres doivent être en désordre) afin qu'elles forment le mot «responsabilité».

Après environ cinq minutes, ou s'ils prennent moins de temps, demandez au groupe qui a terminé le premier d'écrire une courte définition du mot en question; et demandez à l'autre groupe de préparer un exemple qui illustre ce mot.

Dynamique d'introduction (18 à 23 ans).
- Matériaux: Des feuilles de papier blanc et des stylos.
- Instructions: Distribuez des feuilles de papier et des stylos, et dites-leur qu'ils doivent chacun écrire cinq choses, les plus pertinentes, qu'ils font pendant la journée, du lever au coucher. Demandez ensuite ce qui les motive à faire tout ce qu'ils ont écrit. Quand quelqu'un dit le mot responsabilité, demandez au groupe comment il définirait ce mot. Pour conclure, mentionnez qu'ils écriront ensemble une définition de ce mot.

Connecter | Télécharger

1. La demande de la responsabilité: L'engagement

Le premier ingrédient pour former un caractère responsable est l'engagement. Et c'est là le grave problème de beaucoup de nos adolescents et jeunes, car ils ne voient pas d'engagement et ne sont donc pas responsables. Cependant, beaucoup d'entre eux aspirent à des privilèges; mais nous nous demandons comment ils auront des privilèges s'ils ne s'engagent pas dans leur vie.

Le jeune Josué est un exemple pratique d'engagement. Parce que l'engagement exige des sacrifices, il a pris chaque défi et chaque défi avec une grande responsabilité. L'un des premiers défis qu'il a dû relever a été sa désignation comme prince de la tribu d'Éphraïm. Il a été choisi (en raison de son caractère mûr) parmi toute sa tribu pour accompagner onze autres princes des autres tribus comme espion vers le pays de Canaan (Nombres 13). Après quarante jours de dur labeur dans les pays ennemis et avec de nombreux dangers de mort, ils sont revenus et ont rendu compte à Moïse. Mais seuls Josué et Caleb étaient les seuls à avoir courageusement déployé leurs efforts.

Vous souvenez-vous du sens de responsable? Nous avions mentionné que le responsable qui remplit ses obligations et fait attention à ce qu'il fait ou décide est responsable. L'histoire de Josué nous montre donc les trois étapes décisives qui l'ont incité à agir de manière responsable: il est parti, il a vu le pays de Canaan et il est revenu avec le désir de conquérir. En fait, Moïse ne les a pas envoyés pour voir s'ils pouvaient le conquérir ou non. Josué et Caleb ont compris qu'ils étaient allés espionner Canaan pour structurer une stratégie de conquête. Face à un défi, il est facile de jeter l'éponge. Demandez: Avez-vous déjà entendu la phrase: «Celui qui ne risque rien, ne gagne rien»? En réalité, Josué a pris le risque avec foi et engagement; par conséquent, il a pu entrer dans la terre promise.

Si nous voulons conquérir de grandes choses dans nos vies, il est temps pour nous de prendre nos responsabilités. Quoi la première consiste à commencer chaque jour par l'engagement et la lutte, avec la foi au nom puissant du Christ. Demandez: Avez-vous des études? Avez-vous un emploi? Avez-vous des projets? Ce sont des engagements auxquels ils doivent être tenus responsables et les respecter fidèlement.

En plus des grands défis que Josué a pris, nous pouvons également voir dans son dossier qu'il a pris son engagement avec une grande obéissance. L'engagement n'est pas simplement de faire les choses, mais nous devons également prendre en compte les conseils et les demandes de ceux qui ont plus d'expérience que nous. Ainsi, Josué était toujours aux côtés de Moïse comme son aide (Nombres 11:28), et dans tout ce à quoi il obéissait en se soumettant à sa direction (Exode 17:10). Beaucoup de jeunes hommes et femmes ont du mal à se soumettre dans l'obéissance. À cet égard, quelqu'un a dit ce qui suit: «Le prix de l'obéissance est la responsabilité». L'obéissance t'aidera à assumer des choses avec beaucoup de responsabilités.

Il y a des choses que les parents inculquent généralement à leurs enfants, comme être responsables de la propreté, de la ponctualité, de l'ordre, des études ou du travail. Aujourd'hui, nous avons besoin d'une génération capable de s'engager de manière responsable dans ces métiers.

2. Le fruit de la responsabilité: L'autorité

La responsabilité commence dans nos vies à partir du moment où nous sommes très jeunes. À chaque étape de notre croissance physique, nous devons apprendre à être responsable. La responsabilité est une discipline qui apportera des rendements et des gains lorsque nous nous concentrerons sur sa pratique.

Demandez: Pourquoi Josué est-il devenu le successeur du grand Moïse? Qu'est-ce que Josué a fait pour devenir le chef général de toute la nation israélite? Son livre raconte son leadership au commandement du peuple d'Israël; cependant, dans les livres précédents (du livre de l'Exode au Deutéronome), nous pouvons voir ce jeune homme dans de nombreuses expériences à côté de Moïse, et à tel point que Dieu a vu en lui un potentiel pour lui confier la plus haute autorité dans toute la nation d'Israël.

Dieu a dit à Josué: «Mon serviteur Moïse est mort; Maintenant, lève-toi et passe ce Jourdain, toi et tout ce peuple ...» (Josué 1: 2). Ce commandement n'était qu'une ratification de ce qu'il avait entendu auparavant par Moïse (Nombres 27:18, 19, 22-23). Le peuple avait été témoin de cette accusation portée contre Josué; de plus, ils connaissaient déjà le caractère responsable de Josué. Par conséquent, ils pensaient qu'il était capable de les conduire vers la terre promise. Si bien qu'au premier ordre de Josué (Josué 1:10-15), le peuple a répondu à son autorité en disant: «Nous allons t'obéir» (Josué 1:16-17).

Plus tard, Dieu a ratifié l'autorité de Josué devant le peuple. Une fois qu'ils ont traversé le Jourdain, Dieu a rendu Josué si grand aux yeux des gens qu'ils l'ont respecté comme ils avaient respecté Moïse (Josué 4:14). Et non seulement il a gagné le respect de sa nation; il a également été respecté par de nombreux rois païens quand ils ont appris sa capacité de conquête.

Lorsque nous agissons de manière responsable, nous verrons également des privilèges s'ouvrir à nous. Si tu étudies ou travailles de manière responsable, tu verras également les fruits de ton effort.

3. Le fondement de la responsabilité: Sa discipline spirituelle

Le dévouement constant de Josué, sa disposition éternelle et son adoration continue lui ont donné un cœur courageux et responsable. L'auteur du livre de l'Exode nous dit que «le jeune Josué fils de Nun, son serviteur, n'a jamais quitté le milieu du tabernacle» (Josué 33: 11b). Sa recherche de Dieu et sa consécration étaient totales pour Dieu, et pour cela il comprenait que la responsabilité est un principe du caractère du fils de Dieu. Ainsi, une personne qui prétend être un enfant de Dieu doit le démontrer dans son caractère responsable.

Pour les non-croyants, la responsabilité est une pratique intéressée; d'autre part, le chrétien croit à la responsabilité comme un engagement à plaire à Dieu par-dessus tout. Notre texte de mémorisation nous encourage à tout faire volontairement, comme pour le Seigneur.

Un dicton anonyme dit: «Il y a une grande différence entre l'intérêt et l'engagement. Lorsque quelque chose t'intéresse, tu ne le fais lorsque les circonstances le permettent. Lorsque tu t'engages à quelque chose, tu n'acceptes pas d'excuses, seulement des résultats». Ces résultats deviennent les objectifs que tu auras au niveau familial, personnel, professionnel, etc.

Josué nous fait comprendre que notre engagement envers Dieu est essentiel pour remplir nos responsabilités. La discipline spirituelle nous aide non seulement à être responsables; cela nous encourage à atteindre nos objectifs. Pour Josué, il n'a pas été facile de remplir le rôle que Moïse avait laissé, mais dans sa conversation spirituelle avec Dieu, il a toujours entendu la phrase suivante: «Fortifie-toi et prend courage!» Cette phrase est répétée jusqu'à quatre fois dans le premier chapitre du livre de Josué (vv.6, 7, 9, 18). Nous, comme Josué, avons également besoin de ces mots de soutien et d'encouragement pour atteindre l'objectif; Et que nous ne trouverons que lorsque nous chercherons le Seigneur de tout notre cœur. Ainsi, Dieu avait averti Josué de ne jamais cesser de méditer sur sa Parole, car il y avait les étapes pour prospérer en tout.

Imitons le personnage responsable de Josué, et ensuite nous verrons ces mêmes ingrédients se forger dans nos vies. La couronne que Josué a méritée pour sa responsabilité était l'acceptation de Dieu et de son exemple qui perdure dans nos esprits et nos cœurs à travers tant de siècles.

Révisez/Application:

Aidez vos élèves à réfléchir aux situations questions personnelles suivantes:

1. Quels sont les trois ingrédients de la responsabilité? (La demande est l'engagement, le fruit est l'autorité et son fondement est la discipline spirituelle.)
2. Pense-tu que la vie de Josué t'inspire a augmenter ta responsabilité? Oui ou non, et comment?
3. Es-tu une partie de ceux qui s'attendent à ce que quelqu'un te dise ce que tu dois faire ou as-tu une initiative? Oui ou non ... (explique un peu).
4. As-tu laissé quelque chose par manque de responsabilité? Si oui, est-ce que tu te sens obligé de te battre? Oui ou non… (il est bon de l'encourager à relever ses défis avec fermeté).
5. Selon la vie de Josué, quel est le secret pour former un personnage responsable? (Le secret est de bien pratiquer beaucoup de consécration à Dieu pour être motivé et avoir un caractère responsable.)

Défi:

Andrea Jiménez dit: «Tu ne vieillis pas quand tu changes de taille, tu vieillis quand tu penses correspondre à tes responsabilités» Es-tu de ceux qui grandissent et qui sont irresponsables? Ou Fais-tu partie de ceux qui grandissent en fonction de leurs responsabilités? Prend une décision aujourd'hui avec l'aide de Christ.

Pouvez-vous Me Lire?

Leçon 45
Carla Zabala • Espagne

Objectif: Que le jeune comprenne que nous devons vivre honnêtement.

Pour mémoriser: *«Car nous recherchons ce qui est bien, non seulement devant le Seigneur, mais aussi devant les hommes.»* 2 Corinthiens 8:21

Connecter | Télécharger

Dynamique d'introduction (12 à 17 ans).
- Matériaux: Des crayons de couleur, papier, ciseaux, carton, colle, magazines. Plus la diversité des matériaux disponibles pour cette activité est grande, plus la créativité est grande.
- Instructions: Préparez les matériaux et divisez la classe en deux ou trois groupes selon le nombre d'élèves. La dynamique consiste à exprimer «l'honnêteté» en utilisant les matériaux disponibles. Encouragez-les à faire preuve de créativité.

Dynamique d'introduction (18 à 23 ans).
- Matériaux: Un jeu de société (un, cartes, scrabble, domino, etc.).
- Instructions: Veillez choisir un jeu de société auquel la plupart peuvent jouer et qui n'est pas trop long. Avant de commencer le cours, parlez un élève et expliquez-lui la dynamique. Dites-lui que c'est que tout le monde commencera à jouer avec les mêmes règles; Mais soudainement, vous commencerez délibérément à changer les règles pour le favoriser (l'élève à qui vous parlez avant le cours). Ensuite, entre l'élève avec qui vous avez parlé auparavant et vous tricherez, certains évidents et d'autres moins. Observez les réactions des autres élèves. Mettez fin à la dynamique avant que tout le groupe ne soit ennuyé; et à la fin, demandez-leur:

Que s'est-il passé pendant le match? Est-ce que quelqu'un trichait? Qu'avez-vous ressenti lorsque vous avez vu d'autres tricheries? Tout le monde s'est-il comporté honnêtement? Demandez à ceux qui n'ont pas triché de lever la main.

Grâce à cette dynamique, l'élève pourra voir comment les autres se comportent de manière dégradante (tricherie) ou honnête (sans tricherie).

Connecter | Télécharger

Au collège, ils nous ont toujours donné des lectures obligatoires et l'un d'eux était «Le guide de Tormes» (l'auteur n'est pas exactement connu). Dans ce livre, la vie d'un enfant est racontée, Le guide de Tormes, qui est né entouré de pauvreté. Il est devenu orphelin dès son jeune âge et en raison de sa situation, sa mère l'a mis au service d'un aveugle. Dans la narration de ces événements, une scène se produit qui attire mon attention: lorsque le guide et l'aveugle partagent une grappe de raisin.

L'aveugle et le guide arrivaient sur un site, alors un vendeur de raisins leur a donné une grappe de raisin en guise d'aumône. Ils ont donc convenu qu'ils mangeraient tous deux des quantités égales: l'un mangerait une fois et l'autre la prochaine fois; ainsi chacun ne prenant qu'un seul raisin à la fois. Ils ont donc commencé à manger la grappe, un raisin chacun à la fois; mais au tour suivant, l'aveugle a commencé à prendre deux raisins. Voyant cela, le guide a fait de même et a même commencé à manger trois raisins à la fois.

A la fin de la grappe de raisin, l'aveugle dit:

Mon guide:… Je jure devant Dieu que tu as mangé les raisins trois par trois.

Je n'ai pas mangé - ai-je dit -; mais pourquoi soupçonnes-tu cela? L'aveugle répondit avec beaucoup de sagesse:

Est-ce que tu sais comment je vois que tu les as mangés trois par trois? Dans laquelle j'ai mangé deux par deux et tu restais silencieux». En d'autres termes, le guide ne s'est pas plaint ni n'a rien dit lorsqu'il a vu que l'aveugle prenait deux raisins en même temps; Au lieu de cela, il a décidé de saisir trois raisins à la fois. Dans cette histoire, nous pouvons voir que les deux ont laissé l'honnêteté de côté; Non seulement cela, mais le guide a fini par chercher à gagner pour son propre bien, au lieu de faire les choses honnêtement.

Dans cette scène, le guide pensait qu'il s'en était tiré; mais en vérité, l'aveugle avait réalisé ce qui s'était passé. Cela peut aussi nous arriver; car nous pouvons penser que personne ne remarquera les «petites choses» que nous faisons ou disons. Mais c'est un mensonge; nous nous trompons, car au final tout est exposé:

«Nulle créature n'est cachée devant lui, mais tout est à nu et à découvert aux yeux de celui à qui nous devons rendre compte» (Hébreux 4:13). Ce verset nous révèle que le premier à savoir tout ce que nous faisons est le Christ.

Dans l'Évangile selon saint Luc, on retrouve l'histoire de Zachée (Luc 19: 1-10), qui était percepteur d'impôts. Les percepteurs d'impôts avaient une mauvaise réputation, car ils avaient tendance à tromper ou à extorquer des gens pour plus de profits. Pour cette raison, Zachée n'était pas l'homme le plus aimé de l'endroit, mais l'un des plus méprisés.

Lorsque Zachée a appris que Jésus était à Jéricho (v.1), il a voulu le connaître, ou du moins le voir. Dans l'histoire de Zachée, nous pouvons voir que le Christ a eu un impact sur sa vie et, plus tard, cet homme a cherché à être honnête et droit.

1. Le Christ a un impact sur des vies

- Aujourd'hui, nous pouvons lire l'histoire de Zachée, et nous savons même quelques choses à son sujet. Cependant, s'il n'y avait qu'un seul livre de sa vie, il y en aurait sûrement des parties que Zachée n'aimerait pas enseigner. Maintenant, pensons à nos vies, comme si elles étaient un livre. Demandez: Serions-nous calmes et satisfaits en enseignant tous les chapitres? Il y a sûrement des parties que nous souhaitons ne pas être là ou qui ne se sont jamais produites.

- Comme nous l'avons déjà dit, Zachée était l'un des hommes les plus méprisés de sa ville. Son travail ne lui a pas donné une bonne réputation; mais ce n'était pas la faute de l'œuvre, mais de ses attitudes.

- Quand Zachée a su que Jésus était dans sa ville, il a cherché un moyen de se rapprocher de lui, il a grimpé sur un sycomore pour mieux le voir. Jésus l'a vu et l'a appelé par son nom. Ce fait a sûrement eu un impact sur la vie de Zachée. Probablement, il se demanderait: comment était-il possible que le Christ ait connu son nom, et en plus de cela, lui ait dit qu'il irait chez lui? Probablement, étant un publicain et connaissant les attitudes de Zachée, les gens ne se rendaient pas souvent chez lui; et peut-être que Zachée avait peu d'invités. Ainsi, le fait que Jésus l'ait appelé par son nom, sans même le connaître, et lui ait également dit qu'il rentrait chez lui, a eu un impact sur la vie de ce percepteur.

- Demandez: Est-ce que nous nous souvenons du moment où Jésus a eu un impact sur nos vies? Bien sûr, aucun de nous n'était percepteur d'impôts, mais nous avons certainement fait des choses dont nous ne sommes pas fiers. Par exemple, nous avons dit des mensonges, nous n'avons pas obéi à nos parents, nous avons dit du mal de nos amis, nous nous sommes disputés avec des amis (j'espère que non!) Et d'autres choses encore. Nous ne voudrions pas que ces événements apparaissent dans le livre de nos vies. Nous ne voudrions pas que quiconque lise ces chapitres de notre vie. La vérité est que lorsque Christ nous dit: «Je vais dans ta maison», il dit qu'il veut entrer dans nos vies, et c'est là que tout change (2 Corinthiens 5:17).

2. Être honnête et intègre

Demandez: Comment les choses anciennes se sont-elles produites et sont-elles devenues nouvelles dans la vie de Zachée? (Luc 19: 8). Zachée savait qu'il n'avait pas été honnête dans son travail; en fait, il avait trompé des gens, les avait extorqués pour plus d'argent. Il n'avait eu aucune pitié dans la perception des impôts. Il ne s'était pas soucié de la situation des gens, même s'il pouvait obtenir plus d'argent, il l'a fait. Le collecteur d'impôts déshonoré avait fait ces choses; cependant, l'arrivée de Jésus chez lui l'a transformé. Alors Zachée a rapporté tout le mal qu'il avait fait à son voisin.

Le moment où Christ entre dans nos vies et nous montre toutes les choses que nous avons mal faites, cela devrait provoquer un changement en nous aussi bien qu'en Zachée. Le Saint-Esprit nous montre une manière de vivre honnêtement.

Une vie d'honnêteté et d'intégrité n'est pas qu'une question d'argent; mais dans tous les domaines de notre vie. Par exemple, ne copiez pas dans les examens, ne retirez pas les stylos de notre partenaire, ne parlez pas mal de nos amis, etc. Selon la RAE, le mot intégrité signifie «qualité de l'intégrité» et l'intégrité signifie à son tour «qu'il ne manque aucune de ses parties». Par conséquent, en cherchant une vie d'honnêteté et d'intégrité, on parle d'inclure toutes les parties de nos vies, pas seulement certaines et pas d'autres. Ce doit être l'ensemble de toutes nos attitudes.

Le Seigneur sait tout, mais nous devons aussi prendre soin de notre témoignage (2 Corinthiens 8:21). Un ami m'a dit un jour: «Ne fais pas de bonnes choses qui peuvent sembler mauvaises». Donc, si certaines de nos attitudes ne parlent pas bien de nous devant nos frères en Christ, alors nous devons nous demander si nous devons changer. Le Seigneur connaît toutes choses, connaît nos intentions; mais pas les gens. Nous devons être honnêtes et droits dans la solitude et en public.

Aujourd'hui, nous avons vu l'exemple de Zachée. Le Christ est entré dans sa vie et a changé son style de vie. Zachée est passé du trompeur, du voleur, puisque celui-ci est un homme honnête qui voulait aider les pauvres et rendre tout ce qu'il avait volé. Comme nous l'avons vu dans l'histoire de Lázaro de Tormes, nous pouvons penser que personne ne réalise ce que nous faisons; mais le Seigneur sait tout et peut-être aussi nos parents ou d'autres personnes, comme le cas de l'aveugle et du guide.

Révisez/Application: Permettez aux élèves de commenter leurs réponses personnelles concernant les questions suivantes:

Les gens pourraient-ils te lire en regardant tes attitudes? Verraient-ils l'honnêteté dans ta vie? Pense à des exemples où tu peux agir honnêtement. Exemple: Rendre la monnaie quand ils m'en donnent plus.

1. _____   2. _____
3. _____   4. _____

Défi: Ai-je agi honnêtement à mon école, à la maison, dans le magasin, au supermarché ...?
Ai-je permis au Christ de se refléter dans ma vie? Si ma vie était un livre, est-ce que je laisserais les gens lire le chapitre d'aujourd'hui ou le chapitre de la semaine dernière? Pense aux attitudes que tu devrais permettre au Saint-Esprit de changer dans ta vie. Chaque jour cette semaine, demandes-tu le matin: «Est-ce que d'autres pourraient lire le chapitre de ce jour?»; et la nuit: «Les autres peuvent-ils lire le chapitre de ce jour?»

Soyez Différent

Leçon 46
Jessica Castro • Espagne

Objectif: Que le jeune apprenne que l'honnêteté est une caractéristique indispensable pour pouvoir plaire à Dieu et être léger pour les autres.

Pour mémoriser: «*Au reste, frères, que tout ce qui est vrai, tout ce qui est honorable, tout ce qui est juste, tout ce qui est pur, tout ce qui est aimable, tout ce qui mérite l'approbation, ce qui est vertueux et digne de louange, soit l'objet de vos pensées*» Philippiens 4:8

Avertissement: Commencez en interrogeant s'ils pourraient réaliser leur plan d'actions complet de la classe. Accepter

Connecter

Dynamique d'introduction (12 à 17 ans).
- Instructions: Divisez la classe en deux groupes et demandez à un groupe de dramatiser en une minute une situation dans laquelle une personne honnête est vue pour agir. Et demandez à l'autre groupe de jouer un jeu de rôle dans lequel une personne malhonnête est vue pour agir. Permettez ensuite aux élèves de commenter ce qui a été fait.

Dynamique d'introduction (18 à 23 ans).
- Matériaux: Du tableau noir et marqueurs ou craie.
- Instructions: Faites deux colonnes sur le tableau et dans une colonne, écrivez le mot honnêteté et sur l'autre malhonnêteté. Demandez ensuite aux élèves de dire ce que ces mots leur suggèrent. Écrivez tout ce qu'ils disent dans la colonne appropriée. À la fin, écrivez une définition de chacun des mots mentionnés.

Télécharger

Dans une ville éloignée, le roi a convoqué tous les jeunes à une audience privée avec lui où il leur donnerait un message important. De nombreux jeunes étaient présents et le roi leur a dit: «Je vais donner à chacun une graine différente. Après six mois, vous devriez m'apporter le pot qui a grandi dans un pot, et la plus belle plante gagnera la main de ma fille». Cela a été fait, mais il y avait un jeune homme qui a planté sa semence et elle n'a pas germé; pendant ce temps, tous les autres jeunes hommes du royaume continuaient de parler et de montrer les belles plantes et fleurs qu'ils avaient plantées dans leurs pots. Six mois vinrent et tous les jeunes gens commencèrent à se précipiter vers le château avec de belles plantes. Le jeune homme dont la semence n'avait pas germé était trop triste au point de ne même pas vouloir aller au palais. Mais sa mère a insisté pour qu'il aille, car il était un participant et il devrait être là. Enfin, il a défilé le dernier au palais avec son pot vide. Tous les jeunes, voyant notre ami, ont ri et se sont moqués. A cette époque, le tumulte fut interrompu par l'entrée du roi; puis, tout le monde s'inclina tandis que le roi errait dans tous les pots en admirant les plantes. Après l'inspection, le roi appela aussi sa fille, et appela de tous, le jeune homme qui apporta son pot vide; stupéfaits, tout le monde attendait l'explication de cette action. Le roi a alors dit: «C'est le nouveau héritier du trône et il épousera ma fille, car vous avez tous reçu une semence stérile, et tous ont essayé de me tromper en plantant d'autres plantes; mais ce jeune homme a eu le courage de se présenter et de montrer son pot vide, sincère, royal et courageux, qualités qu'un futur roi doit avoir et que ma fille mérite». (http://www.encinardemamre.com/premium/az/ h / honnêteté.htm # Le renard et le singe se disputent sur leur noblesse).

Nous sommes dans un monde plein de mal et de perversion, et il est de plus en plus difficile de trouver des gens honnêtes. En n'ayant pas Dieu dans leur vie, les gens vivent en essayant de se satisfaire, peu importe comment ils le font. Dieu, par sa Parole, demande à ses enfants d'être honnêtes pour faire sa volonté et d'être donc une lumière pour le monde.

1. Honnêteté

Premièrement, nous devons bien comprendre ce terme. Ainsi, selon l'Académie royale espagnole, honnête signifie ce qui suit: «décent ou décent, sage, modeste, raisonnable, juste, intègre, honnête» (http: // devise. Rae.es/drae/?val=honnête). Et si nous recherchons des synonymes, nous trouverons les termes suivants comme résultat:

«Intègre, irréprochable, impeccable, conforme, austère, détaché, désintéressé, modeste, chaste, retenu, pure, modeste» (http://www.wordreference.com/synonimes/honete).

Comme nous l'avons vu, être honnête signifie être une personne aux multiples vertus. C'est quelqu'un qui essaie de bien faire les choses, à juste titre; Il n'aime pas la tromperie et est responsable de ses actions, par conséquent, il prend grand soin de son mode de vie.

Pour le chrétien, l'honnêteté est une attitude et une aptitude. Demandez: Quelle sera la différence entre ces deux mots? (Faites réfléchir un peu vos élèves en leur demandant de donner leur avis avant de vous donner la réponse.)

Attitude: C'est la disposition (volonté) de réaliser une activité. Aptitude: ce sont les connaissances et les capacités (capacité) à exercer une activité. http://www.como-se-escribe.com/actitud-aptitud/).

La Bible dit dans Philippiens 2:13: «... Dieu est celui qui produit en vous le vouloir ainsi que le faire...».

Merveilleux! Dieu nous a donné l'attitude et la capacité de vivre honnêtement; contrairement à d'autres qui, à cause du péché qui les habite, n'ont pas la capacité de le faire.

2. L'honnêteté dans la Bible

Écrivez les phrases énumérées ci-dessous sur un tableau ou un grand morceau de papier sans la citation biblique. Désignez un verset par personne pour lire à haute voix. Après que tout le monde a lu le verset qui lui a été attribué, demandez-lui de le faire correspondre à la phrase qui, selon lui, correspond le mieux à ce que dit le verset.

a) «Je dois être honnête pour être léger envers ceux qui vivent dans les ténèbres» (Philippiens 2:15).

Nous devons rester fidèles à nos principes sans nous laisser influencer par le monde; au contraire, nous devons l'influencer de notre témoignage, de nos actes, afin qu'ils voient à travers de nous un Dieu vivant et réel.

b) «Je dois être honnête pour que ma louange soit agréable à Dieu» (Psaumes 33:1).

Nous devons vivre dans l'intégrité pour pouvoir approcher Dieu avec confiance et lui donner notre adoration sachant qu'il le reçoit avec joie.

c) «Je dois être honnête pour maintenir l'unité au sein de la communauté chrétienne» (Éphésiens 4:25).

L'honnêteté apportera la confiance et l'unité les uns aux autres dans l'église, de cette façon nous réjouirons Dieu.

d) «Je dois être honnête pour être un bon serviteur de Dieu» (1 Timothée 3:8).

Nous devons servir le Seigneur avec intégrité. Nous sommes tous des serviteurs de Dieu même si nous n'avons ni titre ni fonction dans l'église. Chaque chrétien est appelé à servir.

e) «Je dois être honnête dans tout ce que je fais et à tout moment» (2 Corinthiens 8:21).

Nous devons être honnêtes en tout temps et en tous lieux, car nous ne le faisons pas pour les hommes, mais pour Dieu, sachant qu'il nous voit toujours.

f) «Je dois être honnête pour être béni de Dieu» (Proverbes 28:20).

Dieu bénit grandement ceux qui sont droits, sachant que ce n'est pas facile; mais cela vaut la peine de le faire pour le Seigneur.

3. Daniel, un exemple d'honnêteté

A. L'honnêteté de Daniel face à la tentation

Daniel était un jeune homme qui a été emmené de Jérusalem à Babylone (Daniel 1). Là, avec d'autres jeunes gens, il a été choisi pour servir le roi. Tous ont reçu l'ordre de manger de la nourriture du roi, mais Daniel a refusé ainsi que trois de ses amis. Demandez: Pourquoi Daniel ferait-il cela? Le problème n'était pas la nourriture, mais Daniel ne voulait pas pécher contre Dieu, car ils étaient sous la loi juive (qui interdisait ces aliments). Il a donc préféré l'accomplir en dépit d'être hors de sa patrie, car il savait que cela plairait à Dieu.

Daniel était probablement tenté de manger la nourriture du roi, mais son désir de plaire était plus grand à Dieu que son désir de l'essayer. Nous aussi, nous avons beaucoup de tentations dans nos vies, mais Dieu attend de nous que nous choisissions de faire sa volonté. Daniel ne se souciait pas de désobéir aux ordres du roi, comme son seul roi (Dieu). Nous ne devons pas non plus nous soucier de ce que les autres pensent ou disent. La seule chose qui devrait nous concerner est l'opinion de Dieu; Cela nous aidera beaucoup lorsque nous prendrons une décision importante.

B. L'honnêteté de Daniel face à l'adversité

Le roi Darius a adopté une loi dans laquelle chacun devait l'adorer; sinon, ils seraient jetés dans la fosse aux lions (Daniel 6). Mais cette loi n'a pas empêché Daniel de continuer à rechercher la présence de Dieu. Daniel a vécu honnêtement toute sa vie, personne ne pouvait l'accuser de quoi que ce soit (Daniel 6: 4); mais malgré cela, ses ennemis ont réussi à le capturer et à le jeter dans la fosse aux lions. Nous devons être conscients que malgré notre bon témoignage, le monde cherchera toujours quelque chose dont nous pourrons nous accuser; Cependant, cela ne devrait pas nous arrêter, mais nous devons continuer à vivre honnêtement. La Bible ne dit pas exactement si Daniel avait peur à l'époque ou non, ce que nous savons, c'est qu'il faisait confiance à Dieu. Il savait qu'il pouvait être victorieux en étant protégé par Dieu ou simplement mourir ainsi en rencontrant son Seigneur. De toute façon, je gagnerais. Heureusement, Dieu l'a délivré de la mort et a puni ceux qui voulaient lui faire du mal.

Aujourd'hui, les enfants de Dieu ont aussi des épreuves et des adversités; Mais Dieu permet que ces choses se produisent afin que notre foi soit testée et renforcée, et qu'à la fin son nom puisse être exalté. Quoi qu'il arrive, nous devons savoir que nous obtiendrons toujours la victoire.

C. L'honnêteté de Daniel, récompensée par Dieu

Après chacun des épisodes difficiles de la vie de Daniel, on voit qu'il a toujours été victorieux. Quand il a refusé de manger la nourriture du roi, à la fin, lui et ses amis avaient la meilleure apparence (Daniel 1:15); Et Dieu les a rendus plus intelligents que les autres et a donné à Daniel la capacité de comprendre les rêves et les visions. Ensuite, Daniel a été mis à la tête du royaume (Daniel 6:3), et plus tard, nous voyons comment Dieu l'a délivré des lions; mais aussi, Daniel a réussi à faire louer le nom de Dieu dans tout le royaume et Dieu l'a prospéré.

Daniel était un homme qui vivait une vie d'intégrité et de droiture à tous points de vue. C'est parce qu'il ne s'est jamais éloigné de Dieu. Daniel 6:10 dit que Daniel a prié Dieu trois fois par jour. Cela confirme qu'il était un homme de prière et de consécration à Dieu; pour cette raison, Daniel a pu être fidèle dans les moments les plus difficiles de sa vie.

Révisez/Application: Donnez-leur le temps de répondre aux questions suivantes:

Détermine le mot honnêteté dans tes mots.

Penses-tu qu'il est facile d'être honnête dans le monde d'aujourd'hui?

As-tu vécu des expériences où les gens n'étaient pas honnêtes avec toi? Écrives-en un.

Mentionne 2 ou 3 exemples d'honnêteté et 2 ou 3 de malhonnêteté que tu as vécue dans la dernière fois.

Défi: Daniel était un homme qui n'a jamais nié ce qu'il était et en quoi il croyait. De la même manière, tu dois être la même personne dans la rue qu'à l'église. Sois courageux pour défendre ta foi et rester ferme, même s'il semble que tu ailles à contre-courant. Ne laisse pas t'intimider par le monde ou te séduire pour vivre malhonnêtement. Montre-les à tes amis, voisins, famille, etc. que tu es le fils d'un Dieu saint et que tu vis honnêtement, en faisant une différence. Comment cette décision affectera-t-elle ta vie aujourd'hui? Médite dessus pendant la semaine et partagez avec ton groupe la prochaine fois que vous rencontrerez.

Mon Identité

Leçon 47
Joel Castro • Espagne

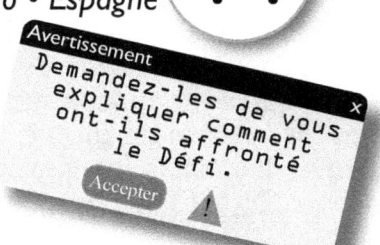

Objectif: Rappeler aux jeunes et aux adolescents qu'une partie de notre vie de chrétien, c'est avoir la valeur de l'humilité.

Pour mémoriser: «*Il faut qu'il croisse, et je diminue*» Jean 3:30

Connecter

Dynamique d'introduction (12 à 17 ans).
- Matériaux: Des feuilles de papier et des crayons de couleur.
- Instructions: Donnez aux élèves les feuilles de papier et demandez-leur de s'inspirer et de dessiner quelque chose qui, selon eux, illustre l'humilité. Ensuite, laissez chacun montrer son dessin et le reste de la classe l'interprète, puis chaque personne explique ce qu'elle a dessiné et pourquoi. Accordez du temps à tout le monde pour participer.

Dynamique d'introduction (18 à 23 ans).
- Matériaux: Des feuilles de papier blanches (une pour chacun de tes élèves).
- Instructions: Dites à toute la classe de faire un acrostiche avec le mot «humilité» (utiliser chaque lettre pour former une phrase ou un mot).

Télécharger

L'étape d'adolescence et jeunesse se caractérise par être un stade de profusion, d'exploration de soi, et c'est aussi une étape dans laquelle l'orgueil, l'insolence et la vanité se produisent souvent. Par conséquent, nous trouvons le conseil de l'apôtre Pierre s'adressant aux jeunes pour se vêtir avec humilité (1 Pierre 5:5).

Selon le RAE, l'humilité devient la «vertu qui consiste à connaître ses propres limites et faiblesses et à agir selon cette connaissance».

La Bible entière nous encourage et nous exhorte à être humbles. Nous devons construire notre identité sur la base de l'humilité; Pour voir cela, nous prendrons comme exemple la vie de Jean-Baptiste.

1. Jean-Baptiste n'était pas un pic de mirendole

Lorsque Jean-Baptiste a commencé son ministère, le peuple de Jérusalem et toute la Judée sont sortis demander pardon pour leurs péchés et se faire baptiser (Matthieu 3:5). Dans l'Évangile selon Luc, il est écrit que jusqu'à trois fois ils lui ont demandé: «Que ferons-nous?» (Luc 3:10, 12, 14). Cela nous enseigne que pour le peuple juif, Jean-Baptiste était un sage, une personne à qui les gens venaient avec leurs préoccupations.

Cependant, à son opinion personnelle, il ne l'a pas assimilé de cette façon; car dans le passage de Matthieu 11:2-3, cela nous donne à comprendre qu'humainement il avait des questions à résoudre concernant le Christ. À une occasion, il a envoyé deux de ses disciples pour demander personnellement à Jésus s'il était le Messie. Avec cela, nous réalisons que Jean-Baptiste avait besoin d'en savoir encore plus sur Jésus-Christ.

En grandissant dans les choses du Seigneur, nous aurons toujours besoin d'en savoir plus sur Jésus; car nous ne pourrons jamais atteindre la plénitude de la connaissance. Même si Jean avait été très proche de Jésus depuis qu'ils étaient tous les deux dans l'utérus (Luc 1:41-44), et l'ayant baptisé, il n'a jamais pensé qu'il savait tout de Jésus.

L'humilité de Jean se traduit par l'élimination du préjugé de ce qu'ils diront ou de la honte de croire qu'il ne savait pas tout. De plus, Jean n'a envoyé personne, en fait il a envoyé deux de ses disciples. Cela indique qu'il a envoyé deux de ceux qui savaient très bien qui il était. Jean voulait en savoir plus sur Jésus pour sa croissance spirituelle.

Peut-être nous avons-nous appris dès le plus jeune âge les choses de Dieu; Mais gardons à l'esprit que nous devons continuer à demander au Seigneur Jésus de continuer à clarifier les choses pour nous comme il l'a fait avec Jean. Seule la personne fière et folle croit qu'elle sait tout et n'a pas besoin d'en savoir plus.

D'un autre côté, lorsque Jean-Baptiste a envoyé la question, cela ne dénotait pas l'incrédulité; Il cherchait plutôt à obtenir des éclaircissements et une ratification spécifique de son objectif rédempteur. Après tout, il a été emprisonné pour le bien de Jésus-Christ.

2. Jésus a fait référence à l'humilité de Jean

A. Qu'es-tu allés de voir dans le désert?

L'endroit où Jean a développé son ministère était le désert (Matthieu 3: 1). Aujourd'hui, certains ou plusieurs prédicateurs ne choisiraient pas un désert comme bureau de travail. Dans un désert, il n'y a pas de lumière, il n'y a pas de plaisir, il n'y a pas de nourriture facilement, il n'y a pas de commodités. Cependant, Jean-Baptiste n'était pas intéressé par la situation dans laquelle il exercerait son ministère; ce qui l'intéressait, c'était au nom de Dieu. Son ministère était soutenu par Dieu, alors le peuple est même allé dans le désert pour l'entendre prêcher par la Parole (Matthieu 11: 7).

B. Un roseau secoué par le vent?

Avec cette autre question, Jésus faisait appel au caractère fort de Jean-Baptiste (Matthieu 11: 7). Ce n'est pas pour être humble que ce doit être un roseau déplacé par le vent. Son humble caractère résidait plutôt dans son attitude intérieure devant Dieu et les hommes; mais pas dans son aspect extérieur. Une canne est synonyme de faible, faible et délicat et implique qu'une telle personne est facile à briser, ou qu'elle a peur ou lâche. Parfois, nous trouvons la définition de l'humble comme une personne faible, pauvre et craintive. Ce n'est rien de plus qu'une définition de la canne secouée par le vent. Mais il n'en est pas ainsi de Jean-Baptiste; Il a été fort dans la révélation de son message, digne de confiance dans son témoignage et stable dans sa vocation, alors il a même payé de sa propre vie les conséquences de son message. Il a abandonné la lâcheté pour ne pas avoir trahi son maître par excellence.

C. Es-tu sorti pour voir un homme couvert de vêtements délicats?

Avec cette question, Jésus a voulu démontrer à ses auditeurs que Jean connaissait le but de son appel et qu'il était disposé à vivre soumis à l'appel plutôt qu'au confort (Matthieu 11:8). Il n'a pas fait du ministère son gagne-pain pour l'exploitation charnelle.

Jean-Baptiste cherchait un vêtement naturel, c'est-à-dire qu'il ne se souciait pas beaucoup de ce qu'il porterait, car ce n'était pas sa priorité (Matthieu 3:4); En fait, ce qui préoccupait le plus Jean était la robe de l'onction spirituelle pour témoigner de Jésus-Christ (Jean 1:6-7).

En tant que chrétiens, nous devons décider où vivre: si c'est dans le plaisir de nos propres intérêts et orgueil, ou dans une vie anonyme pour le message évangélique menant une vie simple et humble. Actuellement, les jeunes recherchent davantage les marques de vêtements pour montrer leur vanité; Cependant, celui qui a un esprit humble cherchera à consacrer son cœur au-delà de ce qu'il pourrait porter.

D. Es-tu allé voir un prophète?

Dans l'Évangile de Jean, nous pouvons lire le témoignage de Jean-Baptiste lorsque les sacrificateurs et les lévites lui ont demandé qui il était (Jean 1:19-21).

Pour cette raison, Jésus avec cette quatrième question voulait clarifier qui était vraiment Jean-Baptiste (Matthieu 11: 9). Nous vivons au milieu d'un monde religieux dans lequel les gens s'appellent «Oint»; cependant, Jean-Baptiste nous enseigne qu'il vaut mieux laisser le Maître lui-même donner son opinion sur nous. Jean ne s'est pas reconnu comme prophète, mais Jésus a dit qu'il était plus qu'un prophète (Matthieu 11:9). Il n'y a pas de plus grand privilège que de recevoir l'approbation de Christ dans notre bureau. Dans Jean-Baptiste, Matthieu 23:12 a été accompli. Il s'est d'abord humilié; puis Jésus l'exalta en déclarant trois choses: premièrement, qu'il était plus qu'un prophète (Matthieu 11:9); deuxièmement, parmi les femmes nées, aucune autre que lui (v. 11); et troisièmement, il l'a félicité en disant qu'il était Élie (v. 14). Le comparer à Élie était le plus grand parmi les prophètes. De plus, quand sa naissance a été prophétisée par l'ange, il a dit de lui: «Parce qu'il sera grand devant Dieu ...» (Luc 1:13-15). Peut-être, il n'a pas réalisé la répercussion de son ministère; mais il est devenu le précurseur de l'Évangile. Son seul intérêt était de s'engager à faire la volonté de Dieu. Cela l'a amené à être celui qui a baptisé Jésus. Même ce dernier acte avec Jésus ne l'a pas conduit à s'exalter (Jean 1:26-27); il a plutôt pris sa place derrière celui qui l'a appelé à prêcher. Après ces mots, il a ajouté la plus belle déclaration sur Jésus (Jean 1:29).

Deux choses ont rendu Jean le Baptiste grand et, par conséquent, pour vivre dans l'humilité: «Il était rempli du Saint-Esprit» (Luc 1:15) et «la main du Seigneur était avec lui» (Luc 1:66). Trouvons ces ingrédients pour vivre dans l'humilité. Les paroles de Jean-Baptiste remuent notre être en l'écoutant: «Il faut qu'il croisse, et je diminue» (Jean 3:30).

Révisez/Application:
Selon l'étude réalisée, demandez aux étudiants de répondre aux questions suivantes:

1. Qu'est-ce qui doit diminuer pour que je sois humble? (Mon ego.)
2. Comment les gens ont-ils reconnu Jean-Baptiste? (Comme un enseignant et Élie.)
3. Pourquoi Jean-Baptiste a-t-il envoyé ses disciples à informer sur Jésus? (Parce qu'il voulait approuver sur le plan rédempteur de Jésus.)
4. Quelles étaient les quatre questions de Jésus sur Jean-Baptiste selon Matthieu 11:7-9? (A. Qu'es-tu allés de voir dans le désert? B. Un roseau secoué par le vent? C. Es-tu sorti pour voir un homme couvert de vêtements délicats? D. Es-tu allé voir un prophète?)
5. Qu'est-ce que Jésus a déclaré tout en exaltant Jean-Baptiste pour son humilité (Matthieu 11:9, 11, 14)? (Premièrement, c'est le plus grand des prophètes; deuxièmement, parmi ceux qui sont nés de femmes, personne de plus grand que Jean-Baptiste; et troisièmement, il l'a félicité en disant qu'il était Élie. Le comparer à Élie était le plus grand parmi les prophètes.)
6. Quelles sont les deux révélations qui ont fait de Jean-Baptiste un grand? Selon Luc 1:15, 66? (Premièrement, «il était rempli du Saint-Esprit» et; deuxièmement, «la main du Seigneur était avec lui».)

Défi:
Essai d'avoir une approche profonde avec Dieu dans la prière personnelle. Pendant la semaine, médite sur ce dont nous parlons et identifie les domaines de ta vie que tu n'as pas complètement abandonnés à Dieu et confessez tout péché que tu as commis. Dans un esprit de prière, demande-lui de purifier ton cœur et de te sanctifier complètement. Si tu penses que cela te convient, vas consulter une personne spirituellement mûre pour t'aider dans la prière pour cette raison.

Don Inoubliable

Leçon 48
Leticia Cano • Guatemala

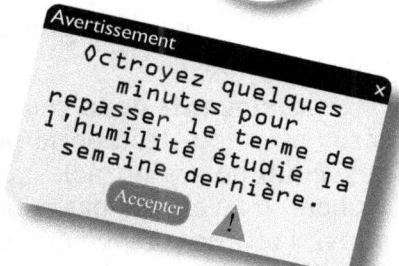

Objectif: Que le jeune comprenne qu'il est nécessaire de servir le Seigneur pendant que nous en avons l'opportunité.

Pour mémoriser: *«En vérité, je vous le dis, partout où cette bonne nouvelle sera prêchée, dans le monde entier, on rencontrera aussi en mémoire de cette femme ce qu'elle a fait.»* Matthieu 26:13

Connecter | Télécharger

Dynamique d'introduction (12 à 17 ans).
- Matériaux: Une balle ou une peluche et de la musique.
- Instructions: Au rythme de la musique, du son d'un tambourin ou des applaudissements, l'objet doit passer d'une personne à une autre et lorsque le son s'arrête, celui qui a l'objet doit dire quel est le cadeau le plus important qu'il a fait et à qui l'a-t-il donné.

  Réfléchir sur notre générosité en offrant un cadeau. Un accent particulier sera mis sur les meilleures choses que nous avons faites ou données à Dieu.

Dynamique d'introduction (18 à 23 ans).
- Matériaux: Une poupée ou un ours en peluche.
- Instructions: L'enseignant racontera une histoire.

  Exemple: «Quand je suis arrivée à la réunion, j'ai rencontré «Pepita» (nom de la poupée ou de l'ours), elle était triste et seule, et elle a besoin de beaucoup d'amour. Je lui ai dit que dans ce groupe, vous pouviez lui donner beaucoup d'amour.» Demandez à chaque jeune de montrer leur amour pour Pepita avec un geste, comme un baiser, un câlin, une phrase d'amour (je t'aime Pepita), etc. Une fois que tout le monde a montré son amour pour Pepita, dites: «Pepita est très heureuse parce que vous l'aimez tous, mais maintenant elle veut vous demander une faveur de plus. Pepita veut te donner son amour, donc, répète le geste que tu as fait à Pepita au compagnon à côté de toi».

Connecter | Télécharger

Demandez: Que ferais-tu si tu savais que ton proche n'avait que quelques jours à vivre?

Dans la vie, il y a des opportunités qui ne se reproduiront pas. Si nous les laissons passer, nous regretterons peut-être de ne pas en avoir profité (câlin, sourire, conseils opportuns, mot gentil). Lors des enterrements, les gens regrettent souvent de ne pas avoir fait certaines choses, ce qu'ils ne pourront jamais faire parce que leur proche est parti.

Lisez Matthieu 26:1-13. Divisez la classe en deux groupes pour dramatiser le passage biblique. Au point 1, un groupe mettra en scène le plan des chefs religieux et au point 2, l'autre groupe mettra en scène la façon dont Jésus a été oint avec un parfum. Ensuite, ils peuvent faire une analyse des attitudes des personnages principaux.

1. Une rencontre alarmante

La célébration annuelle de la Pâque était très proche (Matthieu 26: 2) de la fête au cours de laquelle le peuple juif a commémoré la libération de l'esclavage en Égypte et le salut de la mort du premier-né, par le sang d'un agneau barbouillé sur les linteaux de la porte de chaque famille hébraïque. C'était une fête où ils pouvaient remercier Dieu pour leur prodigieuse délivrance.

Le Seigneur Jésus a manifesté l'un de ses attributs divins, l'omniscience (pleine connaissance de toutes les choses passées, présentes et futures) quand il a fait savoir à ses disciples ce qui allait lui arriver pendant Pâques (v.2), mais ils ne l'ont pas fait ils ont donné de l'importance, ou ils ne l'ont pas pris au sérieux, ou peut-être qu'ils n'ont pas compris ce qu'il a dit.

Comme ils ont dû regretter leur indifférence, quand les choses se sont passées! Il n'y aurait pas de retour possible.

Les dirigeants de la réunion: Les chefs religieux se sont réunis pour comploter des tours pour saisir Jésus avec leur tromperie puis le tuer (vv.3-4). Ils étaient très rusés, sachant que Jésus avait favorisé beaucoup de ses miracles, et craignaient qu'en l'arrêtant au milieu de la fête de la Pâque, les gens se fâchent. Ils n'étaient pas concernés par la justice, mais par le désordre que la cruauté de l'armée romaine pouvait attirer vers le peuple.

Grands Sacrificateurs: Dans la cour de la résidence du grand sacrificateur, il y avait un rassemblement des principaux sacrificateurs, qui étaient l'autorité en matière religieuse, des personnes respectées, reconnues et influentes; ceux qui avaient été appelés à être des intermédiaires du peuple devant Dieu. Cependant, nous trouvons en eux ce que dit l'Écriture: «Ce peuple m'honore de la bouche et des lèvres, mais son cœur est éloigné de moi» (Ésaïe 29:13). Ces chefs religieux étaient loin de plaire à Dieu par leurs actions. Comment est-il possible que ceux qui devaient guider le cœur des gens vers Dieu étaient justement les ennemis du Fils de Dieu.

Les anciens du peuple: Il y avait aussi ce groupe appelé le Sanhédrin, qui étaient les représentants des principales familles, et avec le grand prêtre, ils pouvaient juger les affaires civiles et religieuses. Ce sont eux qui représentaient l'intégrité et la droiture, les promoteurs de la justice.

Il est incroyable de voir comment de hauts chefs religieux peuvent violer toutes les morales et l'éthique pour répondre à leurs intérêts personnels. Le Seigneur avait prophétisé par David (Psaume 2:1-3). Cette corruption s'est répétée à maintes reprises dans l'histoire de l'humanité, comme s'il s'agissait d'un fléau qui refuse de disparaître. Il arrive dans beaucoup de nos pays, dans certaines églises, que les principes bibliques sont ignorés, tolérant certains péchés ou prenant certaines décisions tordues ou justifiant des actions en faveur d'un parent ou d'un membre influent. Mais il ne faut pas oublier que celui qui a plus de lumière, plus de responsabilité sera exigé.

La haute hiérarchie civile et religieuse n'était pas à l'abri du mal et du péché, l'Écriture dit à juste titre: «Celui qui croit à être ferme, veillez à ce qu'il ne tombe pas» (1 Corinthiens 10:12).

Avant de commencer ce point, invitez le deuxième groupe à jouer ce rôle.

2. Hommage à Béthanie

A. Amis à Béthanie

Béthanie était un village situé à une courte distance de Jérusalem et les Évangiles montrent que Jésus y avait des amis (Lazare, ses sœurs et Simon le lépreux) qu'il a visités lorsqu'il se promenait dans cette région. Les hauts dirigeants étaient ses ennemis, tandis que dans les gens simples, Jésus a trouvé un cœur prêt à rencontrer son Sauveur.

B. Un don inoubliable

Demandez: À quoi es-tu prêt à faire face pour faire plaisir à un être cher? Souvent, les gens font des efforts inhabituels pour plaire à ceux qu'ils aiment. Dans d'autres cas, les gens choisissent les cadeaux qu'ils feront en fonction de la position sociale du lauréat ou du degré d'appréciation qu'ils ont pour lui. Le cadeau peut donc être simple ou somptueux.

Selon Matthieu, Jésus était à la maison de Simon le lépreux, partageant avec ses disciples, lorsqu'une femme est venue avec un flacon d'albâtre de parfum de tubéreuse pure, très cher et l'a versé sur la tête de Jésus.

Bien que le statut social de Jésus n'ait pas été important, comme celui des prêtres ou du Sanhédrin, la femme que Matthieu 26 mentionne avait suffisamment d'estime, de respect et de gratitude pour dépenser une somme importante sur le parfum qu'elle portait pour le Seigneur. Cette femme a dû surmonter de nombreux obstacles pour offrir à Jésus qui est présent, tels que les préjugés sur l'approche d'une femme à un homme en public; en outre, le critique des assistants à ce dîner; Marc ajoute que les disciples l'ont sévèrement réprimandée (vv.8-9).

Malgré les commérages, le mépris et les réprimandes des personnes présentes, la femme obéissait à la direction de Dieu et faisait la bonne chose au bon moment. Le Seigneur a accepté ce cadeau avec plaisir et a de nouveau prophétisé sa mort en disant qu'elle l'avait préparé pour son enterrement (vv.10-12). Elle lui a rendu un hommage dans la vie. Nous rendons souvent hommage aux personnes décédées et, par conséquent, l'honneur arrive très tard.

Le Seigneur n'était pas indifférent au don et moins aux critiques, car il le défendait devant ses agresseurs et exposé sa fausse préoccupation pour les pauvres. Elle n'a pas manqué l'occasion de plaire au Seigneur, même sans savoir que cette opportunité ne se reproduira pas. Le Seigneur a prophétisé de nouveau que partout où l'évangile était prêché, ce qu'elle faisait serait dit (v. 13). Notre service à Dieu peut passer inaperçu par les gens et ils peuvent le critiquer, mais il ne passera pas inaperçu par le Seigneur.

Il y a des choses que nous devons faire pour le royaume de Dieu, mais nous laissons passer les opportunités en croyant que nous aurons encore beaucoup de temps, comme visiter une personne malade, aider une personne dans le besoin, être gentil avec quelqu'un, offrir un sourire, etc., plusieurs fois même pas ce sont des choses qui nécessitent de l'argent. Cependant, le cadeau de cette femme a coûté le salaire de près d'un an de travail.

En ce moment, nous devons réfléchir à ce que nous avons cessé de faire pour le Seigneur, sachant que nous devons les faire. Il faut se mettre au travail, comme l'a fait la femme Béthanie, car alors peut-être qu'il sera trop tard et le reste de notre vie ne nous atteindra pas pour regretter ce que nous n'avons pas fait. Certes, Dieu a fait de grandes choses dans nos vies qui méritent nos remerciements. Si nous savons que Dieu nous demande quelque chose, ne tardons pas à le faire.

Révisez/Application: Demandez-leur de répondre aux questions suivantes:

a) Qu'est-ce que Jésus a annoncé qui se produirait à pâques? (Qu'il serait livré pour être crucifié.)

b) Quelle était la manifestation de sa divinité lorsque Jésus a annoncé ce qui se passerait à Pâques? (Son omniscience.)

c) Qu'est-ce que cela signifie pour toi que des personnes respectables dans la société aient comploté la mort de Jésus? (Ils n'étaient respectables qu'en apparence, mais au fond, ils étaient corrompus et injustes.)

d) Lorsque Jésus a reçu l'offrande de parfum, quelle était la raison de la colère des disciples? (Ils étaient en colère parce qu'ils considéraient l'argent plus important que les gens.)

e) Qu'est-ce qui a motivé la femme à avoir donné un parfum si cher à Jésus? (Elle était très reconnaissante parce qu'il avait pardonné ses péchés, et elle avait également une grande estime et un grand respect pour lui.)

f) Pourquoi de nombreuses personnes refusent-elles de servir le Seigneur avec leur temps ou leurs gains? (Parce qu'ils ne l'aiment pas ou qu'ils n'ont pas de gratitude.)

Défi: Écris quelque chose que tu sais que tu dois faire pour plaire à Dieu:

Maintenant, prend une résolution pour le faire cette semaine. Ne tarde pas! Tu ne sais pas si tu auras une nouvelle opportunité.

Adieu

Leçon 49

Natalia Heavy • États-Unis

Objectif: Que le jeune revoie l'événement de l'ascension de Jésus et réfléchisse sur sa signification.

Pour mémoriser: «*Pendant qu'il les bénissait, il se sépara d'eux, et fut enlevé au ciel*» Luc 24:51

Connecter | Télécharger

Dynamique d'introduction (12 à 17 ans).
- Instructions: Demandez si l'un des élèves a pu être avec quelqu'un au moment du décès et s'il le souhaite, demandez-lui de raconter à quoi ressemblait ce moment d'adieu. Sinon, vous pouvez lui demander s'il a dû licencier quelqu'un ou s'il a participé à un adieu. Laissez-les raconter les détails de ces moments. Vous pouvez prendre un exemple du vôtre ou vous souvenir d'un adieu qu'ils ont fait à l'église. Associez-le à l'adieu de Jésus à ses disciples et commencez la leçon.

Dynamique d'introduction (18 à 23 ans).
- Matériaux: Du tableau noir et la craie, ou grand papier et crayon.
- Instructions: Au tableau, écrivez en gros caractères le titre: «L'Ascension de Jésus» et demandez à vos élèves d'écrire (tour à tour au tableau) les questions que les non-croyants peuvent avoir à cet événement dans la vie de Jésus. Réfléchissez ensemble sur les doutes et les questions que cet événement peut nous causer ainsi que sur la sécurité et promet que cet événement signifie pour les disciples du Christ.

Connecter | Télécharger

Les auteurs Lucas et Marcos racontent qu'après que Jésus eut parlé avec les disciples et donné les dernières instructions, son corps physique fut soulevé de la terre et emmené au ciel jusqu'à ce qu'il ne soit plus vu à travers les yeux des disciples.

Au cours de ses trois années de ministère ici sur terre, Jésus a accompli de nombreux miracles. Cependant, dans les dernières minutes de son séjour ici, son corps humain et physique a littéralement «été soulevé, et un nuage a été reçu de lui qui le lui a caché des yeux» (Actes 1:9) et des disciples qui ont regardé depuis la terre.

1. Le sens de l'ascension pour Jésus

L'histoire des Évangiles nous dit que Jésus était un homme «de chair et d'os», comme tout autre être humain sur la planète Terre. Il avait besoin de dormir (Marc 4:38) et de manger (Marc 14:22), il se sentait aussi triste et pleurait (Jean 11:35); Il était en colère (Marc 11:15) et a souffert (Luc 22:44). Ce même Jésus humain était celui qui vivait parmi ses disciples comme l'un des habitants de Nazareth. Cependant, nous voyons qu'après avoir été crucifié et mourant, Jésus n'était pas comme les autres, mais il est ressuscité et est apparu devant ses disciples démontrant la puissance de Dieu; le pouvoir qui vainc même la mort.

Dans les jours entre la résurrection et l'ascension vers le ciel, Jésus est apparu devant les disciples à l'endroit où ils étaient rassemblés (Luc 24:36-49) et leur a montré les marques de clous sur leurs mains et leurs pieds, et leur a demandé de manger Ces preuves sont un échantillon de plus du corps humain de Jésus qui avait besoin de nourriture. L'Évangile de Luc nous dit également que Jésus est apparu devant deux de ses disciples qui se rendaient à la ville d'Emmaüs (Luc 24:13-35) et leur a parlé d'une manière claire et compréhensible. Ce même Jésus a ensuite été reçu au ciel.

Il est intéressant de noter que Jésus a mené une vie normale et humaine dans les jours précédant son ascension au ciel; Il a également continué à enseigner à ses disciples la manière de suivre Dieu fidèlement.

Il est intéressant de réaliser que cet événement surnaturel a été vécu par Jésus avec un calme total et absolu (Luc 24:50-53; Marc 16:19-20). Probablement, Jésus était calme parce qu'il savait ce qui se passait quand il a commencé à monter au ciel; dans Jean 16:16, Jésus avait averti ses disciples de ce qui allait se passer.

Nous savons qu'après avoir été élevé au ciel, Jésus a été reçu par son Père dans sa demeure céleste; et c'était parce que Jésus avait accompli sa tâche ministérielle ici sur terre. Pour Jésus, l'ascension signifiait qu'il irait à nouveau jouir de la présence de son Père et ne serait plus séparé du Père (Marc 16:19).

2. Le sens de l'ascension aujourd'hui

Dans Romains 8:34, nous lisons que Jésus, après être monté au ciel, travaille toujours pour notre bénédiction, intercédant auprès du Père pour nous, pour nous soutenir et nous pardonner. L'ascension de Jésus dans le ciel nous rappelle que nous avons maintenant un accès constant au Père par lui. Nous pouvons faire confiance au fait que Jésus sait très bien à quoi ressemble la vie ici sur terre, puisqu'il l'a lui-même expérimentée; Cela nous aide également à croire que Jésus a pitié de nous et c'est pourquoi il n'arrête pas d'intercéder auprès de Dieu le Père pour nous.

Dans les processus juridiques de notre société moderne, les accusés cherchent toujours à avoir un bon avocat qui les aidera devant la Cour et pourra parler au juge pour eux, demandant grâce pour la peine; de la même manière, nous pouvons comparer Jésus à la figure de «notre parfait avocat», qui nous aime et intercède auprès de Dieu pour nous lorsque nous échouons et avons besoin de miséricorde. Merci à Jésus qui fait pour nous ce que nous ne pouvons pas faire pour nous-mêmes!

Dans Jean 16:7-8, nous voyons que Jésus a dit aux disciples que son aller au ciel signifiait que le Saint-Esprit viendrait avec eux pour les aider à continuer la mission salvatrice: «...En effet, si je ne m'en vais pas, le défenseur ne viendra pas vers vous; mais, si je m'en vais, je vous l'enverrai» (Jean 16:7 SG21). Il est très réconfortant de comprendre que Dieu avait préparé le Saint-Esprit à continuer d'accompagner les chrétiens après le départ de Jésus. Nous voyons que Dieu est un Dieu aimant et qu'il a tout sous son contrôle parfait. Nous pouvons avoir une attitude de gratitude pour l'ascension de Jésus, car elle marque une nouvelle étape du plan de Dieu, dans laquelle nous pouvons profiter de sa présence, d'une manière personnelle, dans nos cœurs par le Saint-Esprit.

Dans Jean 14:1-4, nous voyons que Jésus préparait ses disciples pour son départ. Il les a encouragés à faire confiance et à avoir la paix, ainsi qu'à conserver l'espoir de la vie future en présence de Dieu. Jésus a une fois de plus précisé aux disciples que son ascension faisait partie du plan merveilleux et parfait de Dieu.

Nous voyons que l'ascension de Jésus au ciel a une signification très spéciale pour nous en ce qui concerne notre propre avenir. Le départ de Jésus au ciel est une garantie que nous irons au ciel pour être en présence de Dieu, avec Jésus-Christ. C'est une promesse inégalée.

Enfin, nous devons nous rappeler que pour nous, les chrétiens, l'ascension de Jésus au ciel a également une profonde signification spirituelle, comme elle l'a fait pour Jésus. Il continue à établir notre voie d'accès au Père pour notre bienfait et notre pardon avec Jésus comme notre «intercesseur», nous permet de jouir de la présence du Saint-Esprit dans le présent et nous garantit notre propre présence céleste avec Jésus dans l'avenir dans «la maison du Père» (Jean 14:2). Ces promesses sont uniques et fidèles, et grâce au travail de Jésus, nous pouvons avoir pleinement confiance qu'elles seront tenues. Amen.

Révisez/Application: Demandez-leur de compléter le tableau.

LA PROMESSE DE JÉSUS	MA RÉPONSE
«...Christ est mort; bien plus, il est ressuscité, il est à la droite de Dieu, et il intercède pour nous!» (Romains 8:34 LSG)	Je peux avoir confiance que Jésus veut me pardonner quand je ne pèche pas.
«...En effet, si je ne m'en vais pas, le défenseur ne viendra pas vers vous; mais, si je m'en vais, je vous l'enverrai.» (Jean 16:7 SG21)	Je peux avoir confiance que le Saint-Esprit est avec moi même lorsque les circonstances sont difficiles.
«Et, lorsque je m'en serai allé, et que je vous aurai préparé une place, je reviendrai, et je vous prendrai avec moi, afin que là où je suis vous y soyez aussi». (Jean 14:3)	Je peux espérer que mon avenir, après la mort, sera bon avec Jésus.

Défi:
Quelle est ta perspective sur le fait que Jésus aille au ciel? Qu'en as-tu entendu? As-tu déjà eu des questions sur cet événement? N'oublie pas que Dieu est toujours prêt à t'aider et à te guider; En priant et en lisant la Bible, tu trouveras des réponses et des conseils pour ta jeunesse; Surtout, souviens-toi que Dieu a un plan parfait pour ta vie, tout comme Il l'avait fait pour Jésus. N'hésite pas à partager tes doutes et tes questions avec ton professeur.

Surprise Attendue

Leçon 50
Marie et Eudo Prado • Venezuela

Objectif: Que le jeune reconnaisse l'importance de la venue du Saint-Esprit et sa répercussion dans l'histoire de l'église.

Pour mémoriser: *«... mais vous recevrez une puissance, quand le Saint-Esprit sera venu sur vous, et vous serez mes témoins à Jérusalem, dans toute la Judée, dans la Samarie et jusqu'aux extrémités de la terre»* Actes 1:8

Connecter

Dynamique d'introduction (12 à 17 ans).
- Matériaux: La Bible, des marqueurs de différentes couleurs et des feuilles de papier.
- Instructions: Divisez la classe en trois groupes et attribuez-leur l'un des versets suivants: Actes 2:2,3 ou 4. Demandez-leur d'imaginer ce que leur verset décrit et essayez de l'exprimer à travers un dessin. Demandez à chaque groupe de présenter son dessin et d'expliquer les idées qui y sont exprimées.

Dynamique d'introduction (18 à 23 ans).
- Matériaux: Des feuilles de papier contenant chacune la phrase «Jésus est ressuscité» dans une langue différente:
  1. Portugais: Jesus ressuscitou
  2. Zoulou: Ujesu Wavuka
  3. Anglais: Jesus is risen
  4. Allemand: Jesus ist auferstanden
  5. Italien: Gesú é risorto
  6. Français: Jésus est ressuscité
- Instructions: Repartez à chaque élève un document contenant la phrase indiquée dans une langue différente. Lorsqu'ils sont instruits, ils doivent tous lire en même temps et à haute voix plusieurs fois leur phrase respective, en la répétant pendant plusieurs minutes. Expliquez que quelque chose de similaire s'est produit le jour de la Pentecôte, à la différence près que les fidèles parlaient différentes langues et comprenaient chacun le message exprimé par les disciples.

Télécharger

Le jour de la Pentecôte, quelque chose de similaire est arrivée à notre célébration de la Noël et du Nouvel An: l'agitation de nombreuses personnes se sont réunies avec une grande joie pour célébrer la fin d'une époque et en commencer une autre.

Les disciples réunis dans ce lieu appelé la chambre haute ont célébré quelque chose de très significatif. Mais ils espéraient également que quelque chose d'extraordinaire se produirait entre eux: l'arrivée du Saint-Esprit promis (Actes 2:1-13).

En fait, ils n'avaient pas la moindre idée de ce qui allait se passer ou quand, mais chaque jour, ils attendaient fidèlement l'accomplissement de la promesse faite par Jésus.

Et l'accomplissement de la promesse est venu et, en fait, ce jour-là, le Saint-Esprit a fait une entrée spectaculaire dans le cœur et la vie de l'église. Ce jour-là, cela a littéralement marqué un «avant» et un «après» pour l'église. Rien ne serait pareil, ni pour eux, ni pour nous!

La Pentecôte était le passage des disciples dans une relation profonde avec Dieu. La présence du Saint-Esprit a produit un niveau plus intime dans l'expérience de sa foi personnelle. Cette transformation a abouti à la consécration et au témoignage. Depuis la Pentecôte, le message évangélique s'est répandu dans le monde entier.

1. Pentecôte: Une grande fête de gratitude

«Lorsque le jour de la Pentecôte est arrivé, ils étaient tous unanimes» (v.1). Demandez: Qu'est-ce qui a été célébré le jour de la Pentecôte? Qu'est-ce que cela signifiait?

Tout d'abord, nous devons savoir que la Pentecôte a été une grande fête. Les fêtes sont importantes, selon ce que nous célébrons en elles. Nous organisons des fêtes d'anniversaire, des fiançailles nuptiales, des anniversaires de mariage, des diplômes, etc. De plus, chaque pays célèbre des festivités nationales, où l'on se souvient des événements importants de son histoire. Les chrétiens célèbrent la naissance de Jésus, sa mort, sa résurrection et la Pentecôte.

Les Juifs ont célébré diverses fêtes religieuses tout au long de l'année qui ont rappelé des événements importants. La Pentecôte était l'une des trois plus importantes (avec Pâques et la fête des Tabernacles). Lors de cette fête, une gratitude particulière a été rendue à Dieu pour les fruits de la terre et pour le travail de chacun.

Le mot grec d'où «Pentecôte» est traduit signifie «cinquante», car il a été fait le lendemain de sept semaines après le basculement des premières gerbes de blé. Comme c'était le lendemain de sept samedis, il tombait un dimanche ou le premier jour de la semaine. C'est pourquoi il s'appelait également «la fête des semaines» et «le jour des premiers fruits».

En ce jour spécial, tout le travail a été suspendu et les gens se sont rassemblés avec une grande joie et gratitude. Le but était d'avoir une approche significative de la présence de Dieu. Il était de coutume de le partager avec tout le monde (Deutéronome 16:11-12). Certes, les premiers chrétiens ont participé à un repas collectif lors de cette célébration, quelque chose qui ressemble à un repas d'action de grâces.

Dieu a choisi la fête de la Pentecôte pour remplir sa promesse faite par Jésus dans les Actes 1: 8, « ... mais vous recevrez une puissance lorsque le Saint-Esprit sera venu sur vous». À partir de ce moment la diffusion mondiale de l'Évangile a commencé par le témoignage de l'Église.

2. Le grand miracle de la Pentecôte

Demandez: Avez-vous déjà été témoin d'un miracle ou d'un fait surprenant? Qu'est-ce qu'un miracle? Un miracle est un fait hors du naturel. C'est quelque chose d'extraordinaire où la puissance de Dieu intervient. La Bible nous parle de nombreux miracles comme ceux accomplis par Jésus et les anciens prophètes.

On peut dire que ce qui s'est passé le jour de la Pentecôte est le miracle le plus important de l'histoire de l'église chrétienne. Le Saint-Esprit est venu sur les croyants pour demeurer en eux en permanence, purifier leur cœur du péché et les remplir de puissance pour le service.

Quelques signes miraculeux accompagnèrent la venue de l'Esprit dans la chambre haute. Ces choses surnaturelles ont étonné les personnes présentes. Aux versets 2 à 4, ces trois événements extraordinaires apparaissent par ordre de succession:

a. «Et soudain, il est venu du ciel un rugissement comme un vent fort, qui a rempli toute la maison ...» (v.2).

b. «Et des langues réparties leur apparaissaient, comme le feu, s'installant sur chacune d'elles» (v.3).

c. «Et ils étaient tous remplis du Saint-Esprit, et ont commencé à parler dans d'autres langues, selon l'Esprit le leur a donné la parole» (v.4).

d. Demandez: Quels étaient le vent et le feu? Ils étaient des symboles de la puissante présence purificatrice du Saint Esprit.

Demandez: Pourquoi penses-tu qu'ils parlaient dans d'autres langues? C'était un signe pour les incroyants et un moyen pour attirer leur attention, ainsi qu'un moyen de communiquer l'évangile aux étrangers.

Mais le miracle central de la Pentecôte était le remplissage du Saint-Esprit. «Et ils étaient tous remplis du Saint-Esprit». Le mot plein signifie «plénitude» et il parle de consécration totale à Dieu (sanctification).

Ce que fait le remplissage de l'Esprit a été décrit plus tard par l'apôtre Pierre dans Actes 15:9 comme la «purification du cœur». La purification du cœur est le grand miracle qui est accompli chez les croyants par le baptême du Saint-Esprit. Les disciples ont reçu le pouvoir de vivre dans la sainteté.

3. Le message de la Pentecôte: le salut pour tous

Jésus a donné le commandement à ses disciples de prêcher l'Évangile à chaque créature. Ce mandat est connu sous le nom de Grande Commission (Matthieu 28:16-20; Marc 16:14-18; Luc 24:36-49; Jean 20:19-23).

La venue du Saint-Esprit le jour de la Pentecôte, précisément, a commencé le mouvement d'expansion de l'église au monde entier.

Les disciples étaient pour la plupart des gens de peu de connaissances et de culture, mais le Saint-Esprit les a utilisés ce jour-là pour communiquer «les merveilles de Dieu» dans les différentes langues des étrangers réunis à Jérusalem. Selon un commentaire biblique, «les merveilles de Dieu» se référeraient principalement à la résurrection de Jésus-Christ d'entre les morts.

Grâce à la Pentecôte, Dieu n'a pas seulement dévoilé «les merveilles» ou les miracles de l'évangile et de la vie de Jésus, mais il a incité la diffusion du message à toutes les nations du monde connu (Actes 1: 8).

Il est très logique de penser que beaucoup de ces étrangers qui ont reçu le témoignage de la Pentecôte, et qui peuvent être parmi les premiers convertis dans l'église, ont apporté par la suite la bonne nouvelle du salut à leur lieu d'origine.

La puissance que le Saint-Esprit a apportée à l'église à la Pentecôte a permis à ceux qui se trouvaient dans la chambre haute d'être des témoins fidèles du Sauveur, notre Seigneur Jésus-Christ.

Demandez: Quel est le résultat de la Pentecôte dans ta propre vie? As-tu reçu cette puissance qui te permet d'être un témoin fidèle de Jésus?

Révisez/Application: Divisez-vous en groupes et écrivez la signification des phrases ou mots suivants. Partagez ensuite les différentes significations avec la classe.

- **Pentecôte** (Réalisation de la promesse. Actes 1:8)
- **Parler dans d'autres langues** (Ils parlaient dans d'autres langues. Actes 2:4)
- **Le message du salut** (Était pour tout le monde. Actes 2:8-11)
- **Lorsque la Pentecôte est arrivée** (Ils étaient tous ensembles unanimes. Actes 2:1)

Défi: Planifie un moment d'évangélisation personnelle avec ton professeur et tes camarades de classe dans le quartier ou la communauté où se trouve ton église. Avant l'activité, prévoie un temps de prière en groupe pour demander la direction du Saint-Esprit.

Message D'amour

Leçon 51

Denis Espinoza • Nicaragua

Objectif: Que les jeunes analysent les faits de la naissance de Jésus comme l'accomplissement des prophéties.

Pour mémoriser: *«Mais quand l'accomplissement des temps est venue, Dieu a envoyé son Fils, né de la femme et née sous la loi.»* Galates 4:4

Connecter | Télécharger

Dynamique d'introduction (12 à 17 ans).
- Matériaux: Des feuilles imprimées avec des passages bibliques.
- Instructions: Veillez organisez vos élèves en deux groupes. Encouragez chaque groupe à choisir un modérateur et un secrétaire. Ensuite, lisez les citations bibliques suivantes précautionneusement et attentivement et identifiez la prophétie accomplie concernant Jésus.
- Michée 5:2. Lieu de naissance (Bethléem).
- Ésaïe 7:14. Qui serait la mère (Une vierge).
- Ésaïe 9:7. Ce serait la famille et le trône de (David).
- Ésaïe 9:1. Il vivrait en (Galilée).
- Osée 11:1. Il passerait quelque temps en (Egypte).

Partagez les conclusions avec le reste du groupe.

Dynamique d'introduction (18 à 23 ans).
- Matériaux: Des feuilles de papier, stylos ou crayons.
- Instructions: Tenez à organiser votre classe en trois groupes, selon le nombre d'élèves que vous avez. Demandez-leur de nommer un modérateur et un secrétaire. Donnez deux feuilles de papier et des crayons à chaque groupe. Demandez-leur de diviser une feuille en deux colonnes. Dans l'un, ils énuméreront les cadeaux qu'ils ont reçus à Noël, dans l'autre, les cadeaux qu'ils ont donnés. Le secrétaire notera toutes les contributions du groupe. Une fois cette partie terminée, demandez-leur de lire Jean 3:16 et de répondre aux questions suivantes: Quel était le don de Dieu à l'humanité? Dans quel but avez-vous donné ce cadeau? Demandez-leur de partager les réponses avec les autres groupes.

Connecter | Télécharger

L'une des merveilleuses histoires de la Bible qui nous touche le plus est celle qui concerne la naissance de notre Seigneur. C'est le soi-disant mystère de l'incarnation (Jean 1:14; 1 Timothée 3:16).

1. La naissance de Jésus a accompli la prophétie biblique

Il est impressionnant de voir comment les anciennes prophéties qui annonçaient l'arrivée du Rédempteur de l'humanité se sont pleinement accomplies en la personne de Jésus. Du proto-évangile, la première annonce d'un Sauveur, dans Genèse 3:15; Jusqu'à la résurrection mentionnée dans le Psaume messianique 16:8-11, ils étaient strictement suivis. Rien n'a été oublié. Tout a été accompli.

En ce sens, la déclaration faite par Paul dans Galates 4:4, qui fait allusion au temps de Dieu. Cela nous dit qu'il avait et contrôle tout.

Si nous regardons le contexte et les circonstances historiques entourant la naissance de Jésus-Christ, on pourrait penser, humainement, que ce sont des coïncidences de la vie ou de l'histoire. Mais quand nous pensons à Dieu comme le Seigneur de tous, que rien ne prend par surprise, et que nous exerçons notre foi, nous nous rendons compte qu'il a toujours été aux commandes et qu'il a utilisé le décret d'un empire aussi païen que le Romain, pour accomplir sa Parole et ses buts sacrés.

Luc, le médecin et l'historien, nous donne les détails de cet événement (Luc 2:1-7). Un édit a été publié (v.1). Juridiquement parlant, il s'agissait d'un mandat ou d'un décret publié avec l'autorité de l'empereur Auguste César, et était donc obligatoire pour tous les habitants de l'empire. Le décret stipulait que «tout le monde devrait être enregistré». Le mot traduit enregistré signifie littéralement «enregistré» ou «inscrit». En se référant au monde entier, il était entendu que c'était tout l'empire romain.

«Et chacun est allé dans sa ville», a écrit Luc 2:3-5, se référant à la ville de ses ancêtres. Les Juifs ont établi la coutume que chaque personne devrait se rendre dans sa ville d'origine. Puis Joseph, qui était de la maison et de la famille de David, est allé de Galilée, de la ville de Nazareth, en Judée, la ville de David, appelée Bethléem.

«Bethléem était un lieu riche en souvenirs historiques. C'était la ville de David, la maison de Ruth et l'endroit où Rachel a été enterrée. À seulement 25 kilomètres au sud se trouvait Hébron, la maison d'Abraham, d'Isaac et de Jacob. À 15 kilomètres au nord-ouest se trouvait Gabaon, où Josué avait fait arrêter le soleil. À 20 kilomètres à l'ouest se trouvait Soco, où David avait tué Goliath, le géant philistin. À 10 kilomètres au nord se trouvait Jérusalem, où Abraham avait payé la dîme à Melchisédek, alors la magnifique capitale de David et Salomon, siège du trône de David pendant 400 ans». (Compendium manuel de la Bible. Henry Halley. Moody, dix-neuvième édition, p.434).

Eh bien, jusque là Joseph est allé là-bas pour être enregistré. Il arrivait avec sa Marie, sa femme, mariée avec lui et qui était enceinte. Il est intéressant de noter que Dieu a choisi le lieu de naissance de son Fils et ses parents terrestres. Les parents choisis vivaient à environ 160 kilomètres de Bethléem. Providentiellement, ils ont dû faire le tour. Ce devait être un voyage difficile et fatigant, surtout pour Marie qui allait enfanter.

«Les jours étaient accomplis» (Luc 2:6). Cela a à voir avec les neuf mois de grossesse de Marie, mais aussi avec le temps de Dieu. La providence divine les avait amenés à Bethléem, et étant là, les jours de sa naissance étaient accomplis.

On ne nous donne pas la date, tradition a établie le 25 Décembre, mais il n'y a pas de bases historiques ou bibliques qui donnent une certitude à ce sujet. La date a été fixée pour des raisons de commodité et avec certaines influences païennes.

2. Une démonstration de l'amour de Dieu

A. Il a rendu possible l'incarnation

L'incarnation de la Parole, du Fils de Dieu, exprime sans équivoque comment Dieu nous aime. Le Père et le Fils ont tous deux convenu que la deuxième personne de la Trinité deviendrait homme et se détacherait de toute la sienne, de toute sa gloire éternelle à venir, vivrait et se sacrifierait pour nous.

Nous ne pouvons pas séparer l'acte divin de cette incarnation du but salvateur qui l'a motivée. C'était pour que Dieu eusse l'occasion de se rapporter aux êtres humains, de s'approcher d'eux et de les sauver (Jean 3:16).

B. C'est l'amour avec un but

Le texte bien connu de Jean 3:16 nous enseigne ce grand amour de Dieu. Le Père céleste s'est détaché de la chose la plus précieuse, son Fils, pour nous donner le salut (Romains 8:32). Comme c'est touchant, il nous aimait tellement qu'il nous a donné son fils! La réflexion et la question est, qui étions-nous pour mériter un si grand amour? À cause de nos péchés, nous ne méritons que la mort, mais bon, il nous a aimés et est venu à notre secours (Romains 5: 8). À cause de son grand amour, il était prêt à tout donner et il l'a fait.

Son but était de nous donner le salut et la vie éternelle. «… Pour que tous ceux qui croient en lui ne périssent point, mais aient la vie éternelle», nous dit l'apôtre (Jean 3:16). L'amour de Dieu a permis aux êtres humains d'accéder à ce type de vie présente et permanente.

C. C'est l'amour éternel

Depuis la triste et malheureuse chute de l'homme, bien qu'il l'ait discipliné en le jetant hors du jardin, Dieu a continué de l'aimer. Même dans leurs périodes les plus rebelles, les êtres humains ont continué à être sujets à l'amour de Dieu. Bien qu'il ait dû les punir à plusieurs reprises, il leur a toujours montré l'opportunité de se repentir pour se tourner vers lui. Le peuple rebelle de Dieu dans l'Ancien Testament connaissait la grandeur de l'amour du Seigneur pour lui (Jérémie 31:3).

3. Une réponse de l'homme

Dieu a fait sa part. Le plus grand et le plus important. Il a pris l'initiative en nous envoyant son Fils unique, le seul de son genre. Le Fils est devenu humain, vêtu de faiblesse, il est né dans une humble crèche et est mort pour nos péchés.

Tout au long de l'histoire, l'humanité s'est trouvée confrontée à deux alternatives; croire ou ne pas croire au Seigneur, le recevoir ou lui rejette, choisir la vie éternelle ou la mort éternelle, lui servir ou laisser de le faire.

L'idéal et le plus bénéfique pour tous est de recevoir le Sauveur dans le cœur. Abandonner sa vie à lui pleinement et demander pardon des péchés. Mais nous sommes tous libres de le faire ou non. Ceux qui le rejettent seront perdus à jamais, mais ceux qui le recevront, obtiendront de grandes bénédictions. Ce qui est fondamentale c'est qu'ils deviendront fils et filles de Dieu. Jésus le Christ leur accorde ce statut, cette bénédiction et ce privilège, Fils et filles de Dieu! (Jean 1:12-13).

La meilleure démonstration de notre gratitude envers le Seigneur est le service désintéressé et engagé. Reconnaissons sa grandeur et sa puissance. S'il nous a tant aimés, le moins que nous puissions faire est de lui offrir un service dévoué et engagé. Tant d'amour manifesté par Dieu mérite d'être réciproque par chaque homme et chaque femme (1 Jean 4:19).

Le Seigneur Jésus mérite que nous lui offrons tous un service de qualité et de chaleur, et ainsi nous ne perdrons pas sa récompense aujourd'hui et dans le monde à venir la vie éternelle (Jean 12:26).

La personne et le message de Jésus doivent être apportés à toutes les personnes et à tous les endroits où ils ne le connaissent pas. Que chacun le connaisse et ait l'opportunité de l'avoir dans son cœur. Ne perdons ni temps, ni énergie, ni argent, à condition que Jésus-Christ soit connu des hommes et des femmes de tous âges.

Révisez/Application:

Veillez organiser vos élèves en deux groupes. Qu'ils lisent les citations bibliques suivantes: Ésaïe 7:14; Michée 5:2; Osée 11:1; Ésaïe 9:1-2, 11:1; Jérémie 31:15; Matthieu 1:22-23, 2:5-6, 2:16-18, 2:22-23, 4:12-16. Demandez-leur de prendre une feuille de papier et de la diviser en deux colonnes. À gauche, qu'ils placent la citation biblique qui contient la prophétie, et à droite, la citation qui a l'accomplissement.

Prophétie Biblique	Accomplissement
Ésaïe 7:14	Matthieu 1:22-23
Michée 5:2	Matthieu 2:5-6
Osée 11:1	Matthieu 2:15
Ésaïe 9:1-2.	Matthieu 4:12-16
Ésaïe 11:1	Matthieu 2:22-23
Jérémie 31:15	Matthieu 2:16-18

Défi:

Note tes réflexions sur ce que Noël signifie pour ta vie et partage-la avec ta classe lors de leur prochaine rencontre.

Reconfiguration

Leçon 52
Macedonio Daza • Bolivie

Objectif: Que les jeunes consacrent leur vie au Seigneur dans cette première classe de la nouvelle année.

Pour mémoriser: *«Je vous exhorte donc, frères, a offrir vos corps comme un sacrifice vivant, saint, agréable a Dieu, ce qui sera de votre part un culte raisonnable».* Romains 12:1

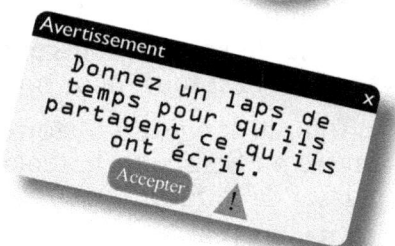

Avertissement
Donnez un laps de temps pour qu'ils partagent ce qu'ils ont écrit.
Accepter

Connecter | Télécharger

Dynamique d'introduction (12 à 17 ans).
- Matériaux: Des cartes cartonnées (10 par 15 cm.) Et crayon
- Instructions: Veillez expliquer brièvement l'importance d'avoir un «projet de vie» et la possibilité d'être en première classe de l'année. Avant de faire un plan, nous devons demander au Seigneur des directives pour qu'il soit guidé par lui. Posez la question: qu'aimeriez-vous être quand vous serez adulte et pourquoi?

  Qu'aimeriez-vous être et faire pour le Seigneur au sein de l'église?

  Donnez-leur environ 5 minutes pour écrire, puis partagez ce qu'ils ont écrit.

Dynamique d'introduction (18 à 23 ans).
- Matériaux: Papier et crayon pour chaque participant.
- Instruction: Une fois que le papier et le crayon ont été fournis à chaque jeune, il doit écrire et répondre: Qu'as-tu prévu de faire au début de l'année dernière?

  Quelles réalisations avez-vous réalisées sur le plan personnel? Quelles réalisations avez-vous accomplies au niveau du travail, de l'étude et du service au Seigneur? Discutez des réponses pendant quelques minutes.

Connecter | Télécharger

Le Nouvel An. Il sera bon pour les jeunes qui appartiennent à notre congrégation de consacrer leur vie au Seigneur et ceux qui l'ont déjà fait, peuvent évaluer comment ils vont.

1. Consacrer nos membres physiques

L'écrivain aux Hébreux a écrit sur la discipline de Dieu, dont le dessein aide à la maturité de ses enfants (Hébreux 12: 5-8). Tout enfant de Dieu qui se souvient des moments difficiles qu'il a dû vivre au cours de l'année qui s'est terminée considérera que tout ce qu'il a vécu d'une certaine manière l'a aidé à grandir vers la perfection et la maturité dans sa vie spirituelle.

Après ce sujet, l'auteur de l'épître a demandé à ses lecteurs ce qui suit:

A. Fortifiez vos mains languissantes

Demandez: Selon Hébreux 12:12a, que pouvons-nous faire avec nos mains? Louer Dieu, signaler le Très-Haut et l'œuvre de Dieu dans la nature et en nous.

De nos mains, nous pouvons également apporter une aide aux nécessiteux: aux veuves, aux orphelins, aux immigrants, aux enfants des rues, aux malades, aux personnes handicapées, etc.

De nos mains, nous pouvons réaliser des projets de développement humain qui profitent à la société, voie intégrale vers la vie pleine que Jésus nous offre.

B. Et vos genoux affaiblis

L'exercice de marcher fait avancer (Hébreux 12:12b). De plus, pour ne pas devenir paralysé, il faut faire de l'exercice, courir, faire du jogging, bouger nos jambes. Demandez: Comment pouvons-nous utiliser nos genoux et donc nos jambes pour étendre le Royaume de Dieu? Nous pouvons aller rendre visite à des amis qui ne connaissent pas le Christ, visiter des hôpitaux et des prisons, aller aider de nouvelles œuvres ou missions qui se répandent à l'intérieur et à l'extérieur de nos quartiers. Lorsque nous allons de l'avant et accomplissons différents ministères, nous voyons les possibilités de service et au milieu du service, Dieu peut nous appeler à faire des missions dans notre pays ou à être missionnaires dans d'autres cultures et au-delà de nos nations.

C. Et suivez des voies droites avec vos pieds

«Courez sur un chemin droit et lisse» (Hébreux 12:13TLA). Il est important que nous soyons des exemples dans notre manière de marcher dans notre vie quotidienne, comme de bons chrétiens qui vivent selon les commandements de sa Parole.

La sainteté doit se refléter dans notre marche: «Mais, comme celui qui vous a appelés est saint, soyez vous aussi saints dans tout votre mode de vie» (1 Pierre 1:15). Le verset qui vient d'être mentionné exige de nous un mode de vie différent (la sainteté) à tout moment et en tout lieu. Une vie intègre, non seulement dans nos relations avec les chrétiens au sein de l'église ou lorsque nous nous réunissons, mais à la maison, au travail, à l'école et à l'université.

D. Donc je ne le rattrape pas

« ... Afin que ceux qui est boiteux ne dévie pas, mais plutôt se raffermisse...» (Hébreux 12:13 TLA). Notre comportement peut motiver les autres. Beaucoup peuvent être gagnés pour Christ, sans paroles. Mais aussi une mauvaise conduite peut être une pierre d'achoppement pour les faibles de la foi, pour ceux qui risquent de se détourner du Seigneur. Souvenons-nous d'un dicton populaire: «Vos actions parlent si fort, qu'elles ne vous permettent pas d'entendre ce que vous dites».

Jésus a dit: Et quiconque fait trébucher un de ces petits qui croient en moi, ce serait mieux pour lui qu'une pierre de moulin à âne soit accrochée autour de son cou, et qu'il soit coulé au fond de la mer (Matthieu 18: 6). Dieu nous aide à ne pas être une pierre d'achoppement pour notre prochain et nous demandons à Dieu de nous aider à être des vies exemplaires et à montrer Christ dans tout ce que nous faisons.

2. Consacrer nos relations

A. «Recherchez la paix avec tous»

Dieu nous a toujours demandé de prendre soin de notre relation avec notre prochain (Luc 10:27). Il est important que le chrétien vive en paix avec son semblable ou son prochain (Hébreux 12: 13a). Et le plus proche voisin est chez nous et ce sont nos parents et nos frères et sœurs et ils continuent de sortir de chez nous avec des amis, des voisins et des collègues.

Lorsque nous parlons de relations et de maintien de la paix, nous pouvons nous référer à ce que Jésus a dit en enseignant sur la colère (Matthieu 5: 23-25).

Le péché perturbe les relations, il doit donc se terminer sous peu (Éphésiens 4:26). Mettre un terme à sa colère pendant la journée, cela signifie que la résolution des conflits doit être immédiate.

Il y a des jeunes qui font durer leur irritation, jusqu'à ce que cela se transforme en colère et qu'ils s'enchaînent avec d'autres péchés; ne laissez pas votre colère durer au-delà de vingt-quatre heures, apprendre à demander pardon et à pardonner rendra vos relations avec vos pairs harmonieuses.

B. «Et la sainteté, sans laquelle personne ne verra le Seigneur»

Poursuivant les relations, la sainteté a à voir avec la condition du chrétien à la suite de sa relation avec Dieu. C'est à l'être humain de consacrer sa vie, comme Hébreux 12: 1 nous l'enseigne en nous dépouillant du péché. Quelle belle occasion de commencer la nouvelle année et de remplir les instructions et les exigences que le verset exige!

3. Persévérance et conservation

Il est intéressant que beaucoup commencent l'année avec suffisamment d'enthousiasme, mais au fil des jours, les semaines et les mois ne se poursuivent pas avec la même motivation et abandonnent leurs objectifs au fil du temps. Puis, à la fin de l'année, ils se rendent compte qu'ils n'ont pas fait ce qu'ils voulaient et n'ont pas atteint leurs objectifs, ni atteint leurs objectifs. Pour avoir une année bénie et épanouissante, il est important d'avoir des buts et des objectifs clairs pour la vie individuelle et sociale. Une fois que l'on commence le chemin de la vie dans une nouvelle gestion, il faut être persévérant. La persévérance doit s'accompagner d'un contrôle et d'une évaluation constants afin de ne pas dévier. Cela se traduira par la possibilité d'exécuter les décisions prises.

En tant qu'enfants de Dieu, lorsque nous décidons d'apporter des changements, nous devons continuer en eux.

Conservation

Il est important de prendre soin de ce qu'on a, de ce que nous cultivons depuis des années. Il faut faire attention à ne pas commettre le péché d'Ésaü, qui a changé le droit d'aînesse pour une assiette de lentilles, que l'écrivain, qualifie comme profane. En d'autres termes, c'est pour minimiser les choses sacrées, pour d'autres épisodes et temporaires. Le même écrivain aux Hébreux nous dit: «Comment échapperons-nous, si nous négligeons un si grand salut? ...» Hébreux 2: 3.

On doit garder quelque chose qu'on a qu'on sait qui a une valeur significative, cela peut s'agir d'une pierre précieuse achetée ou reçue en cadeau. Comme il peut s'agir d'un objet, d'animaux en peluche, de lettres, d'un être cher, etc.

Jésus a payé un grand prix pour nos péchés, il a versé son sang sur la croix, et nous sommes achetés avec, ce qui est inestimable, pour notre salut et notre sanctification. Ce que nous ne devons pas négliger ou sous-estimer.

En conclusion, souvenons-nous de ce que l'apôtre Paul a dit: «Car vous avez été rachetés à un grand prix. Glorifiez donc Dieu dans votre corps et dans votre esprit, qui appartiennent a Dieu» (1 Corinthiens 6:20).

Révisez/Application: Laissez-leur le temps de répondre aux questions suivantes:

1. Que signifie te consacrer à Dieu?
2. Comment pourrais-tu consacrer tes relations personnelles?
   Physique
   Intellectuelle
   Social
   Service au Seigneur
3. Pourquoi est-ce que le contrôle et l'évaluation dans les rêves?
4. Comment est-ce que tu vas persévérer avec l'engagement pris aujourd'hui?
5. Que vais-je faire pour y parvenir?

Défi: Au cours de la semaine, prie afin que Dieu t'aide à comprendre son plan dans ta vie et qu'à partir de ce plan, tu puisses avoir des objectifs clairs pour ton avenir. Inscris les idées qui sortent de ce temps de prière.

www.ingramcontent.com/pod-product-compliance
Lightning Source LLC
Chambersburg PA
CBHW081346040426
42450CB00015B/3318